新时代高校思想政治理论课研究丛书

新时代高校思想政治理论课发展战略研究

王仕民 葛彬超 等◎著

广东省教育科学规划（党的十九大精神研究专项）重点课题"新时代广东高校思想政治理论课建设研究"之新时代高校思想政治理论课发展战略研究（2018JKSJD21）成果

暨南大学出版社
JINAN UNIVERSITY PRESS
中国·广州

图书在版编目（CIP）数据

新时代高校思想政治理论课发展战略研究/王仕民，葛彬超等著．—广州：
暨南大学出版社，2021.3

（新时代高校思想政治理论课研究丛书）

ISBN 978－7－5668－3093－7

Ⅰ.①新… Ⅱ.①王…②葛… Ⅲ.①高等学校—思想政治教育—教学研
究—中国 Ⅳ.①G641

中国版本图书馆 CIP 数据核字（2021）第 018890 号

新时代高校思想政治理论课发展战略研究
XINSHIDAI GAOXIAO SIXIANG ZHENGZHI LILUNKE FAZHAN ZHANLÜE
YANJIU
著 者：王仕民 葛彬超 等

出 版 人：张晋升
策划编辑：晏礼庆
责任编辑：康 蕊
责任校对：张学颖 黄晓佳
责任印制：周一丹 郑玉婷

出版发行：暨南大学出版社（510630）
电 话：总编室（8620）85221601
    营销部（8620）85225284 85228291 85228292 85226712
传 真：（8620）85221583（办公室） 85223774（营销部）
网 址：http：//www.jnupress.com
排 版：广州良弓广告有限公司
印 刷：广州一龙印刷有限公司
开 本：787mm×1092mm 1/16
印 张：13.25
字 数：243 千
版 次：2021 年 3 月第 1 版
印 次：2021 年 3 月第 1 次
定 价：49.80 元

总　序

习近平总书记在十九大报告中指出：经过长期努力，中国特色社会主义进入了新时代，这是我国发展新的历史方位。新时代是一种新的历史方位，面临着发展的时空境遇，一切的发展离不开新时代这个前提。新时代所呈现的三个"意味着"为高校思想政治理论课提供了一种全新的思维空间，也对其提出了更高的时代要求。

高校思想政治理论课肩负着学习、研究、宣传马克思主义，培养中国特色社会主义事业建设者和接班人的重大任务。高校思想政治理论课是巩固马克思主义在高校意识形态领域的指导地位、坚持社会主义办学方向的重要阵地；是全面贯彻落实党的教育方针、培养中国特色社会主义事业合格建设者和可靠接班人、落实立德树人根本任务的主要渠道；是进行社会主义核心价值观教育，帮助大学生树立正确世界观、人生观、价值观的核心课程。办好高校思想政治理论课，事关意识形态工作大局，事关中国特色社会主义事业后继有人，事关实现中华民族伟大复兴的中国梦，必须始终摆在突出位置，持之以恒、常抓不懈。

党的十九大在政治上、理论上、实践上取得了一系列重大成果，就新时代坚持和发展中国特色社会主义的一系列重大理论和实践问题阐明了大政方针，就推进党和国家各方面工作制定了战略部署，是我们党在新时代开启新征程、续写新篇章的政治宣言和行动纲领。"贯彻落实党的十九大精神，在新时代坚持和发展中国特色社会主义，要求全党来一个大学习。"习近平总书记要求大家把学习贯彻党的十九大精神作为第一堂党课、第一堂政治必修课，努力提高自己的政治素养和思想理论水平，以更好地担负起党和人民赋予的重要职责；党的十九大提出了许多新理念、新论断，确定了许多新任务、新举措，需要通过学习来准确领会；关键是要多思多想，努力掌握党的十九大精神的政治意义、历史意义、理论意义、实践意义；要注重采取理论和实践、历史和现实、当前和未来相结合的方法，把每一点都领会深、领会透；要联系地而不是孤立地、系统地而不是零散地、全部地而不是局部地理解党的十九大精神，不能就事论事，不能搞形式主义、实用主义；要把学习贯彻党的十九大精神同学习马克思主义基本原理贯通起来。习近平总书记强调，学习贯彻党的十九大精神，要在做实上下功夫；清谈误国、实干兴邦，一分部署、九分落实；要拿出实实在在的举措，一个时间节点一个时间节点往前推进，以钉钉子精神全面抓好落实。

2019年3月18日，在全国"两会"刚刚胜利闭幕之际，习近平总书记亲自主持召开学校思想政治理论课教师座谈会并发表重要讲话，充分体现了党中央对学校思想政治理论课的高度重视、对学校思想政治理论课教师的殷切期望。讲话深刻阐明了学校思想政治理论课和思想政治理论课教师的地位作用、目标任务、职责使命、工作要求，科学回答了思想政治理论课改革创新和思想政治理论课教师队伍建设的方向性、全局性、战略性的重大问题，是办好思想政治理论课和加强思想政治理论课教师队伍建设的根本遵循。习近平总书记指出了高校思想政治理论课教师在办好思想政治理论课方面所起的关键作用，向全国广大思想政治理论课教师提出了六个方面的要求，并提出了八个方面的统一作为办好新时代思想政治理论课教育教学的指导方针，指引我们在新时代进一步提升自己的思想政治素质和教学业务水平，进一步改进和创新新时代思想政治理论课教育教学，不断提升思想政治理论课教学的实效性和感染力。高校思想政治理论课教师一定要讲政治，要善于从政治上看问题，在大是大非面前保持政治清醒。这就要求高校思想政治理论课教师必须有清醒的政治头脑、浓厚的政治意识、高超的政治鉴别力。高校思想政治理论课教师要坚持政治性和学理性相统一，以透彻的学理分析回应学生，以彻底的思想理论说服学生，用真理的强大力量引导学生，这就要求教师在教学过程中不能脱离政治讲理论，必须用学理讲政治，寓政治于学理之中；要把立德树人、培养中国特色社会主义事业建设者和接班人作为一项具有长远战略意义的政治任务。

使命呼唤担当，使命引领未来。高校思想政治理论课是高校进行思想政治教育的主阵地，在高校思想政治教育系统中具有重要地位。高校思想政治理论课面对新时代，必须认真贯彻落实党的十九大精神，特别是扎实推动习近平新时代中国特色社会主义思想"进教材、进教辅、进教案、进教室、进课堂、进网络、进头脑"，认真实施新课程方案，采取一系列重大举措，全面加强和改进高校思想政治理论课。

高校肩负着人才培养、科学研究、社会服务、文化传承创新、国际交流合作的重要使命。加强和改进高校思想政治理论课工作，事关办什么样的大学、怎样办大学的根本问题，事关党对高校的领导，事关中国特色社会主义事业后继有人，是一项重大的政治任务和战略工程。高校思想政治理论课，要高举中国特色社会主义伟大旗帜，全面贯彻党的教育方针，立足坚定大学生对中国特色社会主义的道路自信、理论自信、制度自信、文化自信，以教材体系、人才体系、教学体系建设为核心，以学科支撑体系、综合评价体系、条件保障体系建设为关键，注重发挥高校思想政治理论课的育人功能，发挥高校思想政治理论课教师的育人职责，不断提升高校思想政治理论课教学质量，努力把高校思想政治理论课建设成为学生真心喜爱、终身受益、毕生难忘的优秀课程。

《新时代高校思想政治理论课体系创新研究》《新时代高校思想政治理论课前沿问题研究》《新时代高校思想政治理论课教学方法研究》《新时代高校思想政治理论课发展战略研究》是广东省教育科学规划（党的十九大精神研究专项）重点课题"新时代广东高校思想政治理论课建设研究"成果。该成果以习近平新时代中国特色社会主义思想和党的十九大精神为指导，贯彻落实习近平总书记关于教育的重要论述，特别是在学校思想政治理论课教师座谈会上的重要讲话精神，系统地研究了新时代高校思想政治理论课的重大理论问题和现实问题。该研究成果是一个整体，统一于高校思想政治理论课这个研究主题，形成彼此联系、相互照应、层层递进的研究特效；然又各成体系，相互略有过渡与交叉，但不影响各自的个性特色，突出问题意识，尽可能系统而深入。同时，本研究注重基本理论问题，把握全局，但又突出地域特色，广东经验独立成章，画龙点睛；理论与实践结合，历史与现实结合，国内与国际结合，力争做到具有理论性、时代性、原则性、应用性。然受时间、能力、水平所限，研究成果难免留有遗憾，恳请各位专家学者批评指正。

新时代涉及高校思想政治理论课的问题还很多，本研究只是一个开始，课题组将一如既往地探索研究，不断开拓研究的新境界，希望对此有更深的理解，后续有更多的研究成果，以飨读者。

王仕民

2020 年 12 月 8 日

序

2019年3月18日，习近平总书记主持召开了学校思想政治理论课教师座谈会。习近平总书记要求：用新时代中国特色社会主义思想铸魂育人，贯彻党的教育方针，落实立德树人根本任务。习近平总书记强调，"办好思想政治理论课，最根本的是要全面贯彻党的教育方针，解决好培养什么人、怎样培养人、为谁培养人这个根本问题"。习近平总书记认为，思想政治理论课是落实立德树人根本任务的关键课程；思想政治理论课的作用不可替代，思想政治理论课教师队伍责任重大；办好思想政治理论课关键在教师，关键在发挥教师的积极性、主动性、创造性；推动思想政治理论课改革创新，要不断增强思想政治理论课的思想性、理论性和亲和力、针对性。

为深入贯彻落实习近平新时代中国特色社会主义思想和党的十九大精神，贯彻落实习近平总书记关于教育的重要论述，特别是在学校思想政治理论课教师座谈会上的重要讲话精神，全国高校思想政治理论课掀起了发展的新高潮。同时，中共中央办公厅、国务院办公厅印发《关于深化新时代学校思想政治理论课改革创新的若干意见》（2019），教育部印发《普通高等学校思想政治理论课教师队伍培养规划（2019—2023年）》（2019），教育部印发《普通高等学校马克思主义学院建设标准（2019年本）》，教育部印发《新时代高校思想政治理论课教学工作基本要求》（2018），中央宣传部、教育部印发《普通高校思想政治理论课建设体系创新计划》（2015），教育部印发《新时代高等学校思想政治理论课教师队伍建设规定》（2020）以及教育部等八部门发布《关于加快构建高校思想政治工作体系的意见》（2020）等，这些都是新时代高校思想政治理论课建设的纲领性文件，通过这些文件把高校思想政治理论课改革创新制度化，极大地提升了高校思想政治理论课教学水平和研究水平。

高校思想政治理论课必须坚持社会主义办学方向，学习、研究、宣传马克思主义，巩固马克思主义在高校意识形态领域的指导地位。实践证明，马克思主义为中国革命、建设、改革提供了强大的思想武器，使中国这个古老的东方大国创造了人类历史上前所未有的发展奇迹。历史和人民选择马克思主义是完全正确的；中国共产党把马克思主义写在自己的旗帜上是完全正确的；坚持马克思主义基本原理同中国具体实际相结合，不断推进马克思主义中国化、时代化是完全正确的。习近平总书记指出，中国共产党之所以能够完成近代以来各种政治力量不可能完成的艰巨任务，就在于始终把马克思主义这一科学理论作为自己的行动指南，并坚持在实践中不断丰富和发展马克思主义。办好高校思想政治理论课，事关意识形态工作大局，事关中国特色社会主义事业后继有人，事关实现中华民族伟大复兴的中国梦，必须始终摆在突出位置，持之以恒、常抓不懈。习近平总书记强调，我们的高校是党领导下的高校，是中国特色社会主义高校。高校思想政治理论课，要遵循思想政治工作规律，遵循教书育人规律，遵循学生成长规律，切实增强大学生对高校思想政治理论课的获得感，不断坚定道路自信、理论自信、制度自信、文化自信。

高校思想政治理论课，必须落实立德树人的根本任务、培养中国特色社会主义事业建设者和接班人的重大任务；坚持教育为人民服务、为中国共产党治国理政服务、为巩固和发展中国特色社会主义制度服务、为改革开放和社会主义现代化建设服务；努力培养担当民族复兴大任的时代新人、培养德智体美劳全面发展的社会主义建设者和接班人。习近平总书记指出，当代大学生是可爱、可信、可贵、可为的。青年正处于学习的黄金时期，应该把学习作为首要任务，作为一种责任、一种精神追求、一种生活方式，树立梦想从学习开始、事业靠本领成就的观念，让勤奋学习成为青春远航的动力，让增长本领成为青春搏击的能量。广大青年既是追梦者，也是圆梦人。追梦需要激情和理想，圆梦需要奋斗和奉献。广大青年应该在奋斗中释放青春激情、追逐青春理想，以青春之我、奋斗之我，为民族复兴铺路架桥，为祖国建设添砖加瓦。高校是立德树人、培养人才的地方，是青年学习知识、增长才干、放飞梦想的地方，对青年成长成才发挥着重要作用。高校只有抓住培养社会主义建设者和接班人这个根本才能办出、办好中国特色世界一流大学。

高校要加快壮大学校思想政治理论课教师队伍，严把思想政治理论课教师的政治关、师德关、业务关；努力建设一支政治强、情怀深、思维新、视野广、自律严、人格正的思想政治理论课教师队伍；不断增强高校思想政治理论课教师的职业认同感、荣誉感、责任感。习近平总书记指出，教师是人类灵魂的工程师，承担着神圣使命。习近平总书记强调，办好思想政治理论课关键在教师，关键在发挥教师的积极性、主动性、创造性。思想政治理论课教师，要给学生心灵埋下真善美的种子，引导学生扣好人生第一粒扣子。传道者自己首先要明道、信道。高校思想政治理论课教师要坚持先受教育，努力成为先进思想文化的传播者、党执政的坚定支持者，从而更好地担起学生健康成长指导者和引路人的责任。常言道：学高为师，身正为范。教书育人，教书者必先学为人师，育人者必先行为世范。良好的师德和专业技能，都是教师必须具备的素质，其中师德是教师的灵魂，是更重要的素质。

高校思想政治理论课建设只能加强，不能削弱，必须切实增强办好高校思想政治理论课的信心，全面提高高校思想政治理论课的质量和水平。上好高校思想政治理论课责任重大，使命光荣。广大高校思想政治理论课教师必须把贯彻落实习近平总书记系列重要讲话精神当作一项重要政治任务来完成，教育战线各级领导干部要将其当作一项主要职责来承担，种好责任田，守好主阵地，为实现"两个一百年"奋斗目标和中华民族伟大复兴中国梦作出新的、更大的贡献。

中国共产党第十九届中央委员会第四次全体会议通过的《中共中央关于坚持和完善中国特色社会主义制度　推进国家治理体系和治理能力现代化若干重大问题的决定》中明确指出：坚持马克思主义在意识形态领域指导地位的根本制度。这要求全党全社会全面贯彻落实习近平新时代中国特色社会主义思想，健全用党的创新理论武装全党、教育人民工作体系；深入实施马克思主义理论研究和建设工程，把坚持以马克思主义为指导全面落实到思想理论建设、哲学社会科学研究、教育教学各方面；加强和改进学校思想政治教育，建立全员、全程、全方位育人体制机制；坚持以社会主义核心价值观引领文化建设制度；推动理想信念教育常态化、制度化，完善青少年理想信念教育齐抓共管机制。这就是新时代思想政治理论课建设的指导思想。在党的十九大报告中，习近平总书记指出，必须推进马克思主义中国化、时代化、大众化，建设具有强大凝聚力和引领力的社会主义意识形态，使全体人民在理想信念、价值理念、道德观念上紧紧团结在一起；要加强理论武装，推动新时代中国特色社会主义思想深入人心。习近平总书记要求，加强和改进思想政治工作，必须把教育事业放在优先位置，加快教育现代化，办好人民满意的教育。

新时代高校思想政治理论课教学与研究，使命光荣，任务艰巨。特别是广东比邻港澳，广东高校面临的环境与形势更加复杂。广东高校牢牢占领着思想政治理论课高地，发挥着重要作用，新时代广东高校思想政治理论课必将再创辉煌，这其中，"新时代广东高校思想政治理论课建设研究"成果的出版就是一个标志。然而，新时代高校思想政治理论课必将面临许多新情况、新问题、新任务，高校思想政治理论课教学与研究必将迈上一个新台阶。预祝广东高校思想政治理论课建设取得更大成就！

郑永廷

2020 年 10 月 8 日

目 录

第一章　新时代高校思想政治理论课发展战略概述

当今中国处在一个战略博弈的时代，面临着发展进程中的各种内部和外部的挑战。思想政治理论课作为社会主义意识形态的主要阵地和主渠道，需要站在世界高度，科学定位历史方位和时代坐标，统筹规划形成系统的发展战略思维。依托新时代这个不容忽视的现实背景和发展环境，要求高校深刻理解国内外环境发生的各种变化，明确新时代高校思想政治理论课的战略定位，借鉴不同国家的发展经验，不断完善高校思想政治理论课教学体系、课程体系、教材体系与学术科研体系，解决现实矛盾和问题，为满足人才培养的战略需要，实现立德树人、促进学生全面发展的目标任务制定科学合理的发展战略。

一、高校思想政治理论课发展概述

中共中央办公厅、国务院办公厅印发了《关于深化新时代学校思想政治理论课改革创新的若干意见》，要求全面贯彻党的教育方针，用习近平新时代中国特色社会主义思想铸魂育人，解决好培养什么人、怎样培养人、为谁培养人这个根本问题，高质量办好新时代高校思想政治理论课。中共教育部党组印发《"新时代高校思想政治理论课创优行动"工作方案》（教党函〔2019〕90号），要求充分发挥高校思想政治理论课落实立德树人根本任务的关键课程作用，全面推动习近平新时代中国特色社会主义思想进教材、进课堂、进头脑，建设一支专职为主、专兼结合、数量充足、素质优良的思想政治理论课教师队伍，培育一批优质教学资源，打造一大批内容准确、思想深刻、形式活泼的优质示范课堂。高校思想政治理论课是马克思主义理论教育体系中非常重要的组成部分，是进行思想政治教育和意识形态建设的重要平台，这就决定其具有非比寻常的战略地位。系统地研究高校思想政治理论课的发展战略，具有重要的理论价值和现实意义。

战略源于希腊语，意为军事首领或统率技术，是战争活动的产物。在

18—19 世纪初用作军事谋略术语。《不列颠百科全书·国际中文版》(第十三卷，修订版) 明确指出，战略指 "战争中计划和指导战役以及调动和部署军事理论的艺术"。在现代，它是指 "在战争中，动用国家的全部军事、经济、政治和其他资源以达到战争目的的科学或艺术，反映了需要采取军事和经济总动员来进行战争"[①]。军事思想家克劳塞维茨在《读懂军事理论的第一本书:〈战争论〉》一书中找寻现代战争规律，并首次把战略定义为 "为达到战争目的而对战斗的运用"[②]。战略概念在 20 世纪后超越军事范畴，延伸至政治、经济等领域，"泛指重大的带全局性的或决定全局的谋略"[③]。在中国古代，战略即战事的谋略，是 "上兵伐谋" 之兵学。正所谓 "夫权谋方略，兵家之大经，邦国系之以存亡，政令因之而强弱"(《旧唐书》)。战略概念最早见于西晋史学家司马彪所著《战略》一书，后屡见于《三国志》《廿一史战略考》等史书中，与古代的国家军事方略联系紧密。《孙子兵法》有云:"用兵之道，以计为首。"战略史书《战国策》论述了 "连横合纵" 的战略计谋。《辞海》(第四卷，彩图本第六版) 中认为其 "泛指对社会政治、经济、文化、科技和外交等领域长远、全局、高层次重大问题的筹划与指导。如国家战略、经济发展战略、外交战略"[④]。战略常常与策略、战术相对应。相较而言，战略反映全局和长远利益，涉时和跨域更宽，更具发展性和相对稳定性；策略和战术更偏重于局部和当前利益，是战略的一部分，服从并服务于战略，具有一定的灵活性。毛泽东同志在其著作《中国革命战争的战略问题》中指明:"战略问题是研究战争全局的规律的东西"，"研究带全局性的战争指导规律，是战略学的任务。研究带局部性的战争指导规律，是战役学和战术学的任务"。[⑤] 相较于战术，战略立足更长远。从其地位来看，战略具有统领性、指导性；战术运用军事装备赢得战役，而战略运用战役以获取战争的胜利；战术研究战场上的行军用兵，而战略分类多种，既有站在一定格局和高度的国家战略、总体战略，也有分涉不同内容和类别的军事、经济、文化战略等；

---

① 美国不列颠百科全书公司编著，中国大百科全书出版社《不列颠百科全书》国际中文版编辑部编译:《不列颠百科全书·国际中文版》(第十三卷) (修订版)，北京:中国大百科全书出版社 2007 年版，第 256 页。

② [德] 克劳塞维茨著，孙永彧编译:《读懂军事理论的第一本书:〈战争论〉》，北京:中国华侨出版社 2012 年版，第 76 页。

③ 刘金质、梁守德、杨准生主编:《国际政治大辞典》，北京:中国社会科学出版社 1994 年版，第 55 页。

④ 夏征农、陈至立主编:《辞海》(第四卷) (彩图本第六版)，上海:上海辞书出版社 2009 年版，第 2871 页。

⑤ 毛泽东:《毛泽东选集》(第一卷)，北京:人民出版社 1991 年版，第 175 页。

战略构成要素多样，包括战略目的、战略方针、战略任务、战略力量、战略措施等。通常，战略与政党、国家为实现一定目标而制订、谋划具有全局性的行动计划有关，因此，必须要考虑一定的社会历史条件，具有极强的时代性和现实性。研究战略问题是涉时长远的全局规律和现实发展，而发展作为事物内部矛盾斗争的结果范畴，在哲学上是"变化的高级形式，指事物从量变到质变的过程，是新东西的产生和旧东西的衰亡，是由低级形态到高级形态的前进、上升运动"①，即黑格尔在辩证法中所阐述的"进展的形式"②。作为一种具体的、有内容的形式活动，发展表现为渐进的、中断式的上升形态。最早将战略与发展结合起来的是美国耶鲁大学教授赫希曼，他在《经济发展战略》中首次提出发展战略的概念，认为其"本质在于最大限度地诱导决策"③，随后在发展经济学中逐渐沿用了这一概念。战略问题实质上是图谋发展的问题，而所谓发展战略，即由制定战略的主体根据所处形势和环境，在相关思想指导下，为达到一定战略目标制定的有关全局性和长远性的决策和谋划。目前，发展战略关乎长远发展的整体规划，涉及发展的目标、对策措施以及实施方式，具体运用广泛，如经济发展战略、文化发展战略、科技发展战略、教育发展战略、可持续发展战略、国防发展战略等。从时间上来说，可分为中期发展战略、长期发展战略等；从空间上来说，也可分为国际发展战略、国家发展战略、区域发展战略、城市发展战略等。

高校思想政治理论课一直以来受到党和政府的高度重视，具有相当重要的战略意蕴。所谓高校思想政治理论课，是指在高等学校内按照国家的教育目的、教育方针、教育原则、教育政策和教育规定的思想和理念，将思想政治教育的各门课程加以系统安排、系统组织，形成思想政治理论课的整体效果，以达到以理服人、以情感人、以德树人之教育目的，由此所构成的思想政治理论课各门课程在动态过程中统一指向的办学系统。

自中华人民共和国成立以来，高校思想政治理论课不仅在名称上经历了"政治课""马克思列宁主义、毛泽东思想课""马列主义理论课""马克思主义理论课""思想品德课"和"思想政治理论课"等变化，也在内容、教学等方面得到了相应的补充和完善，成为我国高等教育的重要组成部分和社会主义教育的本质特征，是思想政治教育的主渠道、主课堂、主阵地。1949—

---

① 廖盖隆、孙连成、陈有进等主编：《马克思主义百科要览》（上），北京：人民日报出版社1993年版，第240页。

② ［德］黑格尔著，贺麟译：《小逻辑》，北京：商务印书馆1980年版，第329页。

③ ［美］赫希曼著，曹征海、潘照东译：《经济发展战略》，北京：经济科学出版社1991年版，第38页。

1956 年，高校思想政治理论课从最初设置为"辩证唯物论与历史唯物论（包括社会发展史）""新民主主义论"和"政治经济学"以改造学生思想，到过渡时期增设"马列主义基础"课程，并改"新民主主义论"课程为"中国革命史"课程，再到 1956 年 9 月 9 日教育部颁布《中华人民共和国高等教育部关于高等学校政治理论课程的规定（试行方案）》，正式将高校思想政治理论课设置为"马列主义基础""中国革命史""政治经济学"和"辩证唯物主义和历史唯物主义"，标志着高校思想政治理论课课程体系初步确立。而后历经曲折，在 20 世纪 70 年代得到恢复，并在 80 年代以后进行了三次标志性改革，即"85 方案""98 方案""05 方案"的出台和实施。1984 年 9 月，中央宣传部、教育部印发《关于加强和改进高等院校马列主义理论教育的若干规定》①，强调了高等学校马列主义理论教育的重要性和必要性，要求改革课程设置和教材内容，并对教材建设和教师队伍建设提出了相应规定，拉开了高校思想政治理论课程改革的序幕。1985 年 8 月 1 日，中共中央发出了《中共中央关于改革学校思想品德和政治理论课程教育的通知》（中发〔1985〕18号），由此正式开启了以"两课"（马克思主义理论课和思想政治教育课）教学体系为目标的思想政治理论课改革。1986 年 3 月 20 日，国家教育委员会下发《关于在高等学校进一步贯彻〈中共中央关于改革学校思想品德和政治理论课程教学的通知〉的意见》，提出把高等学校的政治理论课程设置为"中国革命史""中国社会主义建设""马克思主义原理"和"世界政治经济和国际关系"4 门，即"85 方案"。1987 年 3 月，国家教育委员会陆续下发《关于进一步改革高等学校马克思主义理论课（公共课）教学的意见》《关于在高等学校马克思主义理论课（公共课）教学中旗帜鲜明地坚持四项基本原则，反对资产阶级自由化的通知》等文件推进改革工作。1991 年 8 月 3 日，国家教育委员会印发了《关于加强和改进高等学校马克思主义理论教育的若干意见》，对高校思想政治理论课提出了更具体的要求。1993 年 8 月 13 日，中共中央组织部、中共中央宣传部、国家教育委员会印发的《关于新形势下加强和改进高等学校党的建设和思想政治工作的若干意见》（教政〔1993〕4 号）中提出："马克思主义理论课和思想政治教育课是学生思想政治教育的主渠道，社会主义学校的本质特征之一。加强和改进'两课'教育是摆在我们面

---

① 国家教育委员会编：《中华人民共和国现行教育法规汇编（1949—1989）》，北京：人民教育出版社 1991 年版，第 483－487 页。

前的一项紧迫任务。"① 1994 年 8 月 31 日，中共中央发出《中共中央关于进一步加强和改进学校德育工作的若干意见》，对于思想政治理论课建设具有指导意义。1995 年 10 月 24 日，国家教育委员会印发的《关于高校马克思主义理论课和思想品德课教学改革的若干意见》中强调："'两课'教学及其改革的主要任务就是要进一步加强马列主义、毛泽东思想，特别是邓小平同志建设有中国特色社会主义理论的教育"，还提出"通过教学改革，逐步形成结构合理、功能互补的'两课'课程体系"。② 1998 年 6 月 10 日，中央宣传部、教育部印发了《关于普通高等学校"两课"课程设置的规定及其实施工作的意见》（教社科〔1998〕6 号），明确要求高校设置马克思主义理论课和思想品德课课程，以"马克思主义哲学原理""马克思主义政治经济学""毛泽东思想概论""邓小平理论概论""当代世界经济与政治""思想道德修养""法律基础"课程为高校思想政治理论必修课，"98 方案"就此确立。它明确了"'两课'课程设置必须着眼于引导和帮助学生掌握马克思主义的立场、观点、方法，树立正确的世界观、人生观、价值观，确立建设有中国特色社会主义的共同理想，为他们坚持党的基本理论和基本路线不动摇，打下坚实的思想理论基础"③。高校思想政治理论课的教学和学科建设也从此更具规范化和体系化。在 2004 年 8 月 26 日颁布的《中共中央　国务院关于进一步加强和改进大学生思想政治教育的意见》（〔2004〕16 号）中，首次使用"思想政治理论课"这一概念，并指出："高等学校思想政治理论课是大学生思想政治教育的主渠道。思想政治理论课是大学生的必修课，是帮助大学生树立正确世界观、人生观、价值观的重要途径，体现了社会主义大学的本质要求。要按照充分体现当代马克思主义最新成果的要求，全面加强思想政治理论课的学科建设、课程建设、教材建设和教师队伍建设，进一步推动邓小平理论和'三个代表'重要思想进教材、进课堂、进大学生头脑工作。"④ 这代表着高校思想政治理论课建设的第三次改革。2005 年 3 月 9 日，中央宣传部、教育部印发《〈中共中央宣传部　教育部关于进一步加强和改进高等学校思想政治理论课的意见〉实施方案》（教社政〔2005〕9 号），明确规定了 2005 年高校思想

---

① 教育部社会科学司组编：《普通高校思想政治理论课文献选编（1949—2008）》，北京：中国人民大学出版社 2008 年版，第 147 – 148 页。

② 教育部社会科学司组编：《普通高校思想政治理论课文献选编（1949—2008）》，北京：中国人民大学出版社 2008 年版，第 158 页。

③ 教育部社会科学司组编：《普通高校思想政治理论课文献选编（1949—2008）》，北京：中国人民大学出版社 2008 年版，第 181 – 182 页。

④ 教育部社会科学司组编：《普通高校思想政治理论课文献选编（1949—2008）》，北京：中国人民大学出版社 2008 年版，第 204 页。

政治理论课改革的新方案：设置"马克思主义基本原理概论""毛泽东思想和中国特色社会主义理论体系概论""中国近现代史纲要"和"思想道德修养与法律基础"4 门必修课，开设"当代世界经济与政治"和"形势与政策"课程。文件明确指出："充分发挥思想政治理论课的作用，用马克思列宁主义、毛泽东思想、邓小平理论和'三个代表'重要思想武装当代大学生，是党的教育方针的具体体现，是社会主义大学的本质特征，是党和国家事业长远发展的根本保证。"① 这次改革使高校思想政治理论课进一步完善其结构和教学体系，是"两课"体系改革的继续。十八大以来，关于高校思想政治理论课的改革仍在继续。2015 年中共中央办公厅、国务院办公厅印发《关于进一步加强和改进新形势下高校宣传思想工作的意见》，针对高校思想政治理论课课程改革、教材建设、队伍建设、教学改革、教学内容建设等方面为高校思想政治理论课建设指明了方向和系统性要求，并指出："要建设学生真心喜爱、终身受益的高校思想政治理论课，实施高校思想政治理论课建设体系创新计划，全面深化课程建设综合改革，编好教材，建好队伍，抓好教学，切实办好思想政治理论课。"② 2015 年 7 月，中央宣传部、教育部在《普通高校思想政治理论课建设体系创新计划》中指出，高校思想政治理论课建设在重视程度、政策条件保障、考核评价体系、建设体系和格局等方面尚不适应高校思想政治理论课改革发展需求，亟待突破瓶颈。2016 年 12 月，习近平总书记在全国高校思想政治工作会议上强调，"要用好课堂教学这个主渠道，思想政治理论课要坚持在改进中加强"，"把思想政治工作贯穿教育教学全过程，实现全程育人、全方位育人"。③ 2017 年《关于加强和改进新形势下高校思想政治工作的意见》进一步要求，充分发挥高校思想政治理论课的主渠道作用，在教学体系、教材建设、师资力量、教学方法等方面对思想政治理论课进行全面提升。2017 年 12 月底，教育部出台《高校思想政治工作质量提升工程实施纲要》，将 2017 年定为"高校思想政治理论课教学质量年"，并不断对高校思想政治理论课提出了新的要求和规划。

纵观我国高校思想政治理论课的历史发展演变，我国思想政治教育向来注重战略设计和发展规划，不论是在命名上的变化还是在课程内容上的变化，都反映了国家的重视程度和战略地位。面对复杂多变的外部条件和内部状况，

① 教育部社会科学司组编：《普通高校思想政治理论课文献选编（1949—2006）》，北京：中国人民大学出版社 2007 年版，第 213 页。

② 中共中央办公厅、国务院办公厅：《关于进一步加强和改进新形势下高校宣传思想工作的意见》，《人民日报》，2015 年 1 月 20 日。

③ 习近平：《习近平谈治国理政》（第二卷），北京：外文出版社 2017 年版，第 376 页。

高校思想政治理论课需要在回顾历史脉络的基础上，总结过往经验，在改进中加强思想政治理论课建设。

高校思想政治理论课发展战略是指结合国内外环境和高校的战略实施方案，以马克思主义为指导思想来科学确立高校思想政治理论课的发展目标和任务，以此制定有效的战略措施和实施方式。高校思想政治理论课发展战略需要考虑发展愿景、发展目标和实施方略三个要素。高校思想政治理论课作为主流意识形态教育的阵地，关乎意识形态工作大局，关乎人才培养大局，具有定向和定性的作用。正如习近平总书记所说，"战略问题是一个政党、一个国家的根本性问题。战略上判断得准确，战略上谋划得科学，战略上赢得主动，党和人民事业就大有希望"[1]。战略的一般特征规定了发展战略具有的指导性、实践性、长远性和科学性特征。而思想政治理论课的本质属性又赋予高校思想政治理论课发展战略特有的政治属性和价值意蕴。"意识形态决定文化前进方向和发展道路。"[2] 思想政治理论课与有关马克思主义中国化、大众化、时代化理论成果的话语阐释和宣传，对于捍卫社会主义意识形态主导权、保障国家文化安全具有战略意义。高校思想政治理论课作为国家发展战略建设工程，是各高校必须开设的公共必修课。"高校思想政治工作关系高校培养什么人、怎样培养人、为谁培养人这个根本问题。"[3] 马克思主义基本理论和中国特色社会主义理论作为高校思想政治理论课的核心内容，对于提高大学生的马克思主义理论素养和政治素养具有重要作用。高校思想政治理论课发展战略的实施方略需要围绕战略问题进行设计与研究，这实际上正是战略理念在高校思想政治理论课建设中的具体应用。首先，需要坚持战略思维谋划全局，以谋求实质性进步。战略思维本质上是一种主体性思维，但又基于高校思想政治理论课的这一客观现实存在，是一种管理思维和治理方式的统一体。其次，需要部署切实有效的战略重点，以应对不断出现的思想问题和社会需要。在战略思维的指导下，高校思想政治理论课发展战略的进一步设计需要针对现实矛盾问题，抓住影响高校思想政治理论课发展的重大问题、核心问题和关键性问题，遵循思想政治教育规律、教书育人规律和学生成长成才规律，为社会主义事业长远发展谋篇布局，突出前瞻性、指导性、长远性。从战略发展的角度来说，需要以全局统摄的视角和发展进步的眼光，摸

---

① 习近平：《习近平谈治国理政》（第二卷），北京：外文出版社2017年版，第10页。

② 习近平：《决胜全面建成小康社会　夺取新时代中国特色社会主义伟大胜利——在中国共产党第十九次全国代表大会上的报告（2017年10月18日）》，北京：人民出版社2017年版，第41页。

③ 习近平：《习近平谈治国理政》（第二卷），北京：外文出版社2017年版，第376页。

索并遵循客观规律，以推动实现发展目标的规划和指导。最后，需要规划面向未来的设想图景，以谋求长远发展和新的生长点。高校思想政治理论课发展战略的规划关注的是前景可期的未来。结合现代技术条件的发展态势，在注重战略的整体性、系统性以及连贯性之下，基于现实又超越现实地宏观预判思想政治教育发展的未来，进行严谨、周密、全面的设计。

二、新时代高校思想政治理论课发展战略特征

高校思想政治理论课处在新的历史时期，经过几十年的摸索和实践探索，具有独特的发展特点和战略特征。十九大报告明确指出，"中国特色社会主义进入新时代"[①]。这一发展定位是对特定历史时期社会发展规律和基本特征的准确认识。"这个新时代，是承前启后、继往开来、在新的历史条件下继续夺取中国特色社会主义伟大胜利的时代，是决胜全面建成小康社会、进而全面建设社会主义现代化强国的时代，是全国各族人民团结奋斗、不断创造美好生活、逐步实现全体人民共同富裕的时代，是全体中华儿女勠力同心、奋力实现中华民族伟大复兴中国梦的时代，是我国日益走近世界舞台中央、不断为人类作出更大贡献的时代。"[②] 时代即基于特定的社会形势和特定目标，为制定特定策略作出的一种判断。列宁认为，"只有首先分析从一个时代转变到另一个时代的客观条件，才能理解我们面前发生的各种重大历史事件……估计到区别不同'时代'的基本特征，我们才能够正确地制定自己的策略"[③]。"时代"一词成为马克思主义独特话语，并成为革命与建设的基本判断前提乃至思维方式，从延安时期到解放战争时期，从中华人民共和国成立到改革开放，每一代领导人都有关于"时代"的判断，据此制定战略与策略。

马克思指出，"一切划时代的体系的真正的内容都是由于产生这些体系的那个时期的需要而形成起来的"[④]，中国特色社会主义新时代催生了新的战略目标和发展方向，以"决胜全面建成小康社会、进而全面建设社会主义现代

① 习近平：《决胜全面建成小康社会　夺取新时代中国特色社会主义伟大胜利——在中国共产党第十九次全国代表大会上的报告（2017 年 10 月 18 日）》，北京：人民出版社 2017 年版，第 10 页。
② 习近平：《决胜全面建成小康社会　夺取新时代中国特色社会主义伟大胜利——在中国共产党第十九次全国代表大会上的报告（2017 年 10 月 18 日）》，北京：人民出版社 2017 年版，第 10 - 11 页。
③ 中共中央马克思恩格斯列宁斯大林著作编译局编译：《列宁全集》（第二十六卷），北京：人民出版社 1990 年版，第 142 页。
④ 中共中央马克思恩格斯列宁斯大林著作编译局编译：《马克思恩格斯全集》（第三卷），北京：人民出版社 1960 年版，第 544 页。

化强国"为目标，并确立"两个阶段"发展战略，将宏大奋斗目标分解为涉及经济、政治、文化、社会、生态等的阶段性任务和方略，为社会主义事业发展提供新的发展空间和广阔的前景。"时代"一词作为表述时间范畴的概念，是对人类发展过程中的某一阶段或某一时期的整体概括。马克思说过，"我们判断一个人不能以他对自己的看法为根据，同样，我们判断这样一个变革时代也不能以它的意识为根据；相反，这个意识必须从物质生活的矛盾中，从社会生产力和生产关系之间的现存冲突中去解释"①。新时代社会主要矛盾的变化，反映了新时代的新特点，决定了新时代要呈现出崭新的叙事空间和发展格局，赋予了高校思想政治理论课新的责任、担当与使命，奠定了新时代高校思想政治理论课发展战略的逻辑之基。

　　新时代是在过去基础上一以贯之发展而来，对于新时代的定位，还需要结合过去时代加以比对理解，不能将新时代与过去时代割裂和否定，而应以连续的脉络和全局的视角加以认识。正如列宁所言，"两个时代没有被一堵墙隔开，而是由许多过渡环节联系在一起"②。与此同时，"必须认识到，我国社会主要矛盾的变化，没有改变我们对我国社会主义所处历史阶段的判断，我国仍处于并将长期处于社会主义初级阶段的基本国情没有变，我国是世界最大发展中国家的国际地位没有变"③，我国处在社会主义初级阶段的新时代，是关于所处时代的总的看法和根本观点，是当前一切工作需遵循的前提和依据。尤其是当前国内外形势发生了深刻变化，高校作为培养和集聚青年的重要场域和空间，面临着市场经济和社会思潮多样化的挑战。网络新媒体和西方文化的渗透影响，对高校思想政治理论课发展战略提出了新的要求和使命；加强高校思想政治理论课发展战略研究，具有重要意义。面对新的形势和时代条件，高校思想政治理论课以培养社会主义事业建设者和接班人为根本目标，其课程和教材建设更加规范、教师队伍素质和能力得到提升、教学方法更加有效、大学生学习兴趣和满意程度不断提高。同时，高校思想政治理论课也面临着一系列新任务与新矛盾，需要解决新的理论和实践问题。新时代高校思想政治理论课在教材内容、教学方法、教师队伍、学教评价等方面呈现出新的特征，在战略布局、整体协调、教学方法改革创新、战略体制保障、

① 中共中央马克思恩格斯列宁斯大林著作编译局编译：《马克思恩格斯选集》（第二卷），北京：人民出版社2012年版，第3页。
② 中共中央马克思恩格斯列宁斯大林著作编译局编译：《列宁全集》（第二十五卷），北京：人民出版社1988年版，第230页。
③ 习近平：《决胜全面建成小康社会　夺取新时代中国特色社会主义伟大胜利——在中国共产党第十九次全国代表大会上的报告（2017年10月18日）》，北京：人民出版社2017年版，第12页。

师资队伍建设等方面尚存提升和改进的空间。

高校思想政治理论课在教材编写上更加注重内容的准确性、亲和力和权威性。2018 年对高校思想政治理论课教材进行了修订。马克思主义理论研究和建设工程对于高校思想政治理论课教材的编写与使用有了更高的要求，具体包括紧扣社会形势变化，立足师生实际，完善和修订教材的框架体系、内容结构、文字表述，努力构建以统编教材为龙头，辅之以教师参考用书、学生辅学读本、教学指导资料和理论普及读物的立体化教材体系等。高校思想政治理论课在教学方法上更具多样化和针对性。新时代，网络化已然成为大学生的生活方式。高校思想政治理论课根据社会热点和时代潮流，巧妙融合互联网新技术与新方法，创新理论教学与实践教学的形式，主动利用网络媒体平台，使高校思想政治理论课在第一课堂与第二课堂之间、线上与线下之间互动互融，形式活泼地占领网络思想政治教育阵地。高校思想政治理论课教师队伍不断增强责任担当，注重师德和学识素养专业化和职业化建设。高校思想政治理论课教师是影响教学质量和水平的最重要因素，教师队伍建设是高校思想政治理论课建设的基础工程。《中共中央宣传部　教育部关于进一步加强高等学校思想政治理论课教师队伍建设的意见》（教社科〔2008〕5号）指出："高等学校思想政治理论课教师是马克思主义理论和党的路线、方针、政策的宣讲者，社会主义意识形态和精神文明的传播者，要不断提高马克思主义理论素养，提高科研能力和教学水平，做坚定的马克思主义者，做教书育人的表率，做大学生健康成长的指导者和引路人。"近年来，基于思想政治理论课建设的基本要求，高校形成了相对稳定的思想政治理论课教师队伍，其人员结构和层次得到改善，培训培养体系得到改进。教师在提升自身思想政治素质、专业知识和教学技能的同时，能够针对新时代大学生的心理特点、思想特征以及个性需求，致力于推进高校思想政治理论课教学水平的提升。2019 年 3 月 18 日，习近平总书记在学校思想政治理论课教师座谈会上指出，办好思想政治理论课关键在教师，教师政治要强、情怀要深、思维要新、视野要广、自律要严、人格要正，只有这样，才能"学为人师，行为世范"，真正把思想政治理论课上好，才能在学生的心里埋下真善美的种子，引导学生扣好人生第一粒扣子。

新时代高校思想政治理论课发展面临的环境复杂，面对部分学生呈现的政治信仰迷茫、社会责任淡化、理想信念模糊、价值取向扭曲等不良倾向，如何巩固马克思主义在意识形态领域指导地位的根本制度，如何运用马克思主义的立场、观点、方法，如何增强理论对现实问题的阐释力，迫切需要高校思想政治理论课更好地发挥战略作用。因此，紧密结合新时代中国特色社会主义伟大实践，审视思想政治教育理论与实践问题，促进高校思想政治理论课的时效性，是新时代高校思想政治理论课面临的重要课题。

当下，高校思想政治理论课作为一项战略工程，关系到意识形态建设、教育教学发展、大学生成长成才的根本任务，其发展战略必须立足于中国特色社会主义建设进入新时代这个重大判断。习近平总书记强调："时代是思想之母，实践是理论之源。"① 新时代高校思想政治理论课发展战略应围绕"国家战略对高校思想政治理论课的整体方向要求"以及"办成什么样的高校思想政治理论课才能成为国家战略"的核心问题，分涉高校思想政治理论课发展战略转换、主导发展战略、协同发展战略、创新发展战略以及发展战略保障等具体方略，构成具有前瞻性、指导性、长远性的战略大格局。

在战略转型方面，纵观高校思想政治理论课从"85 方案"到"98 方案"再到"05 方案"的战略演进，高校思想政治理论课紧跟时代发展的脉搏，吸收最新的中国特色社会主义理论成果，服务党和国家在不同时期的中心工作及高等教育的根本目标，始终根据社会发展和时代要求，坚持理论联系实际的原则和方法，从教学理念到课程内容、教学方法、评价机制等不断进行改革与创新，坚持用发展的马克思主义武装大学生，始终保持教育教学的时代特色。

在主导发展战略方面，高校思想政治理论课的主导发展战略表明其在整个课程体系中居主导地位，引导和规定着其他各项工作的发展走向，并对整个社会系统的性质起到统领作用。主导性是高校思想政治理论课存在的前提，坚持高校思想政治理论课的主导性，是思想政治教育的本质要求，其实质就是坚持和巩固马克思主义在意识形态领域的指导地位。坚持和强化高校思想政治理论课的主导地位，既是一项重大而紧迫的政治任务，也是一项系统而复杂的战略工程。实施新时代高校思想政治理论课主导发展战略，一是需要坚持马克思主义在高校思想政治理论课建设中的指导地位，对马克思主义理论进行全面系统的研究；二是需要将马克思主义中国化最新理论成果融入高校思想政治理论课，尤其是要突出习近平新时代中国特色社会主义思想的主导作用。

在协同发展战略方面，作为事关意识形态和人才培养全局的"国家课程"，高校思想政治理论课建设涉及中央、地方、高校、教师、社会等各方

① 习近平：《习近平在省部级主要领导干部"学习习近平总书记重要讲话精神，迎接党的十九大"专题研讨班开班式上发表重要讲话强调　高举中国特色社会主义伟大旗帜　为决胜全面小康社会实现中国梦而奋斗》，《人民日报》，2017 年 7 月 27 日。

面，各部门、各环节、各课程之间需要实现同频共振、协同共建的局面。协同办好高校思想政治理论课的战略方案，主要包括学科建设协同、教师队伍协同、管理部门协同、教材建设协同、课程体系协同、教学过程协同、社会力量协同等。习近平总书记指出："党委要保证高校正确办学方向，掌握高校思想政治工作主导权，保证高校始终成为培养社会主义事业建设者和接班人的坚强阵地；各级党委要把高校思想政治工作摆在重要位置，加强领导和指导，形成党委统一领导、各部门各方面齐抓共管的工作格局。"①

在创新发展战略方面，高校思想政治理论课需要在理论、制度、内容与实践等方面作出创新，规划和设计具有前瞻性的发展战略，在课堂内外、线上线下等方面实现继承性创新、时代性创新、结合性创新以及综合性创新，破解高校思想政治理论课的发展难题与困境。面对新时代多样化文化形态的挑战，高校思想政治理论课的创新要在内容与形式上适合学生真正需求，运用系统思维和新媒体技术在教材、教师、教学、学科、学院建设等方面加强综合创新，将时代特色融入高校思想政治理论课中，实现高校思想政治理论课的创新性发展。

在发展战略保障方面，高校思想政治理论课需要从组织保障、学科教学保障、师资保障、技术保障等方面进行顶层设计，为高校思想政治理论课育人目的的教育效果和长远发展保驾护航。构建系统科学的高校思想政治理论课体系必须从实际出发，以问题为导向，确立发展战略保障的实施方向和目标原则，做到运行顺畅、措施得力、渠道宽广、部门协同、队伍稳定、资源丰富、评估有效，实现合规律性、协同性和实效性的科学化质量保障。

三、高校思想政治理论课发展战略的时代价值

高校思想政治理论课发展战略研究作为思想政治教育领域的时代性课题，既是思想政治教育研究的重点问题，也是深化思想政治理论课发展的内在需要。长期以来，思想政治理论课是高校开展思想政治教育的主渠道和主阵地，承担着立德树人的重任。高校思想政治理论课发展涉及师资队伍的优化、教学内容体系和教学资源的规范，同时也包括教学方法与手段的改进、教材建设的完整、教学评价的完善等一系列复杂的工程。对高校思想政治理论课发展战略的研究，不仅可以有效改进和完善高校思想政治教育理论课的管理，

---

① 习近平：《习近平谈治国理政》（第二卷），北京：外文出版社 2017 年版，第 379 页。

而且可以丰富和拓展思想政治教育的内容。在新时代的战略定位下，融入发展战略转换、主导战略、协同发展战略、创新发展战略以及战略保障研究，有效借鉴和运用国外课程建设经验，以战略高度谋全局，用战略思维进行系统、深入、透彻的研究，对于高校思想政治理论课发展而言，具有重要的理论价值和实践意义。

1. 新时代高校思想政治理论课发展战略的理论价值

提出新时代判断本身就是关系全局的一项战略考量，而高校思想政治理论课更需要战略设计和谋划。中国特色社会主义进入新时代，是制定新时代高校思想政治理论课发展战略的主要依据。党和国家把高校思想政治理论课建设上升为国家战略，可见办好高校思想政治理论课关乎大局，事关中国特色社会主义现代化建设的战略问题。研究高校思想政治理论课发展战略，有助于增添高校思想政治理论课的时代感，夯实高校思想政治理论课的基础研究。马克思主义理论学科建设是新时代高校思想政治理论课发展的重要基础，但现有研究成果反映出新时代高校思想政治理论课发展战略研究尚未达到系统完整的程度，相对而言较为零散，对于战略目标、战略部署、战略内容、战略方案、战略保障等方面也没有形成深入的研究，学界也没有达成一致观点，这给高校思想政治理论课的建设发展提供了拓展空间。研究高校思想政治理论课发展战略，有助于深化对高校思想政治理论课发展规律的研究。高校思想政治理论课体现了社会主义大学的本质要求，对探究教育的理念、资源、环境、方式方法、动力机制、保障机制等有着系统的要求，反映了高校思想政治理论课自身的发展规律，是思想政治教育规律的组成部分。探寻理论教育中的特有规律，有助于加深对高校思想政治教育自身的发展规律以及个体思想道德形成的发展规律的认识。研究高校思想政治理论课发展战略，有助于明晰高校思想政治理论课的发展定位。高校思想政治理论课建设需要解决一系列教学问题，这些问题与时代发展同步。在发展战略的研究中重新认识问题，在新时代寻求解决问题的方案，对深入贯彻落实习近平新时代中国特色社会主义思想，具有重要的战略意义和深远历史意义。

2. 新时代高校思想政治理论课发展战略的实践意义

高校思想政治理论课建设是思想政治教育工作的重要一环，需要把握新的时代挑战、分析新的思想动向、解决新的实际问题、实现新的战略突破，在把握意识形态战略中提高工作实效。研究新时代高校思想政治理论课发展战略，有助于提高新时代高校思想政治理论课建设的科学性和实效性。新时代高校思想政治理论课建设，需要以历史和现实的视角探讨高校思想政治理论课的基本经验和理论基础，深刻把握思想政治教育的本质属性，切实有效地增强高校思想政治理论课的科学性。研究新时代高校思想政治理论课发展战略，有助于增强高校思想政治理论课建设的时代性和现实感。十九大提出的新时代概念，对于高校思想政治理论课发展有着重要的战略意义。"我们面临的新时代，既是近代以来中华民族发展的最好时代，也是实现中华民族伟大复兴的最关键时代。"① 高校思想政治理论课发展战略必须坚持习近平新时代中国特色社会主义思想指导，深刻领会习近平总书记系列重要讲话精神，把新思想、新理念和新观点融入高校思想政治理论课，这是新时代高校思想政治理论课发展战略的重要纲领。高校思想政治理论课必须系统探索发展的政策、战略、课程体系建设、师资队伍建设、协同创新、教学效果等主要问题，努力将高校思想政治理论课建设成为大学生真心喜爱、终身受益的优秀课程。研究新时代高校思想政治理论课发展战略，有助于提高大学生思想政治素质，促进大学生的全面发展。马克思曾说："作为确定的人，现实的人，你就有规定，就有使命，就有任务，至于你是否意识到这一点，那都是无所谓的。这个任务是由于你的需要及其与现存世界的联系而产生的。"② 致力于教育教学改革，服务于培养德智体全面发展的合格人才、服务于党和国家的中心任务和事业发展，培养社会主义合格建设者和可靠接班人，这是高校思想政治理论课的基本定位。

① 习近平：《在北京大学师生座谈会上的讲话》，《人民日报》，2018 年 5 月 3 日。
② 中共中央马克思恩格斯列宁斯大林著作编译局编译：《马克思恩格斯全集》（第三卷），北京：人民出版社 1960 年版，第 329 页。

第二章　新时代高校思想政治理论课
发展战略研究综述

党的十八大以来，以习近平同志为核心的党中央把高校思想政治工作摆在突出位置，作出一系列重大决策部署。当前，国内外形势发生深刻变化，不同思想文化交流、交融、交锋，社会思潮多元、多样、多变，高校思想政治工作面临许多新情况、新问题、新任务、新课题。加强和改进高校思想政治工作，是一项重大的政治任务和战略工程，围绕新时代如何办好高校思想政治理论课，是一直以来备受关注的重要课题。各级主管部门针对高校思想政治理论课发展出台了一系列文件精神，高校思想政治理论课发展研究主题较为集中，研究范围及视野较为广阔。现将新时代高校思想政治理论课发展战略相关研究进行综述。

一、新时代高校思想政治理论课发展定位研究综述

党和国家高度重视高校思想政治理论课的发展问题，将其视为开展高校思想政治工作的主渠道、主阵地，并在一系列重要文件中对高校思想政治理论课的定位进行了阐述。学界也在这一时代背景下对高校思想政治理论课定位问题展开了相关研究。

1. 新时代高校思想政治理论课发展的指导性文件梳理

高校思想政治理论课是高校教学体系的重要组成部分，是高校思想政治工作的主要阵地和重要渠道。党和国家对高校思想政治理论课的发展问题高度重视，对高校思想政治理论课在新时代的发展定位问题也十分明确。1986年3月20日，国家教育委员会下发的《关于在高等学校进一步贯彻〈中共中央关于改革学校思想品德和政治理论课程教学的通知〉的意见》中指出，必须坚决捍卫马克思主义基本原理。同时，要敢于突破那些过时了的、同现在实际情况不相符的原理。对怀疑和非难马克思主义的人，要进行说服教育。马克思主义理论教育是高等学校一切思想政治教育的基础。1987年5月29

日,《中共中央关于改进和加强高等学校思想政治工作的决定》中指出,思想政治教育是一门以马克思主义理论为基础、综合性和实践性都比较强的科学。1987年10月20日,《国家教育委员会关于高等学校思想教育课程建设的意见》中指出,马克思主义理论课对学生进行系统的马克思主义理论教育,是思想教育的基础。思想教育课程的理论基础是马克思主义。缺乏思想性、科学性的内容,不能纳入社会主义高等学校的思想教育课程。1991年8月3日,国家教育委员会出台的《关于加强和改进高等学校马克思主义理论教育的若干意见》中指出,对青年学生进行马克思主义理论教育,是由社会主义高等教育的性质和办学宗旨所决定的,是社会主义教育区别于资本主义教育的根本标志之一。社会主义教育的根本任务,是用马克思主义育人,培养有社会主义觉悟的有文化的建设者和接班人,而对青年学生进行马克思主义理论教育,则是全面贯彻党的教育方针、坚持社会主义办学方向、完成高等教育任务的一项根本措施和基本途径。1999年12月30日,中共教育部党组关于高等学校学习贯彻《中共中央关于加强和改进思想政治工作的若干意见》的通知指出,高度重视高等学校思想政治工作是由我国教育的社会主义性质和根本任务决定的,是我们党多年来坚持的优良传统和政治优势。以上重要文件主要强调了思想政治理论课在高校思想政治工作中的地位问题。

2004年8月26日的《中共中央 国务院关于进一步加强和改进大学生思想政治教育的意见》中强调,加强和改进大学生思想政治教育,提高他们的思想政治素质,把他们培养成中国特色社会主义事业的建设者和接班人,全面实施科教兴国和人才强国战略,确保我国在激烈的国际竞争中始终立于不败之地,确保实现全面建设小康社会、加快推进社会主义现代化的宏伟目标,确保中国特色社会主义事业兴旺发达、后继有人,具有重大而深远的战略意义。2005年2月7日,中央宣传部、教育部为了贯彻中央这一文件精神,也发布了《中共中央宣传部 教育部关于进一步加强和改进高等学校思想政治理论课的意见》,其中指出,高等学校思想政治理论课承担着对大学生进行系统的马克思主义理论教育的任务,是对大学生进行思想政治教育的主渠道。充分发挥高校思想政治理论课的作用,用马克思列宁主义、毛泽东思想、邓小平理论和"三个代表"重要思想武装当代大学生,是党的教育方针的具体体现,是社会主义大学的本质特征,是党和国家事业长远发展的根本保证。2013年8月19日,习近平总书记在全国宣传思想工作会议上强调,"经济建设是党的中心工作,意识形态工作是党的一项极端重要的工作"①。"宣传思

---

① 习近平:《习近平谈治国理政》(第一卷),北京:外文出版社2018年版,第153页。

想工作就是要巩固马克思主义在意识形态领域的指导地位，巩固全党全国人民团结奋斗的共同思想基础。"① "党校、干部学院、社会科学院、高校、理论学习中心组等都要把马克思主义作为必修课，成为马克思主义学习、研究、宣传的重要阵地。"② 2015 年 1 月，中共中央办公厅、国务院办公厅印发的《关于进一步加强和改进新形势下高校宣传思想工作的意见》中强调指出，意识形态工作是党和国家一项极端重要的工作，高校作为意识形态工作前沿阵地，肩负着学习研究宣传马克思主义，培育和弘扬社会主义核心价值观，为实现中华民族伟大复兴的中国梦提供人才保障和智力支持的重要任务。做好高校宣传思想工作、加强高校意识形态阵地建设，是一项战略工程、固本工程、铸魂工程，事关党对高校的领导，事关全面贯彻党的教育方针，事关中国特色社会主义事业后继有人，对于巩固马克思主义在意识形态领域的指导地位、巩固全党全国人民团结奋斗的共同思想基础具有十分重要而深远的意义。为贯彻落实党的十八大和十八届三中、四中全会精神、贯彻落实习近平总书记系列重要讲话精神，基于《关于进一步加强和改进新形势下高校宣传思想工作的意见》，2015 年 7 月，中央宣传部、教育部制订的《普通高校思想政治理论课建设体系创新计划》（以下简称《计划》）中强调，高校肩负着学习、研究、宣传马克思主义，培养中国特色社会主义事业建设者和接班人的重大任务。高校思想政治理论课是巩固马克思主义在高校意识形态领域指导地位、坚持社会主义办学方向的重要阵地，是全面贯彻落实党的教育方针、培养中国特色社会主义事业合格建设者和可靠接班人、落实立德树人根本任务的主干渠道，是进行社会主义核心价值观教育，帮助大学生树立正确世界观、人生观、价值观的核心课程。办好高校思想政治理论课，事关意识形态工作大局，事关中国特色社会主义事业后继有人，事关实现中华民族伟大复兴的中国梦，必须将其始终摆在突出位置，持之以恒、常抓不懈。2016 年 5 月 17 日，习近平总书记在哲学社会科学工作座谈会上指出，坚持和发展中国特色社会主义必须高度重视哲学社会科学。"哲学社会科学是人们认识世界、改造世界的重要工具，是推动历史发展和社会进步的重要力量，其发展水平反映了一个民族的思维能力、精神品格、文明素质，体现了一个国家的综合国力和国际竞争力。"③ 对此，哲学社会科学工作者具有不可替代的重要作用。面对社会思想观念和价值取向日趋活跃、主流和非主流同时并存、社会思潮

---

① 习近平：《习近平谈治国理政》（第一卷），北京：外文出版社 2018 年版，第 153 页。
② 习近平：《习近平谈治国理政》（第一卷），北京：外文出版社 2018 年版，第 154 页。
③ 习近平：《在哲学社会科学工作座谈会上的讲话》，北京：人民出版社 2016 年版，第 2 页。

纷纭激荡的新形势，如何巩固马克思主义在意识形态领域的指导地位、培育和践行社会主义核心价值观、巩固全党全国各族人民团结奋斗的共同思想基础，迫切需要哲学社会科学更好地发挥作用。2016 年 12 月 7 日，习近平总书记在全国高校思想政治工作会议上指出，高校思想政治工作事关高校培养什么人、怎样培养人、为谁培养人这个根本问题。2019 年 3 月 18 日，习近平总书记在学校思想政治理论课教师座谈会上强调，办好思想政治理论课，最根本的是要全面贯彻党的教育方针，解决好培养什么人、怎样培养人、为谁培养人这个根本问题①。由此可见，高校思想政治理论课使命光荣、责任重大，是培养时代新人的主渠道。

2. 新时代高校思想政治理论课发展的定位研究综述

在学界，对于高校思想政治理论课的发展定位问题，其观点大体保持一致，即认为高校思想政治理论课是高校思想政治工作的主阵地和主渠道，并对高校思想政治理论课的内涵、本质、内在逻辑关系以及战略性意义进行了详细的阐述。刘晓玲（2018）、文君（2017）、许传红（2017）、汤玲（2017）等都将高校思想政治理论课定义为对学生进行思想政治教育的"主渠道""主阵地"。其中文君在其论文《全面落实高校思想政治理论课建设新要求》（2017）中强调，高校思想政治理论课承担着对大学生进行系统的马克思主义理论教育的任务，是对大学生进行思想政治教育的主渠道，是高校意识形态的重要阵地。② 钱广荣在其论文《在改进中加强思想政治理论课建设之逻辑关系》（2017）中，通过对党和国家主管部门在不同的历史时期为实行对思想政治理论课的宏观调控和指导所颁发的一系列政策性很强的文件进行梳理总结得出，思想政治理论课在思想政治工作中具备主渠道地位。③ 马超、娄淑华在其论文《新形势下高校思想政治理论课体系创新的着力点》（2017）中，将高校思想政治理论课定义为对大学生进行思想政治教育的主渠道，肩负培育中国特色社会主义合格建设者与可靠接班人的重大任务。④ 邵彦敏、张春波在其论文《增强高校思想政治理论课教学实效的话语重构》（2016）中，将高校思想政治理论课视作面向大学生阐释中国话语的最佳载体，是传播中国好

---

① 习近平：《习近平主持召开学校思想政治理论课教师座谈会强调　用新时代中国特色社会主义思想铸魂育人　贯彻党的教育方针落实立德树人根本任务》，《人民日报》，2019 年 3 月 19 日第 1 版。

② 文君：《全面落实高校思想政治理论课建设新要求》，《思想理论教育导刊》2017 年第 3 期。

③ 钱广荣：《在改进中加强思想政治理论课建设之逻辑关系》，《思想理论教育》2017 年第 4 期。

④ 马超、娄淑华：《新形势下高校思想政治理论课体系创新的着力点》，《思想理论教育导刊》2017 年第 5 期。

声音、讲述中国好故事的主战场。① 目前，也有不少学者从载体层面对思想政治理论课进行了定位。王新华对思想政治理论课的定位问题阐述得比较全面，既从主渠道、主阵地层面对其定位进行详细阐述，也对其主要任务、重要意义进行了详细说明。其著作《高校思想政治理论课实践教程》（2015）指出，高校思想政治理论课在我国高等教育教学体系中占有重要地位，承担着对大学生进行系统的马克思主义理论教育的任务，是帮助大学生树立正确世界观、人生观、价值观的重要途径，是对大学生进行思想政治教育的主渠道和主阵地。充分发挥思想政治理论课的作用，用马克思列宁主义、毛泽东思想和中国特色社会主义理论体系武装当代大学生，是党的教育方针的具体体现，是社会主义大学的本质特征，是党和国家事业长远发展的根本保证。② 忻平、吴德勤等人在其著作《高校思想政治理论课改革发展研究》（2015）中，阐述了高校思想政治理论课是对大学生进行思想政治教育的主渠道，是立德树人、帮助大学生树立社会主义核心价值观的主要课程，对培养社会主义事业的可靠接班人和合格建设者具有重要作用。③ 刘冠军在其著作《学科视域中的思想政治理论课教学研究》（2015）中，详细介绍了思想政治理论课定位的意义与要求，并从思想政治理论课学科定位与功能定位两方面来论证思想政治理论课的定位问题。另外，该学者还从思想政治教育学科发展的历史嬗变进程、思想政治理论课和思想政治教育功能的研究现状等方面系统阐述了思想政治理论课的定位问题。④ 李卫东在其著作《高校思想政治理论课导学》（2013）中认为，高校思想政治理论课是政治教育，它不是一般意义的必修课，是事关大学生政治方向性的课程；高校思想政治理论课是培养大学生思想素质的重要手段，是培养大学生形成科学观点和方法的教育，是培养大学生正确的世界观、人生观和价值观的重要方式；高校思想政治理论课是道德教育，是德育教育的主渠道，担负德育的重要任务。尽管思想教育、政治教育、道德教育具有各自质的规定性，在德育内容结构中也处于不同的地位，存在着一定的层次性，但三者是互相联系、互相渗透、互为依存、互相转化的，没有脱离政治教育的思想教育、道德教育，也不存在脱离思想教育的政治教育、

① 邵彦敏、张春波：《增强高校思想政治理论课教学实效的话语重构》，《思想理论教育导刊》2016 第 11 期。

② 王新华：《高校思想政治理论课实践教程》，南昌：江西人民出版社 2015 年版，第 1－3 页。

③ 忻平、吴德勤等：《高校思想政治理论课改革发展研究》，上海：上海大学出版社 2015 年版，第 1－12 页。

④ 刘冠军：《学科视域中的思想政治理论课教学研究》，北京：首都经济贸易大学出版社 2015 年版，第 18－64 页。

道德教育。思想教育是根本，政治教育是主导，道德教育是基础。① 该著作站在课程定位的角度，将高校思想政治理论课中涵盖的思想教育、政治教育和道德教育三者的内在逻辑关系和各自的定位问题进行了更为细致的梳理划分，使我们可以更加系统、透彻地理解高校思想政治理论课的定位问题。以上学者从各个层面和各个角度对高校思想政治理论课定位问题进行了系统阐述，对我们全面且深入地把握高校思想政治理论课具有重要意义。

　　3. 新时代高校思想政治理论课发展的时代背景研究综述

　　对于新时代高校思想政治理论课所处的时代背景，在中共中央颁布的一系列重要文件以及领导人的讲话精神中都有重点阐述，学界对高校思想政治理论课所处的时代背景也有系统分析。新时代，是当前时代所表现出来的主要特征，只有对新时代出现的具体情况进行透彻分析与把握，才能真正抓住高校思想政治理论课存在的主要矛盾。十九大报告对我国当前发展的历史定位为"中国特色社会主义进入了新时代"，第一次提出"经过长期努力，中国特色社会主义进入了新时代，这是我国发展新的历史方位"。"新时代"是根据我国社会发展的实际情况，对我国发展的历史方位的最新判断，对我们在新形势下坚持和发展中国特色社会主义、全面推进社会主义现代化建设、实现中华民族伟大复兴的中国梦，具有十分重要的理论和实践意义。报告对"中国特色社会主义新时代"的深刻内涵进行了详细阐明，对我们把握新时代高校思想政治理论课的时代背景具有指导作用。报告指出，"当前，国内外形势正在发生深刻复杂变化，我国发展仍处于重要战略机遇期，前景十分光明，挑战也十分严峻。""中国特色社会主义进入新时代，我国社会主要矛盾已经转化为人民日益增长的美好生活需要和不平衡不充分的发展之间的矛盾。""必须认识到，我国社会主要矛盾的变化，没有改变我们对我国社会主义所处历史阶段的判断，我国仍处于并将长期处于社会主义初级阶段的基本国情没有变，我国是世界最大发展中国家的国际地位没有变。全党要牢牢把握社会主义初级阶段这个基本国情，牢牢立足社会主义初级阶段这个最大实际。"党的十九大报告从我国当前所处的实际情况出发，对我国当前的基本国情进行了全面且深入的分析论述，对办好高校思想政治理论课提出了新的要求。

　　新时代面临新问题、新矛盾。在全国高校思想政治工作会议上，习近平总书记强调"思想政治理论课要坚持在改进中加强"②，表明高校思想政治理论课的发展是一个动态的过程。《中共中央　国务院关于进一步加强和改进大

①　李卫东：《高校思想政治理论课导学》，南昌：江西人民出版社 2013 年版，第 1－6 页。
②　习近平：《习近平谈治国理政》（第二卷），北京：外文出版社 2017 年版，第 378 页。

学生思想政治教育的意见》（中发〔2004〕16 号）中指出，国内外形势的深刻变化，使大学生思想政治教育既面临有利条件，也面临严峻挑战。国际敌对势力与我们争夺下一代的斗争更加尖锐复杂，大学生面临着大量西方文化思潮和价值观念的冲击，某些腐朽没落的生活方式对大学生的影响不可低估。随着对外开放不断扩大、社会主义市场经济的深入发展，我国社会经济成分、组织形式、就业方式、利益关系和分配方式日益多样化，人们思想活动的独立性、选择性、多变性和差异性日益增强。这既有利于大学生树立自强意识、创新意识、成才意识、创业意识，同时也带来一些不容忽视的负面影响。一些大学生不同程度地存在政治信仰迷茫、理想信念模糊、价值取向扭曲、诚信意识淡薄、社会责任感缺乏、艰苦奋斗精神淡化、团结协作观念较差、心理素质欠佳等问题。《教育部关于全面深化课程改革落实立德树人根本任务的意见》中指出，课程改革面临新的挑战：经济全球化深入发展，信息网络技术突飞猛进，各种思想文化交流、交融、交锋更加频繁，学生成长环境发生了深刻变化；青年学生思想意识更加自主，价值追求更加多样，个性特点更加鲜明；国际竞争日趋激烈，人才强国战略深入实施，时代和社会发展需要进一步提高国民的综合素质，培养创新人才。这些变化和需求对课程改革提出了新的更高要求。2017 年政府工作报告对当前形势作了系统分析，纵观国内外形势，我们要做好应对更加复杂严峻局面的充分准备。世界经济增长低迷态势仍在延续，"逆全球化"思潮和保护主义倾向抬头，主要经济体政策走向及外溢效应变数较大，不稳定、不确定因素明显增加。我国发展处在爬坡过坎的关键阶段，经济运行存在不少突出矛盾和问题。党中央颁布的一系列重要文件、领导人的讲话精神，从不同层面和角度对新形势下办好高校思想政治理论课的时代背景作了明确定位，对我们正确把握新时代高校思想政治理论课发展具有指导作用。

　　有学者对新形势下高校思想政治理论课发展的时代背景进行了分析研究。刘川生在其论文《以习近平新时代中国特色社会主义思想为指导努力提升高校思想政治理论课亲和力与针对性》（2018）中，直面新时代高校思想政治理论课的主要背景，提出"新时代思想政治教育的新要求、新任务与思想政治理论课教学质量还不够高、学生获得感还不够强之间的矛盾依然存在"①。史向军、夏玉汉在其论文《增强高校思想政治教育的时代性——新时代高校思想政治教育贯彻落实党的十九大精神的几个维度》（2017）中，从教育对象

---

① 刘川生：《以习近平新时代中国特色社会主义思想为指导努力提升高校思想政治理论课亲和力与针对性》，《中国高教研究》2018 年第 2 期。

"00 后"的角度来分析当前的时代特征，并从十九大精神融入高校思想政治理论课的维度对思想政治教育进行了时代性探索。① 石云霞在其论文《新形势下我国意识形态面临的挑战及其对策》（2017）中，对目前我国意识形态的新形势进行了详细阐述：我国主流意识形态和非主流意识形态并存，社会思想观念和价值取向日趋活跃、多元；国内外经济发展环境的深刻变化对人们的思想意识产生了重要影响；改革进入攻坚期和深水区，各种深层次矛盾和问题不断呈现，各类风险和挑战不断增多；国际思想文化领域斗争深刻复杂；全面从严治党进入了重要阶段，党面临的风险和考验集中显现。② 杨胜才在其论文《对增强思想政治教育工作实效性的几点思考》（2017）中，对当前形势做了分析。他认为，近年来面对世界多极化、经济全球化、文化多样化、社会信息化的深入发展趋势，各国纷纷研究对策，提前谋划，把目光投向教育，把重点放在高等教育改革和未来人才培养上，希望在未来的激烈竞争中抢占先机、赢得主动。③ 刘华才等人在其论文《新形势下大学生思想政治工作协同创新研究》（2017）中提出，伴随着国际格局风云变幻和对外开放的影响，我国高等教育改革和发展以及高校党的建设遇到了严峻的挑战，大学生思想政治工作存在着诸多的不适应。同时，随着我国经济、社会改革和发展呈现出新变化、新常态，我国对新时期加强和改进大学生思想政治工作提出了新的更高的要求。④ 李江静在其论文《新形势下建构马克思主义意识形态话语权的着力点》（2017）中认为，近年来，在信息技术迅猛发展，新媒体形式不断出现，新旧媒体交汇融合、共同发展的新形势下，争夺意识形态话语权的态势更加隐蔽而复杂。⑤ 闫晓静、回娅冬在其论文《直面新挑战　顺应新形势——评〈寻找思想政治教育的独特视角〉》（2017）中，对经济新常态下社会各方面所呈现的新特征进行了解读。特别是在当前智能化、信息化、数字化的时代背景下，社会思想多元、多样、多变，人们思想活动的独立性、差异性、不确定性不断增强，这对高校思想政治工作提出了更为严峻的挑战。

---

① 史向军、夏玉汉：《增强高校思想政治教育的时代性——新时代高校思想政治教育贯彻落实党的十九大精神的几个维度》，《思想理论教育》2017 年第 12 期。

② 石云霞：《新形势下我国意识形态面临的挑战及其对策》，《学校党建与思想教育》2017 年第 13 期。

③ 杨胜才：《对增强思想政治教育工作实效性的几点思考》，《学校党建与思想教育》2017 年第 6 期。

④ 刘华才、刘时新、张廷等：《新形势下大学生思想政治工作协同创新研究》，《学校党建与思想教育》2017 年第 5 期。

⑤ 李江静：《新形势下建构马克思主义意识形态话语权的着力点》，《马克思主义研究》2017 年第 1 期。

如何应对纷繁复杂的思想环境？如何在意识形态领域加强对学生的引导？如何为思想政治教育找到更为切实可行的途径？该论文对这些问题都进行了深入分析。① 陈明明在其著作《思想政治理论课实践教学指导教程》（2015）中，分析了我国目前办好高校思想政治理论课所处的背景情况，在我国市场经济迅速发展、社会转型加剧、价值日益多元化、信息革命席卷中国大地的背景下，传统的、单一的、强制灌输式的思想政治理论课教学不再适应时代的发展变化。因此，树立"以人为本、知行合一"的教育理念，不断深化思想政治理论课教学改革，是每一个思想政治理论课教师都要深入思考、不断探索的重大课题。② 以上学者对新时代高校思想政治理论课所处的时代背景提出了不同见解，为进一步把握新时代高校思想政治理论课的发展拓宽了思维与视野。

二、新时代高校思想政治理论课发展战略研究综述

关于新时代高校思想政治理论课发展战略研究，学界主要从新时代高校思想政治理论课发展面临的挑战、高校思想政治理论课发展的战略布局以及高校思想政治理论课发展的具体实施策略等方面进行研究。

1. 新时代高校思想政治理论课发展面临的挑战研究综述

随着社会的发展、时代的进步，在党和国家的高度重视下，高校思想政治理论课一直处于稳步向前发展的态势中，整体发展情况良好，但所面临的问题与挑战也层出不穷。《中共中央　国务院关于进一步加强和改进大学生思想政治教育的意见》（中发〔2004〕16 号）指出，面对新形势、新情况，大学生思想政治教育工作还不够适应，存在不少薄弱环节；一些地方、部门和学校的领导对大学生思想政治教育工作重视不够，办法不多；全社会关心支持大学生思想政治教育的合力尚未形成；学校思想政治理论课实效性不强，哲学社会科学一些学科教材建设滞后，思想政治教育与大学生思想实际结合不紧，少数学校没有把大学生的思想政治教育摆在首位、贯穿于教育教学的全过程；大学生管理工作与形势发展要求不相适应，思想政治教育工作队伍建设亟待加强；少数教师不能做到教书育人、为人师表。加强和改进大学生

---

① 闫晓静、回娅冬：《直面新挑战　顺应新形势——评〈寻找思想政治教育的独特视角〉》，《中国出版》2017 年第 12 期。

② 陈明明：《思想政治理论课实践教学指导教程》，北京：国家行政学院出版社 2015 年版，第 1 页。

思想政治教育工作是一项极为紧迫的重要任务。2014 年 10 月 15 日，在文艺工作座谈会上，习近平总书记指出，"我国社会正处在思想大活跃、观念大碰撞、文化大交融的时代，出现了不少问题。其中比较突出的一个问题就是一些人价值观缺失，观念没有善恶，行为没有底线，什么违反党纪国法的事情都敢干，什么缺德的勾当都敢做，没有国家观念、集体观念、家庭观念，不讲对错，不问是非，不知美丑，不辨香臭，浑浑噩噩，穷奢极欲"①。2015 年 12 月 11 日，在全国党校工作会议上，习近平总书记指出，当今时代社会思想观念和价值取向日趋活跃，主流的和非主流的并存，先进的和落后的互相交织，社会思潮纷纭激荡。面对现在的严峻形势，习近平总书记指出，国内外各种敌对势力，总是企图让我们党改旗易帜、改名换姓，其要害就是企图让我们丢掉对马克思主义的信仰，丢掉对社会主义、共产主义的信念。有的人奉西方理论、西方话语为金科玉律，不知不觉成了西方资本主义意识形态的吹鼓手。目前存在的问题是理论教育和党性教育的针对性和实效性不够，离入脑入心、刻骨铭心还有不少差距。这里面有受教育方不勤学、不真学、不深学等原因，也有施教方的教育观念、教育方法、管理水平不够先进等原因，还有现实环境的复杂性、党性教育与社会现实的差异性、理论教育和党性教育成效考核运用难、办学体制机制不完善等方面原因，需要综合加以解决。当前，高校思想政治工作存在的主要问题是亲和力不够、针对性不强。高校思想政治理论课抬头率不高，人到了，心没有到，是因为内容不适应学生的需要。主要可能是"配方"比较陈旧，"工艺"比较粗糙，"包装"不那么时尚，所以亲和力就差了，抬头率就低了。

一些学者从整体层面对新时代高校思想政治理论课面临的困境与挑战进行了思考。从中国知网搜索关于"高校思想政治理论课困境与挑战"主题文章，结果如图 1 所示。

---

① 习近平：《在文艺工作座谈会上的讲话（2014 年 10 月 15 日）》，《人民日报》，2014 年 10 月 16 日。

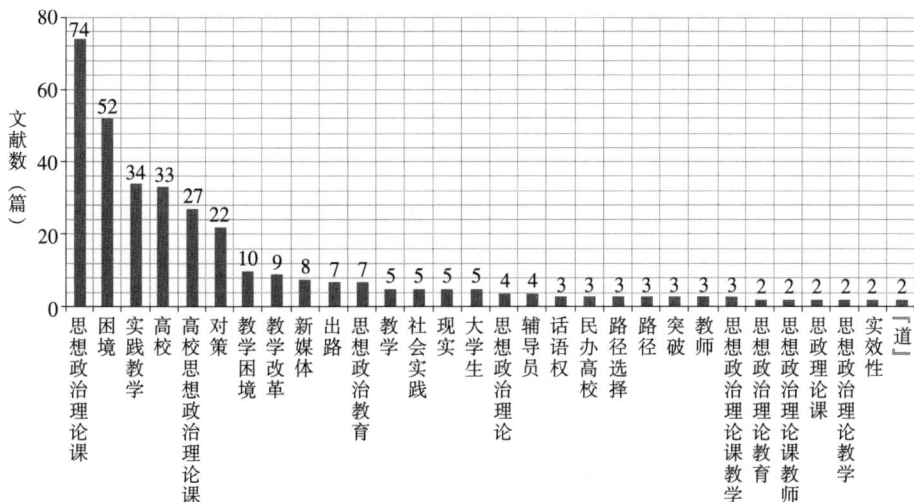

图 1　高校思想政治理论课困境与挑战研究分布

李辉等人在其论文《高校思想政治理论课与日常思想政治教育融合之研究》（2018）中认为，当前高校思想政治理论课教学存在着"重言传，轻身教""重理论，轻实践""重课上，轻课下"的老问题，割裂了知识教育同价值引导的关系，割裂了整体教育和个性关怀的关系，没有打通大学生生活的理性世界同生活世界。[1] 刘川生在其论文《以习近平新时代中国特色社会主义思想为指导努力提升高校思想政治理论课亲和力与针对性》（2018）中认为，"新时代思想政治教育的新要求、新任务与思想政治理论课教学质量还不够高、学生获得感还不够强之间的矛盾依然存在"[2]。杨胜才在其论文《对增强思想政治教育工作实效性的几点思考》（2017）中指出，新形势下思想政治教育面临的问题和危机，往往不是一个简单的、个别的、局部的原因造成的，而是复杂的、全面的、整体的系统问题和系统危机。[3] 林晶从系统性的角度提出目前高校思想政治教育出现的问题。其论文《新形势下加强我国高校思想政治教育的系统化发展研究》（2017）中强调，伴随信息化时代的到来，以及我国社会转型、文化大众化和多样化的趋势，我国高校思想政治教育的时代

[1]　李辉、陈三宝：《高校思想政治理论课与日常思想政治教育融合之研究》，《学校党建与思想教育》2018 年第 1 期。

[2]　刘川生：《以习近平新时代中国特色社会主义思想为指导努力提升高校思想政治理论课亲和力与针对性》，《中国高教研究》2018 年第 2 期。

[3]　杨胜才：《对增强思想政治教育工作实效性的几点思考》，《学校党建与思想教育》2017 年第 6 期。

背景也发生了较为深刻的变化，使其面临空前的挑战和压力。当前，我国高校思想政治教育系统存在诸如课堂教学、校园文化、信息技术、社会实践等思想政治教育结构要素失衡、功能缺失的"非系统化"状况。① 石云霞在其论文《新形势下我国意识形态面临的挑战及其对策》（2017）中，从六个方面对新形势下意识形态工作面临着的前所未有的挑战进行了详细论述，即如何巩固马克思主义在意识形态领域的指导地位，强化全党全国各族人民团结奋斗的共同思想基础；如何回答当今我国和世界发展面临的重大问题；如何为我国改革开放保驾护航，不断地提出指导改革的新理论、新方法；如何让中国主张、中国故事、中国声音传遍全世界，认识一个真实的中国，加强中国话语体系建设；如何化解和妥善处理各个意识形态领域的矛盾和问题；如何建设网络良好生态，发挥网络引导舆论、反映民意的作用。②

另外，一些学者针对新时代办好高校思想政治理论课的具体问题进行了详细探讨。首先是高校思想政治理论课教学内容与方法存在的问题。刘华才等人在其论文《新形势下大学生思想政治工作协同创新研究》（2017）中认为，思想政治教育内容不够完善，存在着理论与实践脱节的现象，针对性和实效性不够强；思想政治教育过程中诸多要素不够协调，存在着彼此孤立脱节的现象，缺乏整体性和有机衔接；思想政治工作载体彼此隔离，存在着形式和手段单一的现象，多样性和渗透力不够；体制机制不完善，教书与育人工作"两张皮"的现象依然存在，缺少协同和有效管理。③ 王能东、曹飞在其论文《高校思想政治理论课教学方法改革创新的思考》（2017）中认为，高校思想政治理论课教学方式方法的创新存在一些需要高度重视的问题。一是不恰当地称谓或杜撰种种奇异的教学法名称；二是把教学理念、教学模式、教学技术条件等不同层面的概念同教学方法混淆起来；三是简单"拿来"、依葫芦画瓢，不考虑教学对象、教学内容、教学目标、教学条件等因素对教学方法的制约性；四是以教学方法现代化的名义，片面追求形式上的新异性而不求实效。④ 李腊生、王小净在其著作《观察与思考——思想政治理论课教师社会考察文集》（2015）中认为，面对新形势、新任务、新情况和新变化，大

---

① 林晶：《新形势下加强我国高校思想政治教育的系统化发展研究》，《马克思主义研究》2017年第 2 期。

② 石云霞：《新形势下我国意识形态面临的挑战及其对策》，《学校党建与思想教育》2017 年第 13 期。

③ 刘华才、刘时新、张廷等：《新形势下大学生思想政治工作协同创新研究》，《学校党建与思想教育》2017 年第 5 期。

④ 王能东、曹飞：《高校思想政治理论课教学方法改革创新的思考》，《国家教育行政学院学报》2017 年第 5 期。

学生社会实践还存在薄弱环节，社会实践的方式方法、形式途径还不多，社会实践的新体制、新机制还没有建立起来。①

其次是高校思想政治理论课教师队伍建设存在的问题。忻平、吴德勤等人在其著作《高校思想政治理论课改革发展研究》（2015）中认为，个别高校对思想政治理论课教师素质建设的重要性认识不足；教师队伍整体素质有待提高；优秀中青年学术带头人有待迅速成长，教学科研组织亟待规范，保障制度还有欠缺。② 高德毅在其著作《研究生思想政治理论课教师成长学养读本》（2015）中认为，高校思想政治理论课教师专业背景多元，可能不少教师原有的学科背景不是思想政治理论教育方向，对所授课程了解不够全面，尤其是教学经验较少的青年教师往往不甚了解本课程的背景、学生的相关知识储备，难以把握问题阐释的度，加之高校思想政治理论课往往与现实结合较紧密，面对当前学生形形色色的尖锐问题，我们的教师也难免存在一些困惑。③ 李光莉、徐晓宁在其论文《高校思想政治理论课教师队伍建设面临的矛盾及其对策研究》（2010）中认为，高校思想政治理论课教师队伍建设面临的矛盾是高校思想政治理论课教师自身学习、提高的紧迫性与教学任务繁重的矛盾；高校思想政治理论课教师应对量化考核与实现教师教书育人功能的矛盾；高校思想政治理论课教师学科背景单一与高校思想政治理论课对教师素质高要求的矛盾；同步进行高校思想政治理论课学科建设与教师提高教学水平的矛盾。④ 艾四林在其著作《思想政治理论课新体系与教师队伍建设研究》（2008）中认为，目前思想政治理论课教师队伍并不理想，人员不足、素质参差不齐、缺乏优秀中青年学术带头人，这些都是不争的事实。高校思想政治理论课教师人格魅力不差，但学识魅力不足。学识魅力不足不仅表现在科研能力上，还表现在学术意识、学术态度上。学识魅力不足的原因主要不是教师学历低，也不是教师科研能力天生就差。造成学识魅力不足的原因，主要是长期以来，在教师队伍建设方面，我们往往只做加法，而忽视做减法，从

① 李腊生、王小净主编：《观察与思考——思想政治理论课教师社会考察文集》，武汉：武汉出版社 2015 年版，第 1 - 4 页。

② 忻平、吴德勤等：《高校思想政治理论课改革发展研究》，上海：上海大学出版社 2015 年版，第 148 - 184 页。

③ 高德毅主编：《研究生思想政治理论课教师成长学养读本》，上海：上海教育出版社 2015 年版，第 1 - 2 页。

④ 李光莉、徐晓宁：《高校思想政治理论课教师队伍建设面临的矛盾及其对策研究》，《国家教育行政学院学报》2010 年第 1 期。

而造成加法的效果大打折扣。①

最后是高校思想政治理论课考核评价存在的问题。杨国辉在其论文《论思想政治理论课实践教学评估的审视与反思》(2017) 中认为，思想政治理论课实践教学仍然存在评估目标激励性不足、评估主体参与性不够、评估指标针对性缺乏、评估方法科学性欠缺等问题。② 王恩江、李俊卿在其论文《高校思想政治理论课教学有效性评价原则及维度构建》(2015) 中认为，高校思想政治理论课教学有效性评价存在的问题是没有充分考虑思想政治理论课的独特性；在内容上偏重于"教与学"环节，受诸多制约因素的影响对"知与行"的评价较为忽视，存在重结果、轻过程的现象；评价方式单一化。③ 李俊卿、张泽一在其论文《高校思想政治理论课教学有效性评价体系探究》(2014) 中认为，当前我国高校思想政治理论课教学有效性评价存在局限性，评价环节不够全面；从评价内容来看，缺少针对性；评价方式比较简单；存在重结果、轻过程的倾向；评价中重管理价值、轻教育价值。④ 学者们都能把握高校思想政治理论课的特殊性，从考核评价的内容、方法、目标、主体等方面分别对其进行研究，但内容相对零散，对高校思想政治理论课考评没有作系统研究。

2. 新时代高校思想政治理论课发展的战略布局研究综述

根据"战略"的定义梳理问题：战略一词最早是军事方面的概念，指对战事的谋略。在西方，战略一词源于希腊语，意为军事将领、地方行政长官，后来演变成军事术语，指军事将领指挥军队作战的谋略。在中国，战略一词历史久远，"战"指战争，"略"指谋略。春秋时期孙武的《孙子兵法》被认为是中国最早对战略进行全局筹划的著作。《不列颠百科全书》对战略的定义是在战争中利用军事手段达到战争目的的科学和方法。《辞海》对战略的定义为泛指重大的带有全局和决定全局的计谋，对战争全局的策划和指挥。在现代，"战略"一词被引申至政治和经济领域，其含义演变为泛指统领性的、全局性的、左右胜败的谋略、方案和对策。战略也可被理解为一种高远或自认为高远的意图。哈默尔和普拉哈拉德提出的"战略是一种意图"的著名论断，

① 艾四林主编：《思想政治理论课新体系与教师队伍建设研究》，北京：清华大学出版社2008年版，第1-12页。

② 杨国辉：《论思想政治理论课实践教学评估的审视与反思》，《思想教育研究》2017年第1期。

③ 王恩江、李俊卿：《高校思想政治理论课教学有效性评价原则及维度构建》，《思想理论教育导刊》2015年第4期。

④ 李俊卿、张泽一：《高校思想政治理论课教学有效性评价体系探究》，《理论导刊》2014年第9期。

越来越契合当下的经营环境。所谓高远意图，是指对一种追求远大目标及达到目标的自觉高明并可行的大略的设想。意图可能仅仅是一种直觉或愿望，并不具体明晰和完善，但若符合环境条件，它能扮演罗盘或指路明灯的角色，从而是高超远大的。反之，则会招致重大挫折和失败。但作为战略的意图，其提出者事前总认为其是高超远大的、能够实现的。简言之，战略是战事、社会、政治或经济、文化、国家、企业等发展的远大目标、意图及为实现这些设想而作出的至少是自认为高瞻远瞩的、全局性的谋划或策略、方针，是指引、统领和影响一个主体或事件的总体发展方向的重大决策。1948 年 1 月 18 日，毛泽东同志在为中共中央起草的决议草案《关于目前党的政策中的几个重要问题》中说："当着我们正确地指出在全体上，在战略上，应当轻视敌人的时候，却决不可在每一个局部上，在每一个具体问题上，也轻视敌人。"这些论述后来被概括为"战略上藐视敌人，战术上重视敌人"的口号，成为毛泽东战略和策略思想的集中表达。1979 年 11 月 2 日，邓小平在中央党政军机关副部长以上干部会上所作报告《高级干部要带头发扬党的优良传统》中指出："我们一定要认识到，认真选好接班人，这是一个战略问题。"以上都是在一定历史时期内指导全局的方略。张智在其论文《新形势下做好思想政治教育工作的科学思维》（2017）中，对"战略""战略问题"以及"战略思维"进行了阐述。他认为，战略就其本意而言是指挥战争的方略。但随着时代变迁和社会进步，战略被引申到经济、社会、生活各领域，泛指一种根本的、全局的、长远的方略。战略问题是一个政党、一个国家的根本性问题。战略上判断得准确、战略上谋划得科学、战略上赢得主动，党和人民事业就大有希望。思想政治教育工作同样也需要讲究战略。战略思维则是指研究战略诸问题的思维过程、思维方法和思维结果之规律性的观念运动，它是一种思维方式、一种认识基点、一种能力、一种境界。[①] 对我们系统了解"战略"具有一定的理论意义。

　　党的十八大以来，以习近平同志为核心的党中央把高校思想政治工作摆在突出位置，站在战略高度，强调办好新形势下高校思想政治理论课的重要性。2013 年 11 月 17 日，习近平总书记针对高校思想政治理论课建设作出重要批示，为新形势下进一步加强和改进高校思想政治理论课发展指明了方向。习近平总书记强调：高校思想政治理论课必须办好，关键是把教材编好，把教师队伍建设好，把课讲好，这方面还要再努力。2013 年 8 月 19 日，习近平总书记在全国宣传思想工作会议上强调，对于当前国内外新形势，我们要善

---

① 张智：《新形势下做好思想政治教育工作的科学思维》，《中国高等教育》2017 年第 5 期。

于把握。习近平总书记指出，对世界形势的发展变化，对世界上出现的新事物、新情况，对各国出现的新思想、新观点、新知识，我们要加强宣传报道，以利于积极借鉴人类文明创造的有益成果。讲好中国故事，传播好中国声音。2015年12月11日，在全国党校工作会议上，习近平总书记对于教师的授课内容和方法提出要求，教师要把握好政治立场坚定性和科学探索创造性的有机统一，不能把探索性的学术问题等同于严肃的政治问题，也不能把严肃的政治问题等同于探索性的学术问题。不能一说学术问题可以研究，就不顾场合口无遮拦乱说一气，也不能为了沽名钓誉而标新立异。2016年5月17日，习近平总书记在哲学社会科学工作座谈会上强调，哲学社会科学领域是知识分子密集的地方，要把这支队伍关心好、培养好、使用好，让广大哲学社会科学工作者成为先进思想的倡导者、学术研究的开拓者、社会风尚的引领者、党执政的坚定支持者。总书记的重要讲话体现了我们党对哲学社会科学发展规律的认识达到了一个新高度，为哲学社会科学事业的繁荣发展指明了方向。2017年2月27日，《关于加强和改进新形势下高校思想政治工作的意见》指出，要进一步办好高校思想政治理论课，充分发挥高校思想政治理论课的主渠道作用，深入实施高校思想政治理论课建设体系创新计划，完善教材体系，提高教师素质，创新教学方法，增强教学的吸引力、说服力、感染力；要加强互联网思想政治工作载体建设，加强学生互动社区、主题教育网站、专业学术网站和"两微一端"建设，运用学生喜欢的表达方式开展思想政治教育。2019年3月18日，在学校思想政治理论课教师座谈会上，习近平总书记强调，办好思想政治理论课，最根本的是要全面贯彻党的教育方针，解决好培养什么人、怎样培养人、为谁培养人这个根本问题。思想政治理论课是落实立德树人根本任务的关键课程，因此，"要把统筹推进大中小学思政课一体化建设作为一项重要工程，推动思政课建设内涵式发展"①。

党的十九大报告中提出，要以培养担当民族复兴大任的时代新人为着眼点，强化教育引导、实践养成、制度保障，发挥社会主义核心价值观对国民教育、精神文明创建、精神文化产品创作生产传播的引领作用，把社会主义核心价值观融入社会发展各方面，转化为人们的情感认同和行为习惯。坚持全民行动、干部带头，从家庭做起，从娃娃抓起，深入挖掘中华优秀传统文化蕴含的思想观念、人文精神、道德规范，结合时代要求继承创新，让中华文化展现出永久魅力和时代风采。在加强思想建设层面，党的十九大报告也

---

① 习近平：《习近平主持召开学校思想政治理论课教师座谈会强调 用新时代中国特色社会主义思想铸魂育人 贯彻党的教育方针落实立德树人根本任务》，《人民日报》，2019年3月19日。

提出了一系列要求，要广泛开展理想信念教育，深化中国特色社会主义和中国梦宣传教育，弘扬民族精神和时代精神，加强爱国主义、集体主义、社会主义教育，引导人们树立正确的历史观、民族观、国家观、文化观。深入实施公民道德建设工程，推进社会公德、职业道德、家庭美德、个人品德建设，激励人们向上向善、孝老爱亲，忠于祖国、忠于人民。加强和改进思想政治工作，深化群众性精神文明创建活动。弘扬科学精神，普及科学知识，开展移风易俗、弘扬时代新风行动，抵制腐朽落后文化侵蚀。推进诚信建设和志愿服务制度化，强化社会责任意识、规则意识、奉献意识。所有这些不仅为高校思想政治理论课的发展指明了方向，同时也提出了许多具体的建设实施层面的措施和方法，是新时代高校思想政治理论课的发展策略。学界对于新时代高校思想政治理论课发展的战略布局提出了一些思考，一些学者从全局性的层面出发，系统性把握新时代思想政治理论课的发展战略。杨胜才在其论文《对增强思想政治教育工作实效性的几点思考》（2017）中从思想政治教育工作的站位高度来把握战略方向。一是要站在确保党的事业后继有人和社会主义事业兴旺发达的战略高度，二是要站在协调推进"四个全面"战略布局和"五位一体"总体布局的高度，三是要站在实现"两个一百年"奋斗目标和中华民族伟大复兴中国梦的时代高度。[①] 张智在其论文《新形势下做好思想政治教育工作的科学思维》（2017）中，对"战略思维"谋全局进行了系统阐述。具体来说，首先要有全局性的眼光，高瞻远瞩、统揽全局，始终站在时代前沿和战略全局的高度观察、思考和处理思想政治教育工作面对的重大理论和实践问题。其次要有敏锐的预见性，以小见大、见微知著，能够从政治上认识、判断和预见思想政治教育工作面临的形势，透过纷繁复杂的思想潮流、舆论纷争、社会现象等把握问题的本质、可能的倾向和发展的规律。[②] 马超、娄淑华在其论文《新形势下高校思想政治理论课体系创新的着力点》（2017）中认为，新形势下高校思想政治理论课体系建设是一项复杂的系统工程。高校思想政治理论课体系要以创新为导向，推动发展理念、建设体系与运行机制协同创新；以"活力"为核心，推动教材体系、教学方法与教师队伍有机结合；以"用"为目的，推动个人成长与国家发展相互统一。唯有如此，才能使其成为大学生思想政治教育的主渠道，更好地为中国特色社

---

① 杨胜才：《对增强思想政治教育工作实效性的几点思考》，《学校党建与思想教育》2017 年第 6 期。

② 张智：《新形势下做好思想政治教育工作的科学思维》，《中国高等教育》2017 年第 5 期。

会主义事业与大学生健康成长服务。① 林晶在其论文《新形势下加强我国高校思想政治教育的系统化发展研究》（2017）中认为，以系统化发展理念作为新形势下高校思想政治教育发展的创新点，挖掘系统要素，完善系统结构，优化系统功能，对理论、信息、实例、情感等思想政治教育资源进行深度利用与开拓、整合与互动，实现高校思想政治教育系统的有序发展与可持续发展，是解决其有效性问题新的突破口。② 刘建军的论文《全面把握思想政治理论课建设的基本规律》（2017）从政治属性、科学属性、教育属性三个方面把握思想政治理论课的政治运作规律、学术研究规律和教育教学规律。这三个规律集中于思想政治理论课本身，存在于它的运行过程中，体现在它的效能作用中，表现在它的建设要求中。思想政治理论课建设必须辩证把握和妥善处理这三个基本规律的关系，形成综合的思维方法和工作体系。③ 王习明在其著作《本科生思想政治理论课教育渠道拓展探索》（2016）中认为，一要注重组织管理制度的创新，建立高校思想政治理论课教师有组织、有系统地研究最新的教材体系、学生思想实际、社会热点问题和不断创新教学手段方法的激励机制；二要注重教学管理改革，引导大学生积极开展自主学习和社会实践，培养大学生学习马克思主义理论和国家方针政策的兴趣，提高大学生的思想政治素质和运用马克思主义的立场、观点、方法观察分析社会现象的能力。④

3. 新时代高校思想政治理论课发展的具体实施策略研究综述

对于新形势下高校思想政治理论课发展的具体实施策略，搜索相关文献，学者从不同角度进行了研究，如图 2 所示：

---

① 马超、娄淑华：《新形势下高校思想政治理论课体系创新的着力点》，《思想理论教育导刊》2017 年第 5 期。

② 林晶：《新形势下加强我国高校思想政治教育的系统化发展研究》，《马克思主义研究》2017 年第 2 期。

③ 刘建军：《全面把握思想政治理论课建设的基本规律》，《思想教育研究》2017 年第 4 期。

④ 王习明：《本科生思想政治理论课教育渠道拓展探索》，北京：光明日报出版社 2016 年版，第 1 - 7 页。

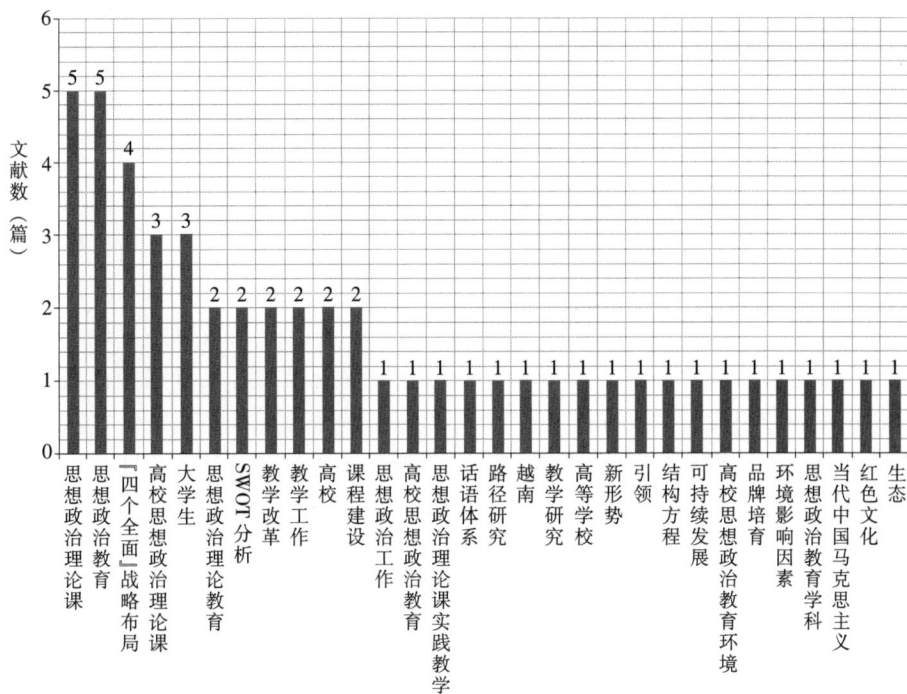

图2 高校思想政治理论课发展的具体实施策略研究分布

国内部分学者从新时代的新特点、新情况出发，根据新时代发展的新变化，站在信息化、科学化、国际化层面，提出办好高校思想政治理论课的新方法和新手段。高歌、季爱民在其论文《慕课冷思考：基于生成性理论的高校思想政治理论课教学新生态探究》（2018）中以生成性理论为指导，在遵循教与学规律的基础上，通过高校思想政治理论课教学目标的人本化改造、教育媒介的选择和教学主体的考量，找到慕课和传统思想政治理论课的结合点，充分发挥二者优势，使尽可能多的受教育者成为优质教育的受惠者。① 陈涛在其论文《图像时代高校思想政治理论课建设的路径选择》（2017）中认为，图像时代的来临改变了人们的认知和交往方式，给高校思想政治理论课建设带来了挑战。为了让高校思想政治理论课适应图像时代的新变化、引导大学生践行社会主义核心价值观，高校思想政治理论课需要主动赋予鲜活的图像元素以正确的价值内涵，努力提升教育主体的图像素养，积极推进教学话语

_____

① 高歌、季爱民：《慕课冷思考：基于生成性理论的高校思想政治理论课教学新生态探究》，《山西师大学报（社会科学版）》2018年第1期。

的图像转化，着力营造富有亲和力的图像情境。① 沈震、杨志平在其论文《思想政治理论课教学与新媒体新技术相融合的若干思考》（2017）中认为，推进思想政治理论课教学与新媒体新技术的融合，要掌握好思想政治理论课与新媒体新技术有效深度融合的标准，回归课堂，关注实体课堂的建设，关注基于移动互联技术的思想政治理论课课堂教学改革，充分利用思想政治理论课大数据，提高教学精度。② 薛秀娟在其论文《"微时代"背景下高校思想政治理论课的系统改革》（2017）中，研究了如何将"微媒体"融入高校思想政治理论课，在教学内容、教学方法和考核方式等三方面进行系统改革，确保各个要素环节有效衔接，开创高校思想政治理论课的育人新路径，从而适应时代发展和当代大学生成长之所需。③ 忻平、吴德勤等人在其著作《高校思想政治理论课改革发展研究》（2015）中认为，高校思想政治理论课改革会朝向信息化、科学化和国际化的发展趋势。该书详细阐述了高校思想政治理论课教育改革信息化趋势的原因、经验、意义和需要重视的几个问题，高校思想政治理论课教育科学化发展趋势要关注的三个转化、要处理好的三对关系，高校思想政治理论课教育改革国际化视野趋势的成因、发展对策等问题，对新形势下把握好高校思想政治理论课的发展趋势有一定的借鉴意义。④ 还有些学者将发展战略落实到具体的策略层面，从教学内容、教学方法、教师队伍建设、课程体系评估等具体层面，思考高校思想政治理论课发展战略。在教学内容与教学方法层面，吴月齐在其论文《试论高校推进"课程思政"的三个着力点》（2018）中，从三个方面论述了当今高校思想政治理论课建设问题，即加强高校思想政治理论课——第一课堂建设；转变专任教师观念，挖掘每一门专业课的"德育元素"；推动"第二课堂"和"第三课堂"建设，发掘校园文化育人功能和实践育人的有效途径，从而全面提高高校思想政治教育的工作水平。⑤ 马超、娄淑华在其论文《新形势下高校思想政治理论课体系创新的着力点》（2017）中认为，要以"活力"为核心，推动教材体系、

---

① 陈涛：《图像时代高校思想政治理论课建设的路径选择》，《思想教育研究》2017 年第 3 期。

② 沈震、杨志平：《思想政治理论课教学与新媒体新技术相融合的若干思考》，《思想理论教育》2017 年第 3 期。

③ 薛秀娟：《"微时代"背景下高校思想政治理论课的系统改革》，《系统科学学报》2017 年第 2 期。

④ 忻平、吴德勤等：《高校思想政治理论课改革发展研究》，上海：上海大学出版社 2015 年版，第 148－184 页。

⑤ 吴月齐：《试论高校推进"课程思政"的三个着力点》，《学校党建与思想教育》2018 年第 1 期。

教学方法与教师队伍有机结合。① 刘冠军在其著作《学科视域中的思想政治理论课教学研究》（2015）中探讨了教学内容创新设计与实践教学模式，提出将中国梦融入思想政治理论课教学内容的创新设计，以及思想政治理论课实践教学的"三课四学分一体化"模式。② 段喜春、栗志刚在其著作《思想政治理论课互动教学方法教案》（2015）中认为，思想政治理论课教学互动的基本维度是人的意识中的"知"和"情"，即理性与情感。在理性与情感互动的基础上提出了高校思想政治理论课互动教学的逻辑进路：启疑、冲突、辨析、共识。在知、情、意的交互作用以及互动教学的基本原则上，提出理性互动和情感互动的技术路线。在高校思想政治理论课教学反复实践的基础上，提炼出 14 种理性主导的互动教学方法和 12 种情感主导的互动教学方法。③ 戴刚书等人在其著作《高校思想政治理论课实践教学论》（2015）中，对高校思想政治理论课实践教学的概念辨析、特征、功能、内容、形式、层次、体系、模式、环境、价值、评价等进行了梳理，并在此基础上，提出"观、听、访、演、帮、思"的实践教学链。④ 陈明明在其著作《思想政治理论课实践教学指导教程》（2015）中认为，思想政治理论课教学在坚持原有课堂教学的基础上，应努力在实践教学上有所突破，力图使学生能运用课堂上所学的知识来观察社会现象、思考社会问题。这既能增强思想政治理论课教学的针对性、实效性，又能提高学生分析问题和解决问题的能力。⑤

教师队伍建设层面。刘川生在其论文《以习近平新时代中国特色社会主义思想为指导努力提升高校思想政治理论课亲和力与针对性》（2018）中，指出要"强化师资队伍建设，建设更加具有活力的思想政治理论课教师队伍"⑥。陈达云在其论文《新形势下我国高等教育发展的方向、核心与路径》（2017）中指出，教师是思想政治教育的主力，高校党政干部、共青团干部、辅导员班主任和心理咨询教师等在思想政治教育中发挥着重要作用，只有整

---

① 马超、娄淑华：《新形势下高校思想政治理论课体系创新的着力点》，《思想理论教育导刊》2017 年第 5 期。

② 刘冠军主编：《学科视域中的思想政治理论课教学研究》，北京：首都经济贸易大学出版社 2015 年版，第 18－64 页。

③ 段喜春、栗志刚主编：《思想政治理论课互动教学方法教案》，北京：中国文史出版社 2015 年版，第 1－3 页。

④ 戴刚书等：《高校思想政治理论课实践教学论》，北京：中国人民大学出版社 2015 年版，第 243－396 页。

⑤ 陈明明主编：《思想政治理论课实践教学指导教程》，北京：国家行政学院出版社 2015 年版，第 1 页。

⑥ 刘川生：《以习近平新时代中国特色社会主义思想为指导努力提升高校思想政治理论课亲和力与针对性》，《中国高教研究》2018 年第 2 期。

体配合才能形成育人合力。① 忻平、吴德勤等人在其著作《高校思想政治理论课改革发展研究》(2015) 中，总结了改革开放以来高校思想政治理论课教师队伍建设的发展历程和基本经验，并提出加强高校思想政治理论课教师队伍建设的建议与新的趋势。② 高德毅在其著作《研究生思想政治理论课教师成长学养读本》(2015) 中从核心理论、专业启迪、教学素养三个层面来全面建设高校思想政治理论课教师队伍。核心理论，即思想政治理论课教师上好本门课程必须具备若干知识理论素养模块，每个素养模块应掌握的核心要义，突出"理论思维能力"培养；专业启迪，即思想政治理论课教师结合自己的专业背景、成长经历，获取专业发展特色方向的智慧启迪，突出"科学研究能力"培养；教学素养，即针对教学中常见的重大理论问题和现实热点问题，有针对性地提供理论支撑和教学方式方法借鉴，突出"教学能力"培养。③李腊生、王小净在其著作《观察与思考——思想政治理论课教师社会考察文集》(2015) 中提出，对于如何把思想政治理论课建设成为大学生真心喜爱、终身受益、毕生难忘的优秀课程的问题，教师无疑是关键。而组织思想政治理论课骨干教师参观考察，进行社会实践，促进理论与实践相结合，就是加强思想政治理论课教师队伍和课程建设的一项重要举措。④

　　课程评价体系建设层面。叶荣国、钱广荣在其论文《论思想政治理论课教学质量评价的"虚"与"实"》(2017) 中指出思想政治理论课教学质量评价一直是困扰人们的一个难题。之所以如此，是因为思想政治理论课的教学质量及其评价标准存在"虚"与"实"的问题。唯有在厘清差别的前提下又将两者统一起来，才能真正科学地开展思想政治理论课教学质量评价，促进这门特殊课程的教学建设，切实保障人才培育质量。⑤ 杨国辉针对目前思想政治理论课实践教学评估存在的问题进行了审视与反思。其论文《论思想政治理论课实践教学评估的审视与反思》(2017) 中指出，切实开展好思想政治理论课实践教学的评估，一是要切实建立多元主体评估队伍，避免评估视角的

---

① 陈达云：《新形势下我国高等教育发展的方向、核心与路径》，《学校党建与思想教育》2017年第1期。

② 忻平、吴德勤等：《高校思想政治理论课改革发展研究》，上海：上海大学出版社2015年版，第148–184页。

③ 高德毅主编：《研究生思想政治理论课教师成长学养读本》，上海：上海教育出版社2015年版，第1–2页。

④ 李腊生、王小净主编：《观察与思考——思想政治理论课教师社会考察文集》，武汉：武汉出版社2015年版，第1–4页。

⑤ 叶荣国、钱广荣：《论思想政治理论课教学质量评价的"虚"与"实"》，《思想理论教育导刊》2017年第1期。

错位；二是形成动态评估过程机制，避免评估内容单一化；三是完善评估指标科学体系，避免评估结果偏激化。① 王恩江、李俊卿在《高校思想政治理论课教学有效性评价原则及维度构建》（2015）中认为，构建高校思想政治理论课科学合理的教学有效性评价体系，应坚持评估的政治性、科学性和可操作性相统一的原则，知识、技能、价值观三位一体的原则，定性和定量相结合的评价原则。高校思想政治理论课教学有效性评价应考虑从教师的教学行为、学生的学习行为、教学环境、教学管理等多维度切入。② 学者们从现实情况出发，基于新时代所面临的新情况、新变化，站在信息化、科学化、国际化的时代层面，具体从教学内容、教学方法、教师队伍建设、课程体系评估等方面对高校思想政治理论课发展提出了自身的见解。

三、国外高校思想政治理论课发展战略研究综述

在国外的高校教育中，虽然没有专门开设思想政治理论课，但其课程设置里会开设与思想政治理论课类似的相关课程。如美国的通识课程、英国的道德课、日本的公民教育、韩国的道德课和伦理学、新加坡的好公民课等。各个国家都非常重视对高校学生进行思想政治教育，并致力于加强新形势下办好高校思想政治理论课建设的各项工作。

学界也有部分学者对国外思想政治教育相关课程的发展进行了考察研究，并对国外的经验教训进行了总结归纳，为我国办好高校思想政治理论课的发展战略研究提供了一定的参考借鉴。戴钢书等人在其著作《高校思想政治理论课实践教学论》（2015）中，对国外高校思想政治理论课实践教学的途径、管理、评价进行了考察；对中外高校思想政治理论课实践教学若干问题进行了比较；对国外经验进行了总结，③ 为我国高校思想政治理论课实践教学理念、实践教学体系和实践教学方式的思考研究提供了经验参考。廖启云在其著作《现代化视域下思想政治教育发展研究》（2015）中对美国、欧洲、亚洲的思想政治教育发展现状进行了详细介绍。廖启云指出美国注重价值观念和爱国主义意识的塑造；欧洲重视青年思想道德的培养；亚洲坚持东西方结合的教育。国外思想政治教育值得借鉴的地方有：注重民族传统文化对弘扬

① 杨国辉：《论思想政治理论课实践教学评估的审视与反思》，《思想教育研究》2017 年第 1 期。

② 王恩江、李俊卿：《高校思想政治理论课教学有效性评价原则及维度构建》，《思想理论教育导刊》2015 年第 4 期。

③ 戴钢书等：《高校思想政治理论课实践教学论》，北京：中国人民大学出版 2015 年版，第 78－101 页。

民族精神的巨大作用；把提高道德判断与选择能力作为重要任务；在综合化发展趋势中加强和改进思想政治教育；注重发挥思想政治教育的服务功能。①国外对高校思想政治理论课的建设都有其侧重点和优势，吸取其经验教训对我国新时代高校思想政治理论课的发展战略研究具有一定的参考借鉴意义。

1. 美国、英国高校思想政治理论课发展战略研究综述

在美国高校教育中，虽没有明确设置思想政治理论课程，但整个教育体系中会贯穿浓厚的意识形态教育，以其他课程或者校园文化活动的形式，隐性地、多样化地将道德教育、思想教育、政治教育灌输到学生的思想行为中来。荣霞在其论文《美国高校隐性思想政治教育的途径及启示》（2016）中，重点从美国的隐性教育着手，详细阐述了美国如何通过学生的实践活动以及广泛整合社会思想政治教育资源来进行学生的思想政治教育。② 美国的隐性思想政治教育为我国新时代高校思想政治理论课发展战略研究提供了一定的方法借鉴，即坚持继承传统与创新相结合，坚持教育模式从封闭走向开放，坚持思想政治教育从追求他律到养成自律，使我国思想政治理论课在社会发展的新形势下发挥时效性。隐性教育的另外一种表现形式是将意识形态教育融入非意识形态教育中。张敏、陈尚坤在其论文《美国高校思想政治教育目标实现方式多样性的启示》（2012）中，阐述了美国如何将意识形态教育融入非意识形态教育中，注重二者的均衡发展，具有很强的隐蔽性和渗透性。③ 重视非意识形态教育形式，将意识形态内容渗透进非意识形态教育之中，是西方国家教育的普遍规律。另外，还有学者从交往理论的角度论证了美国高校思想政治理论课的建设问题。吴绵超、周磊在其论文《交往视角下的美国高校思想政治教育研究》（2012）中，就用哈贝马斯的交往理论来审视美国高校思想政治教育，对我们全面认识交往理论和西方国家的思想政治教育具有参考价值。④ 美国高校思想政治教育的主体间性、共同体、规范和方法等，对办好我国高校思想政治理论课具有一定的启示作用。除此之外，美国还十分重视高校教师队伍的建设，赖雪梅在其论文《美国高校研究生学术诚信课程设置及其特色探析》（2017）中，对美国高校旨在培养研究生学术诚信品质与学术责任的四类课程进行了介绍并分析其特色，指出其学术诚信课程设置体系化、

---

① 廖启云：《现代化视域下思想政治教育发展研究》，北京：中国社会科学出版社 2015 年版，第 90 – 118 页。

② 荣霞：《美国高校隐性思想政治教育的途径及启示》，《教育理论与实践》2016 年第 36 期。

③ 张敏、陈尚坤：《美国高校思想政治教育目标实现方式多样性的启示》，《江苏高教》2012 年第 6 期。

④ 吴绵超、周磊：《交往视角下的美国高校思想政治教育研究》，《江苏高教》2012 年第 6 期。

多元化,特色鲜明,成效显著。① 任志锋、孟茹玉在其论文《美国高校师德建设的历程、特点与启示》(2017) 中认为,美国高校师德建设的价值取向、具体内容和实践方式分别经历了从单一社会向"社会—学生"转换,从散在经验向系统科学转换,从政府主导、法令规制向行业协会主导、规范约束的发展转换,呈现出教师角色的伦理定位与教学道德维度协调统一,行业约束、地方特色与群体特质三维并进,全员覆盖与全程监督有机结合,法律规制与道德导引交互使用,政府、行业协会、学校共同参与等特点,对新时期加强和改进我国高校师德建设具有一定的启示和借鉴价值。②

作为世界上最早进入近代化和现代化的国家,在近代的教育制度上,英国也属于发祥地。英国注重学生的思想政治教育,与美国相似,英国的思想政治理论课程建设也具有一定的隐蔽性,但同时其宗教性和多样性的特征也十分明显。杨晓在其论文《英国、美国、日本和新加坡四国高校公民教育的趋同探议》(2017) 中认为,英国政府重视高校学生的宗教教育,在基于1988 年颁布的《国家课程》中强调宗教教育的重要性,公民教育的任务要隐蔽于宗教教育的过程中,让学生在本土宗教文化的影响下形成公民价值观,进而对周围现状具有一定的判断能力,形成完善的公民意识。③ 通过公民教育渗透国家意识形态的教育,实现思想政治教育的目的。宁曼荣在其论文《英国高校隐性德育的特点及启示》(2017) 中,将英国的隐性德育概括为通过课堂教学渗透、校园文化熏陶、学生事务引领、社会活动锻炼等方式进行的道德教育、思想教育和政治教育,并具有内容阶级性、过程情感性、途径多样性、方法生活性等特点。④ 英国的思想政治教育工作告诉我们要充分发挥"信仰"的德育力量;增加德育过程的人文关怀,积极探索"关爱"的德育力量;优化校内外德育途径,深入发掘"行动"的德育力量;形成生活化德育思维,大胆探求"真实"的德育力量等,进一步改进和完善我国高校思想政治教育工作。彭小兰在其论文《哲学视野下英国高校思想政治教育的跨学科性》(2016) 中,基于哲学分析法,深入剖析英国高校思想政治教育的跨学科性,细致探究其与科学哲学、神学、政治哲学、教育心理学四学科的关系,⑤ 将高

---

①　赖雪梅:《美国高校研究生学术诚信课程设置及其特色探析》,《学位与研究生教育》2017 年第 4 期。

②　任志锋、孟茹玉:《美国高校师德建设的历程、特点与启示》,《思想理论教育》2017 年第 4 期。

③　杨晓:《英国、美国、日本和新加坡四国高校公民教育的趋同探议》,《武夷学院学报》2017 年第 4 期。

④　宁曼荣:《英国高校隐性德育的特点及启示》,《学校党建与思想教育》2017 年第 6 期。

⑤　彭小兰:《哲学视野下英国高校思想政治教育的跨学科性》,《广西社会科学》2016 年第 5 期。

校思想政治理论课与哲学、神学、心理学相结合，凸显了英国高校思想政治理论课浓厚的宗教性。李超在《英国高校的网络思政课怎么上》（2016）一文中，以网络思想政治教育为切入点，以分析英国学生事务管理特点与我国高校学生思想政治教育的异同为基础，以探究如何提高我国高等教育中思想政治教育效果为目标，探讨了英国高校学生事务管理对我国高校网络思政工作的启示，① 对在当前网络化的新形势下建设我国高校思想政治理论课提供了一定的启示。张嵘在其论文《英国高校思想政治教育的发展及其启示》（2011）中梳理了英国高校思想政治教育所经过的宗教化、宗教化与世俗化并进、世俗化三个阶段的发展历程，指明了其所具备的宗教性、隐蔽性和多样化等突出特征。英国高校思想政治教育的实践对我国思想政治教育具有积极的借鉴作用，② 对我国高校办好思想政治理论课、发挥显性和隐性的教育功能、努力构建全社会合力育人的思想政治教育体系、全面提升思想政治理论课的有效性提供了理论参考。

2. 日本、韩国、新加坡高校思想政治理论课发展战略研究综述

日本重视高校思想政治教育工作，并且会结合宗教信仰的文化习俗，以家庭教育、社会教育的形式来传播本国的核心价值观。在日本高校的思想政治教育工作体系中，思想政治理论课程的形式十分丰富，诸多学者从课程建设的各个方面都提出了自身的见解，也为我国高校思想政治理论课发展战略研究提供了一定的参考。杨晓在其论文《英国、美国、日本和新加坡四国高校公民教育的趋同探议》（2017）中认为，日本宗教信仰较为多元化，除佛教、基督教等外来宗教的影响外，日本本民族的宗教为神道教。宗教在公民教育中的地位较为重要，为统治阶级的统治制造舆论。比如神道教的作用主要为通过对天皇的崇拜，维护天皇的精神核心地位，帮助公民形成独特的对各方忠诚的价值观。③ 王丽荣、朱小蔈在其论文《日本青年的道德教育研究》（2016）中指出，日本青年道德教育吸收本土（神道教、武士道、稻作文化）、中国（儒家）、西方（宗教、契约）精神，由"和""家""耻"文化和忠诚、集团、责任意识等构成核心，内容包括勤奋敬业、诚实守信、服务社会、遵纪守法、团结创新意识，具有空间开放性、时间延展性、实践先行性等特点。④ 郭纯平在其著作《我国高校思想政治理论课实践教学研究》

---

① 李超：《英国高校的网络思政课怎么上》，《人民论坛》2016 年第 34 期。

② 张嵘：《英国高校思想政治教育的发展及其启示》，《现代教育科学》2011 年第 11 期。

③ 杨晓：《英国、美国、日本和新加坡四国高校公民教育的趋同探议》，《武夷学院学报》2017 年第 4 期。

④ 王丽荣、朱小蔈：《日本青年的道德教育研究》，《青年探索》2016 年第 3 期。

（2014）中指出，日本以德育为中心，通过课堂教学、特别活动（课外活动）、社会实践活动、大众传媒等形式，寓德育于学校生活的各个环节。日本大学道德教育的实施离不开学生工作的组织体系，日本大学的学生工作体制具有内容覆盖面宽、由教授负责等特点。在德育评价上，其评价内容具有全面性以及民族性和人类性的统一，并在德育评价中突出角色的特征。① 陈珊在其论文《日新高校思想政治教育比较研究及启示》（2012）中从目标透视、内容剖析、价值借鉴三个方面对日本高校思想政治教育工作进行了详细阐述。尤其是在教育形式上，日本不仅重视高校思想政治理论课的课堂灌输，还会配合家庭教育和社会教育，共同协作完成学生的教育工作，构建学校教育、社会教育、家庭教育一体化的德育网络。②

在韩国高校的思想政治理论课程中，对国民精神、儒家伦理、爱国主义以及传统道德教育都十分重视。韩国向来要求大学生要具备忠孝克俭、勤劳朴素、品德高尚、家庭和睦的社会风尚，在韩国高校的思想政治理论课程中，以上要求都得到了体现。郭纯平在《我国高校思想政治理论课实践教学研究》（2014）中从课堂教学和实践活动两方面对韩国大学生思想政治理论教育进行了详细介绍。在课堂教学上，韩国高校特别注重儒家伦理的灌输，同时还把德育内容渗透到其他各门学科中。另外，韩国还十分重视德育实践活动的开展，郭纯平详细介绍了 20 世纪 70 年代朴正熙发动的"新生活运动"，这是韩国具有重大德育意义的社会实践活动。③ 韩国高校没有全国统一的思想政治教育课程，其思想政治教育主要是依托伦理、道德、政治等课程来实现，这也为我国高校思想政治理论课建设提供了一定的经验参考。倪愫襄在其著作《高校思想政治理论课程的国际视野》（2013）中，对韩国思想政治理论相关课程的设置、目标、内容、实施、评价等进行了详细阐述，④ 对我们全面把握韩国高校思想政治理论课程的整体情况、我国高校思想政治理论课发展战略研究提供了一定的经验参考和借鉴。陈立思、高翔在《从人文社科课程设置看韩国思想政治教育》（2007）一文中，考察了韩国高校人文社科课程的设置，从宗教教育、道德教育、政治法律教育、历史教育、思想教育和公民素

---

① 郭纯平：《我国高校思想政治理论课实践教学研究》，广州：世界图书出版广东有限公司 2014 年版，第 18 – 19 页。

② 陈珊：《日新高校思想政治教育比较研究及启示》，《东西南北（教育观察）》2012 年第 9 期。

③ 郭纯平：《我国高校思想政治理论课实践教学研究》，广州：世界图书出版广东有限公司 2014 年版，第 18 – 19 页。

④ 倪愫襄主编：《高校思想政治理论课程的国际视野》，北京：中国社会科学出版社 2013 年版，第 195 – 215 页。

质教育等方面对韩国高校思想政治教育的现状做出描述与分析，揭示了韩国高校思想政治教育的内容与特色，展示了韩国思想政治教育中鲜明的政府导向以及教育形式与途径的隐蔽性和多样化。[①]

新加坡作为一个多民族、多文化以及多宗教的移民性国家，对大学生的思想政治教育是十分重视的，尤为重视大学生的思想理论课程建设问题。新加坡堪称是世界公民道德教育的典范，大学生的思想理论课程多以公民道德教育的形式出现，并融入道德教育、思想教育、政治教育以及国家意识形态的教育。关于新加坡的高校思想政治理论课的建设问题，学者们多从课程设置、目标内容以及建设路径等方面进行研究。进入 21 世纪以来，面对世界政治、经济、文化大潮猛烈冲击的新形势，很多国家出现了众多社会问题，各国政府都意识到思想政治教育建设的重要性和紧迫性，要不断加强高校思想政治教育建设。虽然新加坡的政治制度和教育理念与我国存在一定差异，但在办好高校思想政治理论课发展战略研究上具备一定的相似性。有学者致力于对新加坡高校思想政治理论课程建设进行研究，以此为我国高校思想政治理论课建设提供一定的参考借鉴。程晴晴、滕志妍在《新加坡新品格与公民教育述评》（2014）一文中，对新加坡新品格与公民教育进行了详细的述评。为培养更能适应国家发展的公民，新加坡政府和教育部于 2014 年推出新品格与公民教育课程。通过身份、人际关系和选择三大概念，该课程引导学生从自身出发，延伸至家庭、学校、社区、国家和世界层面进行反思，并通过政府、学校、社区等各种途径来实施教育，为新加坡良好公民的培养奠定了基础。[②] 郭纯平在其著作《我国高校思想政治理论课实践教学研究》（2014）中指出，新加坡政府一贯重视中小学道德教育，后逐步强调大学道德教育。新加坡大学道德教育的内容主要是儒家伦理教育、共同价值观教育、品格教育和国民教育。新加坡大学善于利用每一次机会，借助每一项活动让学生践行课堂上学到的德育知识。[③] 骆郁廷在《高校思想政治理论课程论》（2006）一书中，从学科课程、寓于通识课程中的道德课程、活动课程三方面对新加坡高校思想政治理论课程设置进行了介绍。其课程目标有：帮助学生了解新加坡社会，引导学生树立国家意识和社会责任感，培养学生的"新加坡人"意识。引导学生进一步学习和了解儒家文化，继承儒家文化精华，树立东方价

① 陈立思、高翔：《从人文社科课程设置看韩国思想政治教育》，《思想理论教育（综合版）》2007 年第 7 期。

② 程晴晴、滕志妍：《新加坡新品格与公民教育述评》，《外国教育研究》2014 年第 4 期。

③ 郭纯平：《我国高校思想政治理论课实践教学研究》，广州：世界图书出版广东有限公司 2014 年版，第 19 - 20 页。

值观。引导学生学习和了解基本伦理道德知识，并运用伦理道德知识解决实际生活中的伦理道德问题。培养学生的竞争、合作意识以及创新、开拓、进取等优秀个人品质，以适应新加坡高等教育国际化和经济发展国际化的需要。在课程内容上，主要是进行国家意识教育、东方价值观教育、伦理道德知识教育、品格教育等；在课程实施上，采用先进的道德课程教学方法，对课程进行科学的管理，重视教师能力与素质的培养。① 刘自尊、孔琳在其论文《新加坡的思想政治教育及其启示》（2003）中指出，新加坡的思想政治教育有很强的实效性，具体表现在：侧重弘扬国家利益第一，强化国家意识；倡导儒家思想，坚持东方价值观；重视学校思想政治教育，明晰思想政治教育层次；讲求教育方法，注重教育实践；注重法纪教育，坚持德法兼施。结合我国国情，从新加坡的成功经验中得出有益的启示，对于提高我国高校思想政治理论课的实效性具有促进作用。②

四、相关研究的分析与评价

从目前对于新时代高校思想政治理论课发展战略研究的成果来看，如何在新时代建设好高校思想政治理论课已成为当下极度重要的课题，并上升至战略研究的高度。专家学者对于新时代高校思想政治理论课发展战略的研究已经有相当的成果呈现，主要表现为：首先，关注时代发展赋予高校思想政治理论课的新变化。对新时代高校思想政治理论课所呈现的新特点、出现的新问题、面临的新挑战进行分析研究，有利于我们更加全面科学地把握当今新形势，找准主要矛盾，对症下药。其次，站在战略全局性高度，对新时代高校思想政治理论课进行战略系统布局，并提出战略思维、战略方向、战略目标以及具体的战略实施方案和战略保障。将高校思想政治教育放在极度重要的突出位置，足以显示新时代建设好思想政治理论课的重要性。最后，在战略部署的基础上，专家学者对具体每项措施的实施做了深入思考，如对新时代高校思想政治理论课的教学内容、教学方法、教师队伍建设、课程教学改革所面临的挑战以及应对策略进行探讨研究；对国外高校思想政治理论课程体系进行了比较和借鉴。从不同的研究视角、内容、形式和方法上对其进行研究，都在一定意义上推动了这个领域相关问题的研究。

---

① 骆郁廷主编：《高校思想政治理论课程论》，武汉：武汉大学出版社 2006 年版，第 337 - 344 页。

② 刘自尊、孔琳：《新加坡的思想政治教育及其启示》，《思想理论教育导刊》2003 年第 7 期。

当然，当前的研究也显露出一定的不足，主要体现在以下几个方面：

第一，对于新时代的分析不够彻底和深入。从目前的研究来看，学界对于当今新时代的把握不够彻底深入，大多为泛泛而谈，对新时代的分析研究较为浅显。新时代是建设当前高校思想政治理论课的时代大背景。随着时代的发展，信息技术迅猛发展、多元文化思潮涌入，新时代下高校思想政治理论课应根据信息化、科学化、国际化等时代特点，做到因事而化、因时而进、因势而新。新时代所出现的问题、面临的挑战和危机，往往不是由一个简单的、个别的、局部的原因造成的，而是复杂的、全面的、整体的系统问题。因此，对于当前形势的分析以及新形势带给高校思想政治理论课的挑战与机遇，我们应该站在全方位视角，系统地进行分析思考，思考新形势下出现的新现象、新变化、新特点、新问题以及新机遇，分析其出现的深层原因，透过现象看到本质，厘清相互之间的逻辑关系，以及对未来高校思想政治理论课发展趋势的科学判断等。因此，对于当前新时代中从现象到本质、从深层原因到目前的状态、从宏观层面大环境的发展到微观环境中各个要素的变化，我们都要进行系统仔细的分析研究，只有将新时代分析透彻了，我们才能站在战略的高度来进行全方位的部署，提出合理发展策略。

第二，对于"战略研究"没有进行系统研究。从当前的研究成果来看，站在"战略研究"的高度来建设新时代高校思想政治理论课的研究成果还不多。很多青年学者，由于目前自身的学识以及经验的欠缺，对当前高校思想政治理论课的建设思考缺乏战略性思维和大局意识，对中央及国家各级主管部门发布的各项有关高校思想政治理论课的政策文件、讲话精神的解读还不够细微深入，对当前我国高校思想政治理论课总体形势的把握不够到位，自然无法站在战略的高度来进行研究并提出自己的见解。因此，目前的研究成果表明，学界对于新时代高校思想政治理论课的发展战略研究没有全面铺开，对于战略目标、具体的战略方案、战略内容、战略部署、战略保障都没有形成系统研究，学者们也没有达成一致观点。因此，站在战略性高度，研究如何建设新时代高校思想政治理论课，并最终能够达成战略一致，其研究成果较少，研究力度有待加强。有鉴于此，本文对新时代高校思想政治理论课的战略转型、主导发展战略、协同发展战略、创新发展战略以及发展战略保障进行了深入系统的研究，站在战略高度，将办好高校思想政治理论课研究全面铺开。

第三，聚焦到战略实施的具体问题上，当前关于教材建设、课程教学评估问题的研究相对不足。对于新形势下办好高校思想政治理论课的发展战略研究，最终是要从战略落实到战术上，从战术落实到实施策略上，从实施策略落实到教师、教材、内容、方法、评估等具体问题的建设层面。如何把全局性、整体性、系统性的战略与具体的每一个现实建设问题相联系，让战略落到实处，这值得我们去思考。在众多具体的建设问题上，教材建设和课程教学评估相对于其他建设问题而言，发展一直较为薄弱。具体表现为：课程教材大部分都聚焦于从整体性的角度阐释课程内部以及课程之间的逻辑关联，或者课程内容的特征等，对于落实到教材本身的编写等问题提及较少，以及马克思主义中国化最新理论成果，如中国梦、核心价值观等融进教材的研究还有较大的提升空间。另外，就课程教学评估问题，学者也给予了较多的阐释，实践中也有实证的探索。尽管取得了一些成果，提出了一些独特的创新性见解，如各种评价原则以及指标体系，但依然存在一些问题。如仅依照西方客观主义研究范式倡导的"有效教学"，强调对教学效益、教学结果的可测性和量化分析，从而导致将高校思想政治理论课程教学评估简单等同于一般的教学评估，忽视了高校思想政治理论课程教学评估的特殊性。然而坚持另一种模糊评价的原则又将引发教学实效性的不可控。

因此，对新时代高校思想政治理论课的发展战略研究一定要将战略落地，落实到每一个教育要素上来，尤其要落实到教材建设和课程教学评估上。为新时代高校思想政治理论课的发展战略研究提供具体实施层面的各项保障，将宏观的、全局性的战略布局与具体的实际问题相联系，这是本课题研究需要努力的方向。

第三章　新时代高校思想政治理论课发展战略转换

　　立足于战略高度，办好新时代高校思想政治理论课，需要分析新矛盾、新变局，以新的理念、内容、思想、方法去适应时代变化发展。高校思想政治理论课发展战略的转换，就是以习近平新时代中国特色社会主义思想为指导，围绕"国家战略需要什么样的思想政治理论课""办成什么样的思想政治理论课""高校思想政治理论课为什么会成为国家战略"的核心问题，深入分析高校思想政治理论课发展战略方向、战略意义、战略方针、战略规律，实施主导发展战略、创新发展战略、协同发展战略和发展战略保障，实现高校思想政治理论课发展战略转换。

一、新时代高校思想政治理论课发展战略转换概述

　　实现发展战略转换有利于全局性地把握办好高校思想政治理论课的方向问题，它关系到社会主义建设者和接班人的政治战略，关系到培养又红又专、德才兼备、全面发展的人才战略问题，关系到党和国家民族的发展战略，关系到社会主义经济建设和国家的前途与命运。

　　转换是一种转变、改变、创新。所谓发展战略转换是需要我们以全新的思维来重新分析发展战略全局及其各个方面，分析社会已经出现的新的变局、社会各种矛盾的变化，因势而化，因势而进，主要包括理念、内容、思想、方法的转变创新。所谓新时代高校思想政治理论课发展战略转换，是指在探寻当前我国高校思想政治理论课中存在的战略问题、师资队伍建设、课程体系建设、教学效果、协同创新等问题基础上，认真贯彻落实习近平新时代中国特色社会主义思想，深入分析办好高校思想政治理论课发展的战略方向、战略意义、战略方针、战略规律，从国家战略的层面来建设高校思想政治理论课。《中共中央　国务院关于进一步加强和改进大学生思想政治教育的意见》（以下简称《意见》）将思想政治理论课摆在国家战略的发展地位。《意见》强调指出，"加强和改进大学生思想政治教育……对于全面实施科教兴国

和人才强国战略，具有重大而深远的战略意义"。党的十八大以来，高校思想政治理论课实现了新的发展战略转换，面对国际国内新形势，党和国家将高校思想政治理论课战略地位提到了更高位置，定位为一项战略工程、固本工程、铸魂工程，事关意识形态工作大局，事关中国特色社会主义事业后继有人，事关社会主义现代化强国以及中华民族伟大复兴的实现，事关新时代"两个一百年"奋斗目标的顺利实现，必须始终摆在突出位置，持之以恒、常抓不懈。《关于加强和改进新形势下高校思想政治工作的意见》中明确指出，党的十八大以来，以习近平同志为核心的党中央把高校思想政治工作摆在突出位置，作出一系列重大决策部署，各地区、各有关部门、各高校采取有力有效措施，积极主动开展工作，创造了许多成功做法，积累了许多宝贵经验。全面贯彻党的教育方针，坚持社会主义办学方向，扎根中国大地办大学，以立德树人为根本，以理想信念教育为核心，以社会主义核心价值观为引领，切实抓好各方面基础性建设和基础性工作，切实加强和改善党的领导，全面提升思想政治工作水平，紧密团结在以习近平同志为核心的党中央周围，牢固树立政治意识、大局意识、核心意识、看齐意识，坚定不移维护党中央权威和党中央集中统一领导，为实现"两个一百年"奋斗目标、实现中华民族伟大复兴的中国梦，培养又红又专、德才兼备、全面发展的中国特色社会主义合格建设者和可靠接班人。要进一步办好高校思想政治理论课，充分发挥高校思想政治理论课的主渠道作用，深入实施高校思想政治理论课建设体系创新计划，完善教材体系，提高教师素质，创新教学方法，增强教学的吸引力、说服力、感染力。随着新时代的到来，高校思想政治理论课的发展战略地位愈显突出。信息技术迅猛发展，多元文化思潮涌入，新形势下高校思想政治理论课应根据信息化、科学化、国际化等时代特点，做到因事而化、因时而进、因势而新。因此，对于当前形势的分析以及新形势带给高校思想政治理论课的挑战与机遇，应该站在全方位视角，系统地进行分析思考。对于新形势下出现的新现象、新变化、新特点、新问题以及新机遇，分析其出现的深层原因。透过现象看本质，厘清相互之间的逻辑关系，以及对高校思想政治理论课发展趋势的科学判断等，才能站在战略的高度对高校思想政治理论课发展战略系统布局。运用战略思维、把握战略方向、设立战略目标，实施一系列立体的发展战略以及发展战略保障，能够有力地推进高校思想政治理论课的新发展。因此，新时代高校思想政治理论课的发展战略转换，既是高校思想政治理论课研究的重点问题，也是促进高校思想政治理论课发展战略的内在需要。

在中华人民共和国成立初期，党和国家高度重视高校思想政治理论课发展战略。把思想政治理论课上升到"政治就是一切"的高度。改革开放后，在市场经济的影响下，高校思想政治理论课一度处于放任状态，有些课程内容滞后于形势发展，高校思想政治教育工作显得疲软乏力。邓小平同志高度重视思想政治教育的重要性，尤其是将思想政治教育置于国家建设的重要地位。1978 年 4 月，邓小平同志在全国教育工作会议上明确提出了"我们的学校是为社会主义建设培养人才的地方"，"应该永远把坚定正确的政治方向放在第一位"等重要论断。1989 年 3 月，邓小平同志进一步指出："我们最近十年的发展是很好的。我们最大的失误是在教育方面，思想政治工作薄弱了，教育发展不够。我们经过冷静的考虑，认为这方面的失误比通货膨胀等问题更大……所以要加强对人民进行思想政治工作，提倡艰苦奋斗。这是中国从几十年的建设中得出的经验。"① 在改革开放的新形势下，加强高校马克思主义理论教育具有特殊重要的意义。邓小平同志强调："不要以为有一点精神污染不算什么，值不得大惊小怪……从长远看，这个问题关系到我们的事业将由什么样的一代人来接班，关系到党和国家的命运和前途。"② 因此，高校思想政治理论课要坚持四项基本原则，反对资产阶级"和平演变"，要放在争夺接班人的战略高度来认识和加强高校马克思主义理论教育，高校思想政治理论课是培养社会主义事业可靠接班人的一项重要任务。要坚持以社会主义核心价值观引领各种非主流的社会思潮，最大限度地达成社会共识，凝聚人民群众的力量，齐心协力建设中国特色社会主义；要坚持不断加强和改进高校思想政治理论课的课堂教学和实践教学，旨在提高大学生政治鉴别力和政治敏锐性，筑牢拒渗防变的基础，这有助于新时代大学生对马克思主义做到真学、真懂、真信和真用，增强对中国特色社会主义的道路自信、理论自信、制度自信和文化自信。

新时代高校思想政治理论课发展战略转换对于社会主义意识形态建设和大学生成长成才具有重要意义。"培养社会主义建设者和接班人，是我们党的教育方针，是我国各级各类学校的共同使命。大学对青年成长成才发挥着重要作用。高校只有抓住培养社会主义建设者和接班人这个根本才能办好，才能办出中国特色世界一流大学。"③ 首先，新时代高校思想政治理论课关系到社会主义建设者和接班人的政治战略。高校思想政治理论课是大学生的必修课，也是高校思想政治教育的主渠道，是全面贯彻落实党的教育方针、培养

① 邓小平：《邓小平文选》（第二卷），北京：人民出版社 1994 年版，第 67 页。
② 邓小平：《邓小平文选》（第二卷），北京：人民出版社 1994 年版，第 131 页。
③ 习近平：《在北京大学师生座谈会上的讲话》，《人民日报》，2018 年 5 月 3 日。

中国特色社会主义事业合格建设者和可靠接班人、落实立德树人根本任务的主渠道。高校思想政治理论课建设事关为党和国家进行中国特色社会主义现代化建设培养人才的战略问题。我国高校是党领导下的中国特色社会主义高校，必须以马克思主义为指导思想，全面贯彻和落实党的教育方针政策，强化政治意识、责任意识、阵地意识和底线意识，这关系到培养又红又专、德才兼备、全面发展的人才战略问题。其次，它关系到党和国家的发展战略，关系到社会主义经济建设和国家的前途与命运。当今时代，中华民族比历史上任何时候都接近实现中华民族伟大复兴的梦想，"两个一百年"的奋斗目标越来越明确，"中国越来越走向世界舞台的中央，中国特色社会主义可以为世界文明、人类社会提供中国方案，传递中国声音、传播中华文化、展示中国形象"①，迫切需要全面提升高校创新能力；全面建成小康社会进入决胜阶段，迫切需要培养适应民族复兴、大国崛起的一代新人。思想政治理论课之所以被称为"理论课"，是因为其需要揭示规律的科学性、深刻性、解释力；要努力体现马克思主义理论的逻辑魅力，引领其他哲学社会科学学科、引领社会思潮。通过思想政治理论课，可以让学生从中学会分析社会历史与现实问题的立场与方法，增强理论认同、政治认同、情感认同，使学生受益一生。最后，它关系到大学生的成长成才战略。大学生的价值取向决定了未来整个社会的价值取向，而大学生又处在价值观形成和确立的时期，抓好这一时期的价值观养成十分重要。大学阶段，不只是学知识的过程，也是一个"成人"的过程，要帮助青年学生形成正确观察分析社会的立场与方法。习近平总书记指出，"现在，在高校学习的大学生都是 20 岁左右，到 2020 年全面建成小康社会时，很多人还不到 30 岁；到本世纪中叶基本实现现代化时，很多人还不到 60 岁。也就是说，实现'两个一百年'奋斗目标，你们和千千万万青年将全过程参与。有信念、有梦想、有奋斗、有奉献的人生，才是有意义的人生。在实现中国梦的伟大实践中创造自己的精彩人生"②。人生的扣子从一开始就要扣好，高校应该以立德树人作为根本任务，努力培养大德、公德、私德相统一的人才。德是首要、是方向，一个人只有明大德、守公德、严私德，其方能用得其所。修德，既要立意高远，又要立足平实。要立志报效祖国、服务人民，这是大德，养大德者方可成大业。概而言之，就是要"踏踏实实修好公德、私德，学会劳动、学会勤俭，学会感恩、学会助人，学会谦让、

① 习近平：《习近平谈治国理政》（第二卷），北京：外文出版社 2017 年版，第 411 页。
② 习近平：《习近平谈治国理政》（第一卷），北京：外文出版社 2018 年版，第 119 页。

学会宽容，学会自省、学会自律"①。当代大学生出生在市场经济、经济全球化和信息网络化的大环境下，受到市场和网络的双重影响，市场属性和网络特征对他们思想特点和价值取向的构建影响极大。高校内部意识形态问题也比较严峻，部分消极负面的社会思潮渗透校园，导致学生群体中出现明显的个人主义、拜金主义、享乐主义倾向。高校思想政治理论课发展必须实施发展战略转换，发挥高校思想政治理论课的战略作用，才能真正培养人格健全的时代新人，引导大学生认识人类社会发展的客观规律和演变规律，衷心拥护中国共产党的领导，为他们树立崇高的共产主义理想信仰打下坚实的基础。

二、新时代高校思想政治理论课发展战略转换的时代境遇

中国特色社会主义进入新时代，高校思想政治理论课发展也进入了新时代。新时代高校思想政治理论课发展已由外延式快速发展阶段转向内涵式高质量发展阶段，标志着高校思想政治理论课发展的主要矛盾已经转化为大学生日益增长的成为担当民族复兴大任时代新人的需要和不平衡不充分的发展之间的矛盾。② 对此，必须要厘清发展战略转换的新形势，才能进一步推动新时代高校思想政治理论课的高质量和可持续的发展。

1. 国际国内复杂的思想意识形态交流、交融、交锋

中国特色社会主义进入新时代，意味着历经磨难的中华民族实现了从站起来、富起来到强起来的历史飞跃，为中华民族伟大复兴打开了新的时代前景；意味着马克思主义在二十一世纪的中国始终焕发出源源不断的生命力，使中国特色社会主义伟大旗帜在全世界高高扬起；"意味着中国特色社会主义道路、理论、制度、文化不断发展，拓展了发展中国家走向现代化的途径，给世界上那些既希望加快发展又希望保持自身独立性的国家和民族提供了全新选择，为解决人类问题贡献了中国智慧和中国方案"③。新时代不是简单说法，而是重大政治判断，是新起点、新使命、新思想、新征程、新变化。在国际国内形势变幻莫测的背景下，高校思想政治理论课面临诸多未知的挑战，需要根据各种变化而做出新的调整。国际上，当前处于经济全球化和政治多极化以及各种思想文化交流碰撞的时期，"逆全球化"思潮和自由主义倾向开

---

① 习近平：《习近平谈治国理政》（第一卷），北京：外文出版社 2018 年版，第 173 页。
② 刘武根：《论新时代高校思想政治理论课建设的主要矛盾》，《思想理论教育导刊》2018 年第 5 期。
③ 习近平：《习近平谈治国理政》（第二卷），北京：外文出版社 2017 年版，第 183 页。

始蔓延，各种不稳定、不确定因素明显增加。西方国家长期视中国为意识形态的主要竞争对手，以期通过"西化""分化"等手段对我国进行意识形态的渗透。西方国家以民主、自由、博爱的旗号大力宣扬三权分立、宪政、"普世价值"等西方价值观念，这使我国进行社会主义核心价值观教育和培育社会主义接班人面临着巨大的挑战。进一步而言，多样化社会思潮对高校意识形态建设和高校思想政治理论课发展战略也带来了冲击和挑战：面对社会思想意识更加多元、多样、多变，各种社会思潮和社会现象更加纷繁复杂，如何运用马克思主义的立场、观点、方法引领各种社会思潮，对高校思想政治理论课提出新的要求？面对世界范围内各种思想文化的交流、交锋、交融变得越发频繁，如何增强马克思主义理论对现实问题的阐释力，如何在多样中求得共识，如何在多元中确立主导？这些都对高校思想政治理论课发展战略提出了严峻的挑战。面对"社会思想观念和价值取向日趋活跃，主流和非主流同时并存，先进的和落后的相互交织，社会思潮纷纭激荡"①的新形势，如何巩固马克思主义在意识形态领域的指导地位，如何巩固全党全国各族人民团结奋斗的共同思想基础，如何加快建设社会主义文化强国、增强文化软实力、提高我国在国际上的话语权？这些都迫切需要高校思想政治理论课更好地发挥战略作用。

2. 新时代高校思想政治理论课发展战略转换的指导思想

站在新时代的起点，中华民族比历史上任何时候都接近实现中华民族伟大复兴的梦想，"两个一百年"奋斗目标越来越明确，"中国越来越走向世界舞台的中央，中国特色社会主义可以为世界文明、人类社会提供中国方案、传递中国声音、传播中华文化、展示中国形象"②，尤其是进入全面建成小康社会决胜阶段，迫切需要培养适应民族复兴、大国崛起的具有正确的历史观、民族观、国家观、文化观的一代新人。面对新形势，必须实施高校思想政治理论课的发展战略转换，必须通过战略转换让大学生真正掌握马克思主义理论和中国特色社会主义理论。党的十八大以来，以习近平同志为核心的党中央围绕着中国特色社会主义建设与发展这一主题，凝聚全国各民族的力量，团结带领全党和人民群众同心协力投身于社会主义现代化的建设之中，不断开辟治国理政的新境界，开创党和国家事业发展的新局面。在这一过程中，我们党勇于实践、善于创新，不断深化对人类社会发展规律、社会主义建设规律、共产党执政规律的认识，形成了一系列治国理政的新理念、新思想、

①　习近平：《习近平谈治国理政》（第二卷），北京：外文出版社2017年版，第328页。
②　习近平：《习近平谈治国理政》（第二卷），北京：外文出版社2017年版，第411页。

新战略。习近平新时代中国特色社会主义思想，是马克思主义中国化的最新理论成果，为新时代全面加快中国特色社会主义伟大事业的进程、共同推进党的建设伟大工程，提供了科学的理论指导和明确的行动指南。

以习近平同志为核心的党中央治国理政的新理念、新思想、新战略，基础性、标志性的重要思想、重大战略，包括中华民族伟大复兴的中国梦、统筹推进"五位一体"总体布局、协调推进"四个全面"战略布局、社会主义核心价值观、四个自信理论、五大新发展理念、经济发展新常态、供给侧结构性改革、"一带一路"倡议、"人类命运共同体"等，都是构成党的最新理论成果的"四梁八柱"，为我们向新的奋斗目标前进提供了基本遵循。对如何在中国特色社会主义道路上实现民族复兴的一系列根本问题、长远问题、战略问题，作出了深入、透彻的回答，集中体现了全党全国人民的共同愿望和根本利益，既植根于中华优秀传统文化，又把握当今世界发展大势，深化了对中国特色社会主义的认识，把马克思主义在中国的发展推进到新的阶段，提出了一整套具有战略性、前瞻性、针对性的新思路、新举措，为我们破解发展难题、赢得发展主动和优势指明了前进方向。习近平新时代中国特色社会主义思想，是马克思主义中国化的最新理论成果，体现了中国特色社会主义理论和实践的最新成果，反映了新一届中央领导集体的执政理念、治国方略、工作思路和信念意志，是新时代高校思想政治理论课发展战略的指导思想。习近平总书记指出，"要教育引导学生正确认识世界和中国发展大势，从我们党探索中国特色社会主义历史发展和伟大实践中，认识和把握人类社会发展的历史必然性，认识和把握中国特色社会主义的历史必然性，不断树立为共产主义远大理想和中国特色社会主义共同理想而奋斗的信念和信心；正确认识中国特色和国际比较，全面客观认识当代中国、看待外部世界；正确认识时代责任和历史使命，用中国梦激扬青春梦，为学生点亮理想的灯、照亮前行的路，激励学生自觉把个人的理想追求融入国家和民族的事业中，勇做走在时代前列的奋进者、开拓者；正确认识远大抱负和脚踏实地，珍惜韶华、脚踏实地，把远大抱负落实到实际行动中，让勤奋学习成为青春飞扬的动力，让增长本领成为青春搏击的能量"①。高校思想政治理论课必须回答这些时代课题，它关系到意识形态建设问题，关系到国家发展战略问题，事关中国特色社会主义事业后继有人，事关实现中华民族伟大复兴的中国梦，必须始终摆在突出位置，持之以恒、常抓不懈。当前高校思想政治理论课建设面临着一系列新形势、新任务、新矛盾，高校思想政治理论课必须解决新时

---

① 习近平：《习近平谈治国理政》（第二卷），北京：外文出版社2017年版，第377－378页。

期面临的一系列新问题，用中国的话语体系解释中国的成功经验。必须针对这些问题，在提供基本理论支撑的同时，不断加强自身的学科建设，不断改革和创新理论的新方式和新渠道。

3. 新时代高校思想政治理论课发展战略转换的具体问题

高校思想政治理论课作为国家发展战略建设工程，对维护国家意识形态安全和提高大学生马克思主义理论素养具有重要的作用。当前高校思想政治教育面临着一系列新形势、新任务、新矛盾，高校思想政治理论课发展战略在战略认识、战略体制保障、教学方法改革创新、师资队伍建设、学生获得感、课程体系建设、整体协同布局等方面存在问题。

一是高校思想政治理论课发展战略的理念问题。对高校思想政治理论课发展战略认识不够高远，影响了高校思想政治理论课的战略定位。面对国际国内复杂的环境，高校思想政治理论课建设关系到意识形态安全问题，关系到国家发展战略问题，但有些地方和高校对办好高校思想政治理论课认识不够、重视不够，高校思想政治工作存在弱化、偏向甚至丧失；没有真正把高校思想政治理论课上升到国家发展战略的高度，没有上升到"培养什么人、怎样培养人、为谁培养人"以及实现"两个一百年"奋斗目标的高度来认识高校思想政治理论课的战略意义。有的高校党委主体责任不强，甚至变相压缩课时、减少课时等现象时有发生，政策条件保障尚未落实到位，高校思想政治理论课的考核评价机制和制度尚未完善；统筹推进教材修订完善、教师队伍建设、教学方法改革的意识不强，高校思想政治理论课建设体系尚未完全形成；有效整合全社会的效率和力度有待提高，高校思想政治理论课尚未形成全员全方位育人的大格局；部分高校领导和思想政治理论课教师的阵地意识有待增强等。与此同时，在社会上也存在对马克思主义的模糊认识或者错误观念，"有的认为马克思主义已经过时，中国现在搞的不是马克思主义；有的说马克思主义只是一种意识形态说教，没有学术上的学理性和系统性。实际工作中，在有的领域中马克思主义被边缘化、空泛化、标签化，在一些学科中'失语'、教材中'失踪'、论坛上'失声'"[1]。在这样的理念支持下，一些学校对国家"独立设置直属学校领导的思想政治理论课教学科研二级机构"的文件指令置若罔闻，时至今日还存在"上有政策、下有对策"的现象；对于思想政治理论课教师，有些高校根本没有所谓的"准入机制"[2]，好像什么人都可以上讲台，都可以讲"思想政治理论课"。如此这般，如何

---

① 习近平：《习近平谈治国理政》（第二卷），北京：外文出版社 2017 年版，第 329 页。
② 邱仁富：《思想政治教育话语论》，上海：上海交通大学出版社 2013 年版，第 47 页。

"在学校发展规划、经费投入、公共资源使用中优先保障思想政治理论课建设"？如何"实施马克思主义理论学科领航计划，切实把马克思主义理论学科建设成为我国哲学社会科学优势学科"？这些问题直接影响高校思想政治理论课的发展。

二是高校思想政治理论课发展战略转换中的教师问题。新时代高校思想政治理论课发展战略转换，与高校思想政治理论课教师队伍建设密切相关。高校思想政治理论课教师队伍在具体的实施操作层面仍然存在一定的问题，如教师队伍的建设问题、学生获得感不强的问题、高校思想政治理论课课程体系问题等，使当前高校思想政治理论课发展战略转换面临挑战。习近平总书记在北京大学师生座谈会上谈到教师队伍问题时指出："人才培养，关键在教师。教师队伍素质直接决定着大学办学能力和水平。建设社会主义现代化强国，需要一大批各方面各领域的优秀人才。"① 自"05方案"实施以来，高校思想政治理论课教师的学历、素质及能力得以普遍提高。教师队伍的素质与水平虽有了显著提升，但随着时代的发展，高校思想政治理论课教师队伍建设面临新的形势，仍存在一些问题。例如教师思想政治状况受内外环境因素的影响与挑战日益增大，队伍管理、建设的机制体制尚未完善，教师角色转换与自身职业认同的问题等。高校历来是意识形态斗争的前沿阵地，各种社会思潮和文化观念在此处汇聚碰撞。一些西方政治价值观念，给高校教师的思想认识造成了较大干扰。高校思想政治理论课教师队伍中仍然存在不讲政治、照本宣科、哗众取宠、随意解读、只重形式不重理论解读、不注重对大学生理想信念的培养等问题；仍然存在治学不严谨、学术不诚信、责任感不强等问题。很多高校尚未建立和健全思想政治理论课教师的聘任考核制度，没有把政治立场作为教师聘用的首要标准、严把教师聘用政治关。高校思想政治理论课教师数量普遍不足。教育部规定的高校思想政治理论课教师与学生标准比例是1：350，国内绝大部分高校思想政治理论课专职教师数量严重不足，导致高校思想政治理论课教师在承担大量教学工作的同时，还要利用课余时间开展学术科研活动，使提升自身素质、学历水平的时间和精力更加受到挤压。高校思想政治理论课教师的教学任务繁重，除承担本科生思想政治理论课教学任务外，许多教师还要承担硕博研究生专业课、人文文化素养类选修课等课程的教学，使其忙于应付教学，而无力研究学术；还有一些高校存在重科研轻教学的倾向，承担课题、发表论文、出版专著等成为教师职称晋升的硬性指标等。

---

① 习近平：《在北京大学师生座谈会上的讲话》，《人民日报》，2018年5月3日。

　　三是学生获得感不强的问题。新时代高校思想政治理论课的教学质量和水平有很大提升，少数学校的少数典型教师其教学效果获得学生的好评，甚至成为"网红教师"；但仍然有部分教师的上课水平不敢恭维。学生对高校思想政治理论课的获得感仍然不强，与学生对高校思想政治理论课的期待有一定距离。同时，高校思想政治理论课仍然缺乏亲和力与针对性，主要表现为课堂内容与学生现实需要存在一定"隔阂"，师生关系生疏、"距离"较远，教学方法吸引不了学生的"目光"，教师的话语表达难以满足学生的期待等。大多数高校还是实行100人以上的大班制教学，教师数量配备不足，这些都严重影响了高校思想政治理论课的教学质量，使高校思想政治理论课应有的教育效果没有得到很好的发挥。高校思想政治理论课仍然存在"过于强调人的整体性，忽视人的丰富多彩的个性；强调人的精神性，忽视人的自然性；强调人的可塑性，忽视人的主体性；强调人的工具性，忽视人的目的性等问题"[1]，这种脱离人的发展实际和忽视人的主体地位的做法是影响高校思想政治理论课教学效果的根本原因。需要是人活动的原始动力，要实现思想政治教育的育人功能，必须以学生的需要为出发点，不断满足学生个人成长成才的发展需求。

　　四是高校部分学生呈现出理想信念模糊、政治信仰迷茫、社会责任丧失、价值取向扭曲等不良现象。近年来绝大部分高校学生思想道德和精神面貌呈现积极、健康、向上的良好态势，但也有部分学生出现不良的思想倾向。学生产生这些不良思想倾向的根源是多方面的，既有客观的社会因素，也有学生个人因素。习近平总书记指出："思想舆论领域大致有红色、黑色、灰色'三个地带'。红色地带是我们的主阵地，一定要守住；黑色地带主要是负面的东西，要敢于亮剑，大大压缩其地盘；灰色地带要大张旗鼓争取，使其转化为红色地带。"[2] 高校思想政治理论课要引领社会思潮，应理所当然地担负起与不良思潮进行斗争的重任。做好高校思想政治工作，必须坚定社会主义办学方向，敢于发声亮剑。"我们不仅要牢牢坚持和巩固马克思主义指导地位，引导青年学生形成正确的世界观、人生观、价值观，而且要让高校师生明白抵制什么、反对什么，也要让高校师生明白坚持什么、发展什么。"[3] 要实施高校思想政治理论课建设体系创新计划，完善教材体系，提高教师素质，

①　万光侠等：《思想政治教育的人学基础》，北京：人民出版社2006年版，第133页。
②　习近平：《习近平谈治国理政》（第二卷），北京：外文出版社2017年版，第328页。
③　李国娟：《中华优秀传统文化融入高校思想政治理论课教学研究》，《思想理论教育》2014年第7期。

创新教学方法，增强教学的吸引力、说服力、感染力。高校思想政治理论课是大学生思想政治教育的主渠道。近年来，在党中央的坚强领导下，各部门和各地各高校认真实施新课程方案，采取一系列重大举措，全面加强和改进高校思想政治理论课建设，深入推进习近平新时代中国特色社会主义思想进教材、进课堂、进头脑；全面推进教学科研改革，优化教学内容，创新课堂教学形式，推广了一批行之有效的教学方法，但仍然有不少教师其教学方法程序化，缺乏针对性和时效性。

五是高校思想政治理论课课程体系存在问题。高校思想政治理论课课程体系问题主要表现在思想政治理论课课程体系不够严谨、结构不够合理、缺乏整体性与系统性等问题。当前，高校本科层次的思想政治理论课设置按照"05 方案"，开设"马克思主义基本原理概论""毛泽东思想和中国特色社会主义理论体系概论""中国近现代史纲要""思想道德修养与法律基础"4 门必修课，专科层次开设"毛泽东思想和中国特色社会主义理论体系概论"和"思想道德修养与法律基础"2 门必修课。本、专科学生还把"形势与政策"作为必修课。硕士研究生阶段开设"中国特色社会主义理论与实践研究（必修）""马克思主义与社会科学方法论（文科选修）""自然辩证法概论（理科选修）"课程，博士研究生阶段开设"中国马克思主义与当代（必修）""马克思恩格斯列宁经典著作选读（选修）"等课程。高校思想政治理论课课程体系体现了权威性、务实性、时代性，同时也必须清醒地认识到，高校思想政治理论课结构不够合理，缺乏整体性、系统性。首先，在课程结构安排上，"没有很好地把对思想政治理论课课程建设及相互关系的研究提升到马克思主义理论学科建设的高度"①，按照马克思主义理论学科内在的逻辑体系加强高校思想政治理论课建设，根据马克思主义理论学科发展的规律进行高校思想政治理论课课程体系整体优化。所以必须统筹考虑"马克思主义基本原理概论""毛泽东思想和中国特色社会主义理论体系概论""中国近现代史纲要""思想道德修养与法律基础""形式与政策"课程之间的关系和教学衔接，使学生掌握整体的、系统的、科学的理论和方法，而不是局部的理论和方法。其次，课程之间的关系不够明晰。课程内容缺乏整体性、系统性，呈现拼凑、块状、无衔接等不足。同时，缺乏一些辅助选修课程的补充和衔接，难以形成全面、立体的思想政治理论课育人课程体系。原理类课程是基础，概论是重点，纲要是主线，基础类课程是落脚点，形势与政策类课程是前沿问题的

---

① 王仕民、汤玉华：《高校思想政治理论课课程体系问题探析与优化思考》，《思想教育研究》2016 年第 11 期。

补充和拓展，专、本、硕、博需要体现层次性和衔接性。再次，高校思想政治理论课课程内容很多还停留于前人的论断，对某些理论问题的阐释几乎数十年不变，难以回应当今世界和新时代发展变化的新情况。宣传式的课程内容很难适应"90后"大学生的思想特点和理论需求。在全球化、信息化时代，空泛、片面、滞后的教学内容很难赢得青年学生的心，也不利于其创新思维的培养。长此以往，高校思想政治理论课的吸引力和影响力将日渐弱化。最后，高校思想政治理论课课程体系与中小学思想政治理论课课程体系缺乏有机衔接，以及高校内部各层次思想政治理论课之间的有效衔接（专科生、本科生、硕士研究生、博士研究生的思想政治理论课课程体系衔接问题）。高校思想政治理论课课程体系必须与中小学思想政治理论课课程体系相衔接，以防止出现过去学过的内容重复、反复说教的局面，即中小学与大学内容的重复，以及教学内容的前后颠倒问题等。大学与中小学的思想政治教育课既有明显的差异，又一脉相承，但当前彼此的思想政治理论课缺乏有效衔接。

三、新时代高校思想政治理论课发展战略决策

党的十八大以来，高校思想政治理论课实现了新的发展战略转换，面对国际国内新形势，基于习近平总书记系列讲话精神和党中央治国理政新理念、新思想、新战略，党中央将高校思想政治理论课提到发展战略的高度，将其定位为一项战略工程、固本工程、铸魂工程。这一工程事关意识形态工作大局、事关"两个一百年"奋斗目标的顺利实现、事关实现中华民族伟大复兴的中国梦、事关中国特色社会主义事业后继有人、事关马克思主义在意识形态领域的主导地位，必须坚定不移地摆在突出位置，持之以恒、常抓不懈。

1. 高校思想政治理论课是一项"筑魂育人"的战略工程

高校思想政治理论课关系到意识形态建设、大学生成长成才的根本任务，关系到"培养什么人、怎样培养人、为谁培养人"的战略问题。党和国家已经把办好高校思想政治理论课上升为一种国家战略，办好高校思想政治理论课成为习近平新时代新理念、新思想、新战略的重要组成部分。高校思想政治理论课是大学生思想政治教育的主渠道、主阵地。抓好高校思想政治理论课建设，关乎为党立言、为党育人、为党守土的大业。高校思想政治理论课是巩固马克思主义在高校意识形态领域指导地位、坚持社会主义办学方向的重要阵地，是全面贯彻落实党的教育方针、培养中国特色社会主义事业合格建设者和可靠接班人的重要阵地，是落实立德树人根本任务的主要渠道，是

进行社会主义核心价值观教育、帮助大学生树立正确世界观、人生观、价值观的核心课程。将高校思想政治理论课的发展作为一项战略工程来建设，就必须加强对高校思想政治理论课的战略分析，站位要高、立意要深、视野要广，坚持顶层设计、整体建设、全局视野、宏观把握原则，形成具有前瞻性、指导性、长远性的战略大格局。高校思想政治理论课要始终坚持社会主义办学方向，坚持不懈传播马克思主义科学理论，坚持不懈培育和弘扬社会主义核心价值观，坚持不懈促进高校和谐稳定，坚持不懈培育优良校风和学风，这是我们办高等教育的根本方向。高校教师要坚定政治立场，保持政治定力和政治清醒，以高度的政治责任感、使命感，为中国特色社会主义事业培养合格的接班人。

2. 高校思想政治理论课是一项系统工程

高校思想政治理论课紧跟时代发展的脉搏，从"85方案"到"98方案"再到"05方案"，每一次时代的发展变化，都带动了高校思想政治理论课的发展战略转换。服务党和国家的中心任务、体现党的执政理念、贯彻落实党的教育方针是高校思想政治理论课发展战略转换价值所在。在当今剧烈变动的社会转型时期，坚持和强化党的意识形态领导权，确保社会主义意识形态方向，是增强全国人民凝聚力、共同团结奋斗的精神动力和思想保证。作为中国特色社会主义事业的领导核心，党对增强社会主义意识形态的引领力和凝聚力肩负着特殊的重要使命。"党要团结带领人民进行伟大斗争、推进伟大事业、实现伟大梦想，必须毫不动摇坚持和完善党的领导，毫不动摇把党建设得更加坚强有力。"① 在意识形态争夺日趋激烈但形式更为隐蔽的今天，高校思想政治理论课具有重要作用。高校思想政治理论课要紧跟时代发展脉搏，回应时代发展的重大问题，针对大学生开展思想政治教育。高校思想政治理论课要随着马克思主义中国化进程的不断推进，坚持用发展的马克思主义武装大学生，始终保持教育教学的时代特色。新形势下，高校思想政治理论课面临新的挑战，需要在指导理论、制度安排、教育内容和实践参与等方面作出战略创新，作出具有前瞻性的规划和设计：要推进高校思想政治理论课的教育方法紧扣新时代新特点，努力构建全领域、全方位、全要素的思想政治教育工作体系；要加强教师队伍建设，加强师德师风建设，"引导广大教师以德立身、以德立学、以德施教"①，提高高校思想政治理论课教师的职业认同感，创设有利于建立科学合理的考评激励机制，增强高校思想政治理论课教师职业认同的内动力；要改革与完善课程设置，使课程结构更加合理，课程改革主要涉及课程内容、教学方法、教学载体、教学方式等方面。通过改革与创新推动高校思想政治理论课内容体系的逐步完整化、系统化和科学化，使高校思想政治理论课更加适应社会发展及大学生成长的需要，更加贴近大学生生活实际，充分调动大学生学习的积极性，为提高大学生的思想政治素质，培养全面发展的合格人才。

3. 高校思想政治理论课要坚持立德树人的战略任务

高校思想政治理论课的核心是培养人才，培养社会主义合格建设者和接班人，而人才的标准首要是以德为先。德是大德、公德、私德的有机统一，是关乎精神成人的方向问题。高校思想政治理论课是大学生的必修课，是帮助大学生树立正确世界观、人生观、价值观的重要途径，始终站在"培养什么人、怎样培养人、为准培养人"的高度，坚持"育人为本、德育为先"。高校思想政治理论课体现了社会主义大学的本质要求。"让高校思想政治理论课以学养人；课程设置和教材教学方面进行内容创新，让高校思想政治理论课以文化人；校园文化建设和社会参与方面进行实践创新，让高校思想政治理论课实践育人。"② 推进高校思想政治理论课的整体创新，实现教材、教师、教学等方面的综合改革，发挥高校思想政治理论课以文化人的功能。高校思想政治理论课要及时根据社会发展和时代要求作出新的调整，不断在教学理念、教学方法、教学内容、评价机制等方面进行改革与创新，不断开拓和深化高校思想政治理论课发展空间。高校思想政治理论课要构建"大思政"工作格局，全员协同育人责任意识，构筑"大思政"工作机制，发挥全体教职员工协同育人功能，建立健全不同教师队伍的"双向交流互兼"的协同工作机制，围绕大学生关注的社会难点、热点、重点问题，聚焦理论与实践的重大问题，充分发挥各学科的协同育人作用。

---

① 习近平：《把思想政治工作贯穿教育教学全过程　开创我国高等教育事业发展新局面》，《人民日报》，2016 年 12 月 9 日。

② 王占仁：《大学生育人工作新形势与新探索》，《高校教育管理》2016 年第 12 期。

第四章　新时代高校思想政治理论课主导发展战略

　　坚持高校思想政治理论课的主导性，其实质就是坚持马克思主义在意识形态领域指导地位的根本制度。高校思想政治理论课的主导性，强调的是坚持马克思主义理论指导的一元主导，决不能在高校思想政治理论课的指导思想上搞多元化。任何国家的思想政治教育无不具有明确的主导性，没有主导性的思想政治教育是不存在的。所谓主导性，即引导并推动全局向某方向发展的特性，从功能层面来看，"主导性就是方向性，是一定价值取向的表现"①。主导性的存在是以多样性为前提的，因而，坚持高校思想政治理论课的主导性就是指在复杂多样的局势中坚持马克思主义理论教育的主导地位、坚持习近平新时代中国特色社会主义思想指导。只有这样，才能从根本上保证我国高等教育事业始终坚持党的教育方针、坚持社会主义办学方向、坚持立德树人根本导向，培养出一批"又红又专、德才兼备、全面发展"的中国特色社会主义事业合格建设者和可靠接班人。坚持和强化高校思想政治理论课主导性，既是一项重大而紧迫的政治任务，也是一项系统而复杂的战略工程。

一、新时代高校思想政治理论课主导发展战略的现实境遇

　　马克思指出："统治阶级的思想在每一个时代都是占统治地位的思想。这就是说，一个阶级是社会上占统治地位的物质力量，同时也是社会上占统治地位的精神力量。支配着物质生产资料的阶级，同时也支配精神生产资料。"②面对新时期、新情况、新挑战，习近平总书记高度重视高校思想政治理论课建设，并为有效发挥高校思想政治理论课主导性作出了一系列重要的战略决策。习近平总书记指出："宣传思想工作就是要巩固马克思主义在意识形态领

---

① 李辉：《现代性语境下的思想政治教育主导性探析》，《思想政治教育研究》2009 年第 4 期。
② 中共中央马克思恩格斯列宁斯大林著作编译局编译：《马克思恩格斯选集》（第一卷），北京：人民出版社 2012 年版，第 178 页。

域的指导地位，巩固全党全国人民团结奋斗的共同思想基础。"① 这是基于对当前国际国内新形势的全面分析，将高校思想政治理论课建设作为中国特色社会主义建设事业的一项全局性、战略性的任务而提出。

1. 新时代坚持和强化高校思想政治理论课主导性面临的新问题

在全国宣传思想工作会议上，习近平总书记指出，要加强马克思主义理论教育和中国特色社会主义宣传教育，要求领导干部"要把系统掌握马克思主义基本理论作为看家本领""把全国各族人民团结和凝聚在中国特色社会主义伟大旗帜之下"。② 高校思想政治理论课面对新的发展形势，要不断强化理想信念教育、爱国主义教育、社会主义核心价值体系和核心价值观教育、中华优秀传统文化教育、法纪和廉政文化教育、中国梦教育、党史国史教育、中国革命传统教育等，牢牢占领意识形态主阵地。然而，高校思想政治理论课在经济全球化背景下，特别是在网络自媒体的影响下，受到不同程度的影响与冲击，主流意识形态在一定程度上有所淡化、价值判断标准存在一定程度的模糊、核心价值观存在一定程度的迷茫等，应该引起高度重视。

马克思主义唯物史观认为，社会存在与社会意识具有辩证统一的关系。"意识形态是社会的上层建筑，是一定社会或一定社会阶级、集团基于自身根本利益对现存社会关系自觉反映而形成的理论体系。"③ 意识形态教育对一个国家的经济社会发展至关重要，而这样的教育通常以文化的形式出现。在当今社会，大量事实已表明，在多元的思想文化现实中，西方国家仍处于意识形态斗争的优势地位，其不仅深谙文化在综合国力竞争中的重大意义，更是深谙借助文化的力量传播资本主义的意识形态、通过文化渗透资产阶级的意识形态。在西方所生产或推崇的一些文化产品中，其往往以所谓的"艺术标准"来掩盖实际的"政治标准"，有的还会披上"学术"或"娱乐"的外衣来兜售和鼓吹资本主义的价值观念。多元开放的文化环境在满足不同层次人们精神文化生活需要的同时，也造成一些人思想混乱、价值观错置等问题，给我国意识形态安全带来了诸多风险和挑战。与此同时，伴随着我国改革开放事业的不断深入、与国际社会交流的不断频繁，受到西方资本主义国家的政治、经济、文化、科技等方面的影响不可避免。这反映在社会意识形态领域，则是大量的异质文化、社会思潮的渗透涌入，使形形色色的思想、文化、观念交织交融在一起，如果对此没有足够的认识或重视，主流意识形态就容

① 习近平：《习近平谈治国理政》（第一卷），北京：外文出版社 2018 年版，第 153 页。
② 习近平：《习近平谈治国理政》（第一卷），北京：外文出版社 2018 年版，第 153 – 154 页。
③ 宋惠昌：《当代意识形态研究》，北京：中共中央党校出版社 1993 年版，第 9 页。

易被淡化或被消解，对马克思主义在意识形态领域的主导地位构成挑战。因而，高校思想政治理论课必须根据思想文化多元发展的时代条件，作出与之相应的战略性调整，坚持和巩固马克思主义在意识形态的指导地位，不断增强和提升主流意识形态的引导力和凝聚力、感召力和聚合力。

随着经济全球化浪潮的冲击以及我国改革开放的不断深化和全面推进，各种社会思潮相互激荡，市场经济产生负面效应，原本较为一致的文化权威、价值观念、道德规范存在一定程度分化的危险，是非、善恶、荣辱的界限标准容易被模糊与遮蔽，在一定程度上容易造成价值判断标准的多元化倾向问题。价值判断是指道德价值判断，即个体依据自身所固有的价值观念体系、社会道德规范、文化权威标准等对自己或者他人的思想行为作出是非、善恶、美丑等价值评价。可见，价值判断的主要依据是主体已有的文化权威标准、价值体系以及社会道德规范等。"对一个社会、一个群体或一个个人来说，文化是一种维持认同的连续过程，它借助于一定的审美观、道德观和生活方式所产生的凝聚力来维持这种认同。"① 认同通常是基于一致的标准。"认同作为概念强调的是认同的共性，即主体的承认、接受和皈依。"② 由此，当价值标准混乱之时，价值认同也就失去了其良好的思想基础与认同前提，就容易导致人们价值选择的混乱、价值理想的困惑和迷茫。而正处于"拔节孕穗期"的青年学生，一方面表现出精力充沛、思维活跃、创意无限、自我意识突出、接受能力强，另一方面也存在思辨能力弱、叛逆心理强、"三观"（世界观、人生观、价值观）不稳定、感性有余理性不足、道德判断力弱等问题。这种情况表现在意识形态认同方面，如对西方文化所推崇的一些带有政治目的性的所谓人权、自由、平等主张，很多大学生在不加分析和理解的情况下就容易追崇。事实上，西方世界所谓人权、自由、平等，只是资产阶级的遮羞布而已，对于无产阶级而言，并不完全真实。这在 2020 年新冠肺炎疫情面前得到了非常好的验证。在新冠肺炎疫情面前，西方无产阶级和平民的生命不值一文，何来人权而言；自由就只剩下等死的自由，平等只对富豪提供，人权是白人的权力。可以说，新冠肺炎疫情给青年学生上了一次生动的思想政治理论课。一个社会，如果缺乏主流价值的正面积极引导，社会道德生态就会呈现沙漠化的趋向。一旦出现主流道德被边缘化的问题，审丑现象就会愈演愈烈，社会就难以凝聚起民众的积极力量，社会离崩溃的边缘就不远了。因

---

① ［美］丹尼尔·贝尔著，赵一凡等译：《资本主义文化矛盾》，北京：生活·读书·新知三联书店1989年版，第12页。

② 詹小美、王仕民：《文化认同视域下的政治认同》，《中国社会科学》2013年第9期。

此，高校思想政治理论课必须弘扬社会主义核心价值观，把社会之德、国家之德提上议事日程，贯彻高校思想政治理论课始终。

随着网络和通信技术的飞速发展，传媒"碎片化"的特征日趋明显。以"短小精炼"为传播特征的"碎片化"环境，一方面，迎合了当代大学生分享信息和理解、倡导自我赋权的需求，为当前高校思想政治理论课建设带来新的挑战；另一方面，传媒的"碎片化"主要表现为传播媒介的多元化、网络化发展和"小众"媒体、"个性"媒体的日渐活跃，"碎片化"的传媒信息泛滥、星星点点、渠道众多，自我意识浓厚的"个性"媒体、"小众"媒体崇尚张扬个性，从而大大降低了主流媒体的社会影响力，极大地影响了大学生的思想问题，增加了高校思想政治理论课教学的难度，使高校思想政治理论课教学效果大打折扣，出现一定程度的"贬值"问题，这必然会对大学生世界观、价值观、人生观的形塑产生重大的影响。与此同时，大学生正处于身心发展和价值观形塑的关键时期，其身心发展具有不同步性、不平衡性，甚至在部分大学生身上呈现出矛盾性的特点，这就使大学生极易受外部环境的影响，对意识形态问题的认识也容易产生偏差。因此，许多大学生在新传媒世界所获得的超然解脱感正在潜移默化中消解着其原有的价值观念，这在一定程度上影响与淡化着高校思想政治理论课的主导性问题，这点应该引起高度的重视，防患于未然。

2. 新时代坚持高校思想政治理论课主导性的基本原则

坚持高校思想政治理论课的主导性，就是强调坚持高校思想政治理论课的一元主导问题。"一元主导强调马克思列宁主义、毛泽东思想和中国特色社会主义理论体系的指导地位，强调社会主义意识形态主导，要求旗帜鲜明，认识坚定，坚决反对指导思想上的多元化。"① 新时代，就是要坚持习近平新时代中国特色社会主义思想的主导，把习近平总书记系列讲话精神贯穿思想政治理论课全过程。坚持主导性必须遵循基本原则，在坚持原则的基础上把握主导性，才能真正做到坚持主导性下的兼顾发展。

一是主导性与多样性相统一原则。这就要求坚持一元主导与包容多样的相统一。坚持一元主导与包容多样是相辅相成、辩证统一的关系。所谓包容多样，就是指思想政治理论课要继承、借鉴古代和国外思想、政治、道德教育的优良传统和有益经验，学习其他学科的相关理论与知识，以一种开放包容的态度对待其他思想文化成果。坚持主导性与多样性相统一的原则，是高

---

① 《思考政治教育学原理》编写组：《思想政治教育学原理》（第2版），北京：高等教育出版社2018年版，第213页。

校思想政治理论课性质和方向的保证，是高校思想政治理论课丰富多彩、富有活力之所在，是促进社会思想文化大发展、大繁荣的需要。主导性是建立在多样性基础上的主导性，缺乏多样性，主导性就难以呈现丰富性和发展性。"只要我们在开放的环境下开设思想政治理论课，在其教学过程中学生接触的思想政治观念都是十分丰富多样的，不可能只有一种思想政治观念。因此，多样性是思想政治理论课教学过程中必须面对的客观现实，这个现实会长期存在。"① 同样，多样性也是坚持高校思想政治理论课主导性引导和规定下的多样性，缺乏主导性，多样性就难以找到方向性和规定性。毛泽东同志高度重视政治工作的作用，将政治工作看作是一切经济工作的生命线，指出"没有正确的政治观点，就等于没有灵魂"②。高校思想政治理论课的主导性，是思想政治理论课的方向、目标的统一性要求，而高校思想政治理论课包容多样，则是思想政治理论课满足学生全面发展的多样性、特殊性的要求。正如统一性与多样性、矛盾的普遍性和特殊性的辩证关系一样，高校思想政治教育主导性与多样性也是相互联系、相互作用、相互制约、不可分割的。"主导性源于多样性，又高于多样性，指导、选择多样性，制约多样性发展的方向；多样性则以主导性为前提，丰富主导性，服务主导性，推动主导性发挥主导作用。"③ 多样性不能离开主导性的指导和制约；否则，多样性就会迷失方向，陷于盲目、混乱状态，其结果不仅冲击主导性发挥主导作用，也必然影响多样性的健康发展。缺乏多样性，主导性就会显得孤立、单一，成为不起作用的形式、教条。因此，坚持主导性与多样性相统一的原则，不仅是高校思想政治理论课的客观要求，也是解决高校思想政治理论课发展过程中基本矛盾的根本原则。高校思想政治理论课的主导性，就是要求在意识形态领域坚持和维护社会主义意识形态的主导地位，把马克思主义及其中国化的理论体系纳入高校思想政治理论课教学内容并贯穿始终；就是坚持理想信念教育，引导学生树立正确的世界观、人生观和价值观。多样性强调高校思想政治理论课在内容选择上要有多样性，对现实与环境因素的利用要有差异性，对不同的教育对象要有针对性，对教育形式、方法采用上要有灵活性，避免高校思想政治理论课教学的一刀切、简单化倾向。多样性要求选择不同形式的内容实施教育，如中华优秀传统文化、中国革命文化、中国特色社会主义文化、

① 佘双好：《提升思想政治理论课教学质量的规律探讨》，《中国高校社会科学》2018年第2期。
② 毛泽东：《毛泽东文集》（第七卷），北京：人民出版社1999年版，第226页。
③ 《思想政治教育学原理》编写组：《思想政治教育学原理》（第2版），北京：高等教育出版社2018年版，第213页。

西方先进思想文化、现代科学技术等，使其与高校思想政治理论课的主导内容相配合，从而有效实施高校思想政治理论课教学活动。同时，要针对不同的教育对象和教育环境实施教育，高校思想政治理论课必须针对教育对象的不同类型、不同专业和个体差异，选择不同的教育方法，并对教育内容进行恰当的调整、设置，以满足层次化的多种需求，确保高校思想政治理论课的教学效果。坚持马克思主义一元主导，不是对思想文化多样性的否定，也不是简单地用一元主导代替多样性。我们必须坚持用马克思主义引领社会思想文化的健康发展，既尊重差异、包容多样，又要有力抵制各种错误和腐朽思想的影响，巩固和发展积极健康向上的主流意识形态。

　　二是方向性与时代性相统一原则。方向性原则是指高校思想政治理论课应牢牢坚持和把握正确的政治立场与政治方向，坚持马克思主义在意识形态领域指导地位的根本制度，这一原则要求高校思想政治理论课建设应始终与中国特色社会主义发展的要求相一致。高校思想政治理论课主导发展战略的方向性原则是加强高校思想政治理论课主导性的根本原则。高校思想政治理论课主导发展战略的方向性原则首先体现为旗帜鲜明地坚持社会主义和共产主义方向，与党和国家的根本宗旨、基本纲领、基本路线相一致。中国共产党的根本宗旨是全心全意为人民服务，最终目标是实现共产主义。"课程改革亮点频出，推出了一大批线上线下精品课程，课程思政、专业思政、学科思政体系正在形成。"[①] "回归常识，就是学生要刻苦读书学习。学生的第一任务就是读书学习。高校必须围绕学生刻苦读书来办教育，要引导学生读'国情'书、'基层'书、'群众'书，读优秀传统文化经典、马列经典、中外传世经典和专业经典。要通过读书学习，让学生更好地认识世界、了解国情民情，掌握事物发展规律，通晓天下道理，学会理性思考；更好地掌握专业知识，面向实际、深入实践，以知促行、以行求知，脚踏实地、苦干实干。高校要以学生为中心办教育，以学生的学习结果为中心评价教育，以学生学到了什么、学会了什么评判教育的成效，这是最重要的。说到底，回归常识，就是要按照总书记指出的，引导学生求真学问、练真本领，成为有理想、有学问、有才干的实干家，更好地为国为民服务。"[②] 党和国家的宗旨、目标反映了我国社会发展的根本要求。高校思想政治理论课作为党和国家意识形态

---

　　① 陈宝生：《在新时代全国高等学校本科教育工作会议上的讲话》，《中国高等教育》2018 年 15 期。

　　② 陈宝生：《在新时代全国高等学校本科教育工作会议上的讲话》，《中国高等教育》2018 年 15 期。

教育的重要课程，必须以此为方向，既要对大学生进行社会主义初级阶段党的基本理论、路线、方针政策的教育，也要进行共产主义理想信念、社会主义核心价值观等教育，引导大学生树立全心全意为人民服务的思想。高校思想政治理论课主导发展战略的方向性原则具有非常重要的意义。只有坚持高校思想政治理论课的方向性原则，才能确保社会主义思想政治理论课的本质。时代性原则是指高校思想政治理论课应坚持与时俱进、不断开拓的原则。习近平总书记指出："时代是思想之母，实践是理论之源。"① 高校思想政治理论课必须紧密结合新时代中国特色社会主义实践，理性审视和精准把握时代发展的新问题。

三是整体性与协调性相统一原则。高校思想政治理论课主导发展战略是一个复杂的系统工程，需要全面总体的把握。过去高校思想政治理论课教学效果之所以不佳，与对思想政治理论课整体性的忽视以及各学科各课程之间协调性不强存在一定关系，因而，鉴于过去课程设置的经验教训，"05 方案"的确立在很大程度上改变了过去高校思想政治理论课离散化的学科状态，注重课程建设的整体性和协调性。因而，高校思想政治理论课主导发展战略必须要有一个整体性、协调性的视角，这是确保高校思想政治理论课建设取得成效的重要基础。事实上，马克思主义理论本身是一个整体，中央设立马克思主义理论一级学科的初衷就是从整体性的角度去考量意识形态的教育问题。用马克思主义理论学科来支撑高校思想政治理论课，突出强调高校思想政治理论课的主导性。高校思想政治理论课主导发展战略必须坚持马克思主义基本的思想内核和理论精神，这是高校思想政治理论课主导发展战略原则的红线。只有这样才能把握高校思想政治理论课的政治方向，发挥高校思想政治理论课在现实问题、立场问题、方法问题等方面的引导作用。高校思想政治理论课主导发展战略应在遵循马克思主义整体性原则的基础上，加强同各学科之间协同合作，实现各学科的同向同行。必须要"生成思想政治理论课协同效应，实现思想政治理论课与日常思想政治教育的优势互补，实现各类课程与思想政治理论课的同向同行，实现思想政治理论课教师与辅导员、其他课程教师等的协调合作，最终形成渠道协同、课程协同、队伍协同"②。无论是从理论到实践、从历史到现实还是从外到内都始终贯穿着马克思主义基本

---

① 习近平：《决胜全面建成小康社会 夺取新时代中国特色社会主义伟大胜利——在中国共产党第十九次全国代表大会上的报告（2017 年 10 月 18 日）》，北京：人民出版社 2017 年版，第 26 页。

② 项久雨、石海君：《高校思想政治理论课协同效应生成的三个维度》，《思想理论教育》2018 年第 4 期。

理论、基本命题、基本立场、基本观点和基本方法的有机结合，始终坚持整体性与协调性相统一的原则。

3. 新时代高校思想政治理论课主导发展战略的时代特征

"战略问题是一个政党、一个国家的根本性问题。当今时代风云变幻，机遇和挑战并存，最需要的是战略定力。始终保持强大战略定力，在战略上判断准确、谋划科学、赢得主动，党和人民事业就会立于不败之地。"① 无论是改革初期强调"思想政治工作是经济工作和其他一切工作的生命线"，还是今天重申"意识形态是党的一项极端重要的工作"，都充分体现了党和国家从战略高度对高校思想政治理论课的高度重视。新时代加强和改进高校思想政治理论课"事关办什么样的大学、怎样办大学的根本问题，事关党对高校的领导，事关中国特色社会主义事业后继有人，是一项重大的政治任务和战略工程"。回顾高校思想政治理论课发展历史，战略思维在高校思想政治理论课发展中始终发挥着至关重要的作用。战略一词最早是个军事术语，指作战的谋略。现代意义上的战略，其运用甚广，可用于政治、经济、文化、社会等各个领域，主要指具有统领性、全局性的谋略、方案和对策。主导发展战略是在全局中占据主导地位，起着支配和引导作用的方略，其具体有以下三个方面的特征：一是高校思想政治理论课的主导性。主导性是高校思想政治理论课战略发展的本质属性。坚持高校思想政治理论课主导性主要有两层含义：相对于其他学科课程而言的广义理解，即高校思想政治理论课在整个高等学校学科课程中处于主导地位，发挥引导作用，规定着其他各项工作的性质和发展方向，进而对整个社会系统的性质和方向起到统领作用；从高校思想政治理论课发展本身的狭义理解，即在整个高校思想政治理论课建设系统中，马克思主义指导思想与马克思主义中国化最新理论成果处于核心主导地位，起引领、统帅作用。实施好高校思想政治理论课的主导发展战略，关系到如何办好社会主义大学、培养中国特色社会主义事业接班人以及国家意识形态安全和民族复兴事业的重大问题；坚持新形势下马克思主义中国化最新理论成果，即习近平新时代中国特色社会主义思想的指导；坚持建立全员、全过程、全方位育人的战略格局，把思想价值引领贯穿高校思想政治理论课教学的全过程。二是高校思想政治理论课的全局性。马克思运用唯物辩证法和唯物史观考查人类社会，把社会系统称作社会有机体，指出社会就是"一切关

① 中共中央宣传部编：《习近平新时代中国特色社会主义思想学习纲要》，北京：学习出版社、人民出版社 2019 年版，第 246－247 页。

系在其中同时存在而又互相依存的社会机体"①。全局利益是根本性利益，丢掉了全局就是丢掉了根本。新形势下高校思想政治理论课面临的问题，往往不是简单、个别和局部的，而通常是复杂、全面和整体的系统问题。因而，高校思想政治理论课建设应始终站在时代前沿和战略全局的高度观察、思考和处理课程建设所面临的重大理论和实践问题，始终站在整个社会、党和国家对于人才培养要求的高度去思考高校思想政治理论课所处的历史阶段及其肩负的历史使命。高校思想政治理论课建设不仅要从社会全局出发，思考高校思想政治理论课应担负的社会责任与历史使命；还要从教育全局出发，思考如何培养又红又专、德才兼备、全面发展的人，实现高校思想政治工作立德树人的总体目标；更要从政治全局出发思考在各种社会思潮此起彼伏的新形势下，"为谁培养人"是关乎国家和民族未来的政治使命。三是高校思想政治理论课的前瞻性。前瞻性是一种预见性、超前性，是一种大的视野和谋划。高校思想政治理论课的前瞻性战略思维，是指向未来的，在遵循高校教书育人规律、思想政治工作规律和学生成长规律的基础上，从多维视角认识、判断和预见高校思想政治理论课建设面临的形势，见微知著、统筹兼顾，为下一步作出正确合理的决策提供依据。如果缺乏对高校思想政治理论课的发展路向以及高校思想政治理论课未来建设状况的前瞻性，高校思想政治理论课建设就会失去方向。但需要注意的是，高校思想政治理论课建设的前瞻性是建立在深入认识和有效把握三大规律基础上的一种超前特性。习近平总书记指出："要透过现象看本质，从零乱的现象中发现事物内部存在的必然联系，从客观事物存在和发展的规律出发，在实践中按照客观规律办事。"② 只有在正确认识和把握客观规律的基础上，人们通过事物的现状推知其未来，从已知之物推出未知之物的存在。高校思想政治理论课建设主要依托于马克思主义理论学科的发展，马克思主义理论学科是以马克思主义理论为指导的学科体系，马克思主义是指导高校思想政治理论课的科学的思想体系。为此，高校思想政治理论课的科学预见应强调实事求是的思想路线。同时，高校思想政治理论课建设的前瞻性是在全面了解和掌握高校思想政治理论课存在和发展的各种因素以及全面认识和掌握国内国际政治、经济、文化、社会发展新形势、新情况、新问题的基础上作出的判断、预测。但这并不意味着预见的

---

① 中共中央马克思恩格斯列宁斯大林著作编译局编译：《马克思恩格斯选集》（第一卷），北京：人民出版社 1995 年版，第 143 页。

② 中共中央文献研究室编：《十八大以来重要文献选编》（上），北京：中央文献出版社 2014 年版，第 696 页。

结果就是完全科学、正确的。因为，高校思想政治理论课建设的预见在转化为现实之前只是一种思想观念的存在，这种思想观念是否正确还需要实践的检验，而科学的预见总要在实践过程中不断予以修正和发展。高校思想政治理论课主导发展战略，不仅具备战略思维的全局性、前瞻性、开放性等特性，更为强调的是战略中主导全局的思维特性。因而，新形势下遵循高校思想政治理论课的主导发展战略，必须坚持马克思主义在高校思想政治理论课建设中的主导地位；必须突出强调马克思主义中国化最新理论成果，即习近平新时代中国特色社会主义思想对高校思想政治理论课的主导作用。

二、新时代高校思想政治理论课主导发展战略的指导思想

指导理论也称指导思想或行动指南，是指做某件（某些、某类等）事情遵循的依据和达到的目的。在中华人民共和国第一届全国人民代表大会第一次会议上，毛泽东同志在开幕词中提出了"领导我们事业的核心力量是中国共产党，指导我们思想的理论基础是马克思列宁主义"[①]。习近平总书记在党的十九大报告中明确指出："经过长期努力，中国特色社会主义进入了新时代，这是我国发展新的历史方位。"[②] 中国特色社会主义进入新时代的历史方位，为新时代高校思想政治理论课建设指明了方向。中共中央办公厅、国务院办公厅在《关于深化新时代学校思想政治理论课改革创新的若干意见》中明确指出，高校思想政治理论课的指导思想是全面贯彻党的教育方针，坚持马克思主义指导地位，贯彻落实习近平新时代中国特色社会主义思想，坚持社会主义办学方向，落实立德树人根本任务，坚持教育为人民服务、为中国共产党治国理政服务、为巩固和发展中国特色社会主义制度服务、为改革开放和社会主义现代化建设服务，扎根中国大地办教育，同生产劳动和社会实践相结合，加快推进教育现代化、建设教育强国、办好人民满意的教育，努力培养担当民族复兴大任的时代新人，培养德智体美劳全面发展的社会主义建设者和接班人。这就是新时代高校思想政治理论课主导发展战略的理论依据与行动指南。新时代高校思想政治理论课是高校学生思想政治教育的重要

---

① 毛泽东：《中华人民共和国第一届全国人民代表大会第一次会议开幕词》，《人民日报》，1954年9月16日。

② 习近平：《决胜全面建成小康社会　夺取新时代中国特色社会主义伟大胜利——在中国共产党第十九次全国代表大会上的报告（2017年10月18日）》，北京：人民出版社2017年版，第10页。

渠道和主要阵地。"马克思主义理论教育是高等学校一切思想政治教育的基础。"[1] 习近平总书记强调指出，"我们的高校是党领导下的高校，是中国特色社会主义高校。……要坚持不懈传播马克思主义科学理论，抓好马克思主义理论教育，为学生一生成长奠定科学的思想基础"[2]。因而，加强马克思主义理论研究，深化对理论研究重要性的认识，是解决高校思想政治理论课系列难题、办好高校思想政治理论课的首要问题。自 2004 年马克思主义理论研究和建设工程开始实施以来，马克思主义理论研究取得了重大突破，并极大地推进了高校思想政治理论课的建设。新时代马克思主义理论研究并不是机械式地对马克思主义理论条目进行解读分析，也不是脱离实际的本本研究，而是对马克思主义基本原理所反映出来的立场、观点和方法的研究。不断深化和系统研究马克思主义理论，是社会主义高校蓬勃发展的根本。办好高校思想政治理论课，实质是要用马克思主义理论的精神、实质、核心等来指导和引领高校思想政治理论课发展。"马克思主义的本质规定性直接体现了马克思主义的性质、实质，坚持马克思主义，最根本的就是要坚持马克思主义的本质规定性。"[3] 马克思主义的本质规定性主要通过其理论体系而具体呈现。马克思主义辩证唯物主义和历史唯物主义思想，为我们正确认识事物、客观看待世界提供了科学的世界观和方法论。恩格斯曾指出："我们的理论是发展着的理论，而不是必须背得烂熟并机械地加以重复的教条。"[4] 这为我们如何正确看待和运用马克思主义理论提供了科学指导。"马克思主义由一系列科学原理构成，这些科学原理是支撑马克思主义理论体系的基本构件，是马克思主义最重要的理论基石，也是坚持和发展马克思主义的核心要义。马克思主义的科学原理同它的科学精神是不可分开的，是紧密地结合在一起的。新中国 70 年马克思主义中国化的过程，就是马克思主义科学原理和科学精神的实践过程和思想过程。"[5] 马克思主义基本原理是马克思主义理论体系内在规定性的生动体现，也是我们正确理解马克思重要思想及坚持和发展马克思主义理论的基础和起点。习近平总书记指出："马克思主义主要由哲学、政治经济学、科学社会主义三大组成部分构成。这三大组成部分分别来源于德国古典

① 教育部思想政治工作司组编：《加强和改进大学生思想政治教育重要文献选编：1978—2014》，北京：知识产权出版社 2015 年版，第 44 页。

② 习近平：《习近平谈治国理政》（第二卷），北京：外文出版社 2017 年版，第 377 页。

③ 陈万柏、张耀灿主编：《思想政治教育学原理》，北京：高等教育出版社 2007 年版，第 26 页。

④ 中共中央马克思恩格斯列宁斯大林著作编译局编译：《马克思恩格斯选集》（第四卷），北京：人民出版社 1995 年版，第 681 页。

⑤ 顾海良：《马克思主义科学原理和科学精神的结合和升华》，《前线》2019 年第 10 期。

哲学、英国古典政治经济学、法国空想社会主义，然而，最终升华为马克思主义的根本原因，是马克思对所处的时代和世界的深入考察，是马克思对人类社会发展规律的深刻把握。"① 马克思主义哲学是马克思主义的世界观和方法论，是理论基础；马克思主义政治经济学研究社会生产关系及其发展规律，着重剖析了资本主义社会的经济关系以及资本主义发生、发展和灭亡的必然性，是马克思主义哲学最深刻、最全面、最详细的证明和运用；科学社会主义是马克思主义最崇高的社会理想，是马克思主义思想体系的核心。习近平总书记指出，"在人类思想史上，就科学性、真理性、影响力、传播面而言，没有一种思想理论能达到马克思主义的高度，也没有一种学说能像马克思主义那样对世界产生了如此巨大的影响"②。马克思主义揭示了人类社会发展的规律，是高校思想政治理论课主导发展战略的指导思想。"马克思主义是科学的理论，创造性地揭示了人类社会发展规律。……马克思创建了唯物史观和剩余价值学说，揭示了人类社会发展的一般规律，揭示了资本主义运行的特殊规律，为人类指明了从必然王国向自由王国飞跃的途径，为人民指明了实现自由和解放的道路。"③ 可以说，马克思主义理论既是那个时代精神的精华，又是整个人类精神的精华，它犹如壮丽的日出，照亮了人类探索历史规律和寻求自身解放的道路。

习近平新时代中国特色社会主义思想是马克思主义中国化的最新成果，是新时代中国的马克思主义，是 21 世纪的马克思主义。习近平新时代中国特色社会主义思想，是对十八大以来我们党理论创新成果的最新概括和表述，系统回答了新时代坚持和发展什么样的中国特色社会主义、怎样坚持和发展中国特色社会主义等重大问题。这是全党全国各族人民为实现中华民族伟大复兴而奋斗的行动指南。党的十八大以来，习近平总书记高度重视意识形态建设和高校思想政治工作，尤其深刻阐释了意识形态工作的重要地位与作用，提出了"两个巩固""三个事关""围绕中心、服务大局"等重要思想，强调了"意识形态工作的根本性、战略性、全局性意义"④，形成了高校思想政治理论课主导发展战略的整体思路和具体目标。这是对新形势高校思想政治理论课根本任务的鲜明概括，也是对"思想政治教育主导性科学内涵的精准把握，标志着我们党对意识形态建设规律的认识上升到新境界，成为当前我国

---

① 习近平：《在纪念马克思诞辰 200 周年大会上的讲话》，《人民日报》，2018 年 5 月 5 日。
② 习近平：《习近平谈治国理政》（第二卷），北京：外文出版社 2017 年版，第 65 页。
③ 习近平：《在纪念马克思诞辰 200 周年大会上的讲话》，《人民日报》，2018 年 5 月 5 日。
④ 雒树刚：《牢牢把握"两个巩固"根本任务　扎实推进宣传思想文化工作》，《人民日报》，2013 年 9 月 9 日。

进行思想政治工作的根本遵循"①。"两个巩固"即是要巩固马克思主义在意识形态领域的指导地位，巩固全党全国人民团结奋斗的共同思想基础；"三个事关"是指意识形态工作"事关党的前途命运，事关国家长治久安，事关民族凝聚力和向心力"；"围绕中心、服务大局"是指意识形态工作要以经济建设为中心，围绕经济建设展开并为其提供精神动力与支撑。习近平总书记指出了新时期我国宣传思想工作的基本职责，即"一定要把围绕中心、服务大局作为基本职责，胸怀大局、把握大势、着眼大事，找准工作切入点和着力点，做到因势而谋、应势而动、顺势而为"②。习近平总书记关于"两个巩固""三个事关""围绕中心、服务大局"等的思想，提升了高校思想政治理论课的新格局。

在庆祝中国共产党成立 95 周年大会上，习近平总书记明确指出，中华民族始终要有更基础、更广泛、更深厚的自信，"不断增强全党全国各族人民的精神力量"③。习近平总书记以辩证精神强调了"两个文明""两个力量"及"两种生活"的建设意义。"只有国家物质文明建设和精神文明建设都搞好，国家物质力量和精神力量都增强，全国各族人民物质生活和精神生活都改善，中国特色社会主义事业才能顺利向前推进。"④ 习近平总书记在强调坚持党性和人民性相统一时指出，"要树立以人民为中心的工作导向，把服务群众同教育引导群众结合起来，把满足需求同提高素养结合起来，多宣传报道人民群众的伟大奋斗和火热生活，多宣传报道人民群众中涌现出来的先进典型和感人事迹，丰富人民精神世界，增强人民精神力量，满足人民精神需求"⑤。在新的历史条件下，习近平总书记提出增强国家和人民精神力量的思想，表明了在共同推进中国特色社会主义事业发展的过程中，高校思想政治理论课的建设与发展始终要关注人民群众的精神需求，不断激发整体精神动力、丰富精神生活、塑造精神世界。习近平总书记在全国高校思想政治工作会议上发表重要讲话时强调：高校思想政治工作关系高校"培养什么人、怎样培养人、为谁培养人"这个根本问题。要坚持把立德树人作为中心环节，把思想政治工作贯穿教育教学全过程，实现全程育人、全方位育人，努力开创我国高等教育事业发展新局面。办好高校思想政治理论课是实现高校思想政治教育立

① 索春艳、张耀灿：《习近平思想政治教育主导性思想研究》，《学校党建与思想教育》2017 年第 5 期。
② 习近平：《习近平谈治国理政》（第一卷），北京：外文出版社 2018 年版，第 153 页。
③ 习近平：《习近平谈治国理政》（第二卷），北京：外文出版社 2017 年版，第 37 页。
④ 习近平：《习近平谈治国理政》（第一卷），北京：外文出版社 2018 年版，第 153 页。
⑤ 习近平：《习近平谈治国理政》（第一卷），北京：外文出版社 2018 年版，第 154 页。

德树人目标的关键。在全国党校工作会议上，习近平总书记再次强调指出：党校不是世外桃源，来自四面八方的党校学员听得多、看得多，党校内汇聚了我国意识形态领域许多重大问题。为此，党校要勇于发声亮剑、解疑释惑，严守马克思主义阵地，必须"自觉在思想上政治上行动上同党中央保持高度一致"①，这关乎方向性问题。习近平总书记要求全党在"举什么旗、走什么路"的问题上要保持头脑清醒；同时强调党的理想信念旗帜是根本，要学好用好马克思主义"真经"，增强看齐意识，辩证处理好严肃政治问题与探索性学术问题之间的关系。在强调党校要加强党的理论与党性教育时，习近平总书记要求坚持问题导向，注重回答人民群众普遍关注的问题，注重解答学员思想上的疙瘩。习近平总书记进而提出新时代需要重点回答的十三个问题，即如何看待马克思主义的真理性，如何看待社会主义本质特征，如何看待中国特色社会主义理论体系的科学性，如何看待使市场在资源配置中起决定性作用和更好发挥政府作用，如何看待坚持党的领导、人民当家作主、依法治国有机统一，如何看待坚持我国社会主义制度优越性和全面深化改革，如何看待党风廉政建设和反腐斗争，如何看待加强和改善中国共产党的领导，如何看待自由、民主、平等的科学内涵和实践，如何看待西方所谓的"普世价值"，如何准确把握"四个全面"战略布局，如何深刻领会新的发展理念，如何科学认识经济发展新常态。习近平总书记要求从历史和现实、理论和实践结合上对这些广大干部群众普遍关注的深层次问题作出令人信服的回答。

当下，改革进入深水区，同时发展进入关键期和矛盾凸显期。经济下行压力增大，环境问题亟待解决，民生问题牵一发而动全身。与此同时，西方文化霸权却借此加紧对我国进行各种形式的渗透，其文化殖民手段更是层出不穷。当各种矛盾反映到思想观念领域时，一些诸如新自由主义、民主社会主义、历史虚无主义、"普世价值"、宪政民主等错误思潮便蠢蠢欲动、此起彼伏。可以说，党内绝大多数党员对当前我国发展面临的诸多问题、各种错误思潮发出的杂音、西方文化殖民手段等既能透过现象认清其本质，又能勇于发声、敢于亮剑。但是不可否认，也存在少数一些党员干部身上出现了如信仰迷失、精神迷茫、生活腐化、作风腐败、工作乏力等不良现象。针对这些问题尤其是针对各种错误社会思潮，习近平总书记多次强调要正确辨识，加强引导、引领、监督、管理，既做到看得清，又知道怎么办。新自由主义、民主社会主义、历史虚无主义、"普世价值"、宪政民主等社会思潮反映的是西方资本主义的价值观念，其企图通过各种手段对我国进行意识形态渗透。

①　习近平：《习近平谈治国理政》（第二卷），北京：外文出版社 2017 年版，第 157 页。

习近平总书记要求用"四个讲清楚"引导人们正确看待中国和外部世界,坚定中国特色社会主义。"四个讲清楚",即"宣传阐释中国特色,要讲清楚每个国家和民族的历史传统、文化积淀、基本国情不同,其发展道路必然有着自己的特色;讲清楚中华文化积淀着中华民族最深沉的精神追求,是中华民族生生不息、发展壮大的丰厚滋养;讲清楚中华优秀传统文化是中华民族的突出优势,是我们最深厚的文化软实力;讲清楚中国特色社会主义植根于中华文化沃土、反映中国人民意愿、适应中国和时代发展进步要求,有着深厚历史渊源和广泛现实基础"①。习近平新时代中国特色社会主义思想是高校思想政治理论课的指导思想,高校思想政治理论课要"努力以思想认识新飞跃打开工作新局面"②。高校思想政治理论课要坚持马克思主义在意识形态领域指导地位的根本制度,把习近平新时代中国特色社会主义思想贯穿思想政治理论课的全过程,对于新时代高校思想政治理论课主导发展战略具有重大的理论价值和现实意义。

三、新时代高校思想政治理论课主导发展战略实施方略

新时代高校思想政治理论课主导发展战略研究中,马克思主义理论研究是推进高校思想政治理论课主导发展战略的理论支撑,中华优秀传统文化与理想信念教育既是高校思想政治理论课主导发展战略的重要内容,也是推进高校思想政治理论课主导发展战略的有效路径,坚持社会主义核心价值观的引领是实施高校思想政治理论课主导发展战略的时代要义。实施新时代高校思想政治理论课主导发展战略必须进行马克思主义理论研究,加强中华优秀传统文化与理想信念教育,坚持社会主义核心价值观引领,把握实施高校思想政治理论课主导发展战略的具体方法与策略,等等。只有如此,才能真正实现新时代高校思想政治理论课主导发展战略的意图,不辜负党和人民的期待。

1. 不断加强马克思主义中国化理论研究

马克思主义理论是社会主义现代化建设的科学理论和行动指南。马克思主义理论的科学性既表现在学理上的系统性、发展性和真理性,也表现为与中国具体国情相结合的契合性。"马克思一再告诫人们,马克思主义理论不是教条,而是行动指南,必须随着实践的变化而发展。一部马克思主义发展史

① 习近平:《习近平谈治国理政》(第一卷),北京:外文出版社 2018 年版,第 155 – 156 页。
② 习近平:《习近平谈治国理政》(第一卷),北京:外文出版社 2018 年版,第 155 页。

就是马克思、恩格斯以及他们的后继者们不断根据时代、实践、认识发展而发展的历史，是不断吸收人类历史上一切优秀思想文化成果丰富自己的历史。因此，马克思主义能够永葆其美妙之青春，不断探索时代发展提出的新课题、回应人类社会面临的新挑战。"① 理论的生命力在于不断创新与发展。"我们要坚持用马克思主义观察时代、解读时代、引领时代，用鲜活丰富的当代中国实践来推动马克思主义发展。"② 通过不断推进马克思主义中国化研究，实现马克思主义理论的现代化、民族化、大众化，使其能够随着时代的发展与社会的进步，不断焕发生命力和活力。习近平新时代中国特色社会主义思想是马克思主义中国化的最新成果，是新时代中国的马克思主义，是 21 世纪的马克思主义。"党的十八大以来，以习近平同志为核心的党中央，坚持以马克思列宁主义、毛泽东思想、邓小平理论、'三个代表'重要思想、科学发展观为指导，坚持解放思想、实事求是、与时俱进、求真务实，坚持辩证唯物主义和历史唯物主义，紧密结合新的时代条件和实践要求，以全新的视野深化对共产党执政规律、社会主义建设规律、人类社会发展规律的认识，进行艰辛理论探索，取得重大理论创新成果，创立了习近平新时代中国特色社会主义思想。"③ 高校思想政治理论课要将习近平新时代中国特色社会主义思想贯穿教育教学的全过程，指导学生深入理解和把握这一重大思想的科学体系、精神实质、实践要求，更加自觉地用这一重大思想武装头脑、指导实践、推动教学与学习。"党的十九大报告把十八大以来党的理论创新成果概括为习近平新时代中国特色社会主义思想，实现了党的指导思想的又一次与时俱进。习近平新时代中国特色社会主义思想是马克思主义中国化最新成果，是党和人民实践经验和集体智慧的结晶，是中国特色社会主义理论体系的重要组成部分，是全党全国人民为实现中华民族伟大复兴而奋斗的行动指南。"④ 马克思主义中国化究其根本就是站在时代潮头，把马克思主义与中国国情相结合。改革开放以来，坚持和发展中国特色社会主义成为我们党全部理论和实践的鲜明主题。正如习近平总书记指出的："坚持和发展中国特色社会主义是一篇大文章，邓小平同志为它确定了基本思路和基本原则，以江泽民同志为核心的党的第三代中央领导集体、以胡锦涛同志为总书记的党中央在这篇大文章

---

① 习近平：《在纪念马克思诞辰 200 周年大会上的讲话》，《人民日报》，2018 年 5 月 5 日。
② 习近平：《在纪念马克思诞辰 200 周年大会上的讲话》，《人民日报》，2018 年 5 月 5 日。
③ 王晓晖：《深刻领会习近平新时代中国特色社会主义思想的核心要义和创新观点》，《人民日报》，2017 年 11 月 23 日。
④ 中共中央党校中国特色社会主义理论体系研究中心：《深刻领会习近平新时代中国特色社会主义思想》，《求是》2017 年第 23 期。

上都写下了精彩的篇章。现在，我们这一代共产党人的任务，就是继续把这篇大文章写下去。"① 习近平新时代中国特色社会主义思想，博大精深、高瞻远瞩，从理论和实践结合上系统回答了新时代坚持和发展什么样的中国特色社会主义、怎样坚持和发展中国特色社会主义，包括新时代坚持和发展中国特色社会主义的总目标、总任务、总体布局、战略布局和发展方向、发展方式、发展动力、战略步骤、外部条件、政治保证等基本问题。习近平新时代中国特色社会主义思想的精神实质和丰富内涵，集中体现在党的十九大报告精辟概括的"八个明确"和新时代中国特色社会主义"十四个坚持"基本方略之中。十九大报告深刻阐明了习近平新时代中国特色社会主义思想在中国特色社会主义理论体系中的历史地位及其对于推动党和人民事业发展的重大价值，彰显了马克思主义中国化最新成果的真理力量和实践张力；习近平新时代中国特色社会主义思想是全党全国人民实现中华民族伟大复兴的行动指南，是党必须长期坚持的指导思想。习近平新时代中国特色社会主义思想坚持继承与创新的统一，是全面深入推进实践基础上的理论创新的最新成果。习近平新时代中国特色社会主义思想坚持当今中国发展合规律性与合目的性的统一，彰显马克思主义中国化最新成果的巨大魅力；习近平新时代中国特色社会主义思想坚持理论指导与实践检验的统一，显示出新思想强大的真理力量。所有这些新思想都必须融入高校思想政治理论课之中，贯穿高校思想政治理论课教学始终。高校是马克思主义理论研究以及马克思主义中国化理论研究的重镇，高校思想政治理论课必须不断深化对马克思主义经典著作的系统研究，不断推进马克思主义的传承、创新与发展，并通过高校思想政治理论课教学让学生真正掌握马克思主义的立场、观点和方法；让学生对马克思主义理论真学、真懂、真信、真用，从而使学生在学习高校思想政治理论课中增强获得感。

2. 加强中华优秀传统文化与理想信念教育

《中共中央 国务院关于进一步加强和改进大学生思想政治教育的意见》中明确指出：大学生思想政治教育必须以理想信念教育为核心，以爱国主义教育为重点，以思想道德建设为基础，以大学生全面发展为目标。长期以来，理想信念教育和爱国主义教育是我国思想政治教育的重点，在高校思想政治理论课教育教学中占据十分重要的地位。对大学生群体而言，理想信念是他们成长成才的精神动力。"理想指引人生方向，信念决定事业成败。没有理想

---

① 习近平：《在发展中国特色社会主义实践中不断发现、创造、前进》，《人民日报》，2013 年 1 月 6 日。

信念，就会导致精神上'缺钙'。"① 中华民族的光荣传统内涵丰富，包括艰苦奋斗、勤劳勇敢、热爱国家等。这些优秀的光荣传统传承下来，构成了新时期大学生思想政治教育的重要内容，是引导大学生树立正确三观的思想源泉。尤其是在纷繁复杂的社会环境中，如何更好地引导大学生树立民族的自信心和自豪感，增强民族凝聚力，是当下高校思想政治理论课的重要任务。因此，高校思想政治理论课教学，应当以爱国主义教育为核心，不断提高大学生的思想道德水平，在循序渐进中实现大学生个人的全面发展。一方面，加强爱国主义教育，培养大学生的爱国意识、增强大学生爱国情感。高校思想政治理论课应加强对大学生的党史国史教育，使其正确充分地认识和了解中国国情和历史，感受中国革命、建设和社会主义发展道路的艰难历程；增强大学生的历史使命感和社会责任感，使其树立远大的社会理想，并不断为之努力奋斗。另一方面，加强中国优秀传统文化教育，提高大学生对我国社会主义文化的自信心。"优秀传统文化是一个国家、一个民族传承和发展的根本，如果丢掉了，就割断了精神命脉。我们要善于把弘扬优秀传统文化和发展现实文化有机统一起来，紧密结合起来，在继承中发展，在发展中继承。"② 但是，当前少部分大学生存在对民族文化有一定程度疏离感的倾向，具体表现为文化素养不高、民族文化知识匮乏、民族认同感淡化等问题。大学生身上所出现的这些问题严重影响着中华优秀传统文化的以文养人功能，也严重影响着高校思想政治理论课关于民族与国家教育方面的效果，一定程度上干扰和削弱了高校思想政治理论课的主导性。因此，加强中华优秀传统文化教育，强化民族认同感，培育民族精神，是新形势下加强高校思想政治理论课主导性的有力举措。

3. 坚持社会主义核心价值观引领

党的十九大报告中指出："要以培养担当民族复兴大任的时代新人为着眼点，强化教育引导、实践养成、制度保障，发挥社会主义核心价值观对国民教育、精神文明创建、精神文化产品创作生产传播的引领作用，把社会主义核心价值观融入社会发展各方面，转化为人们的情感认同和行为习惯。"③ 高校思想政治理论课作为立德树人的主渠道，要发挥主导作用，应当充分发挥高校思想政治理论课教师的有生力量，将社会主义核心价值观有效融入高校

---

① 习近平：《习近平谈治国理政》（第一卷），北京：外文出版社 2018 年版，第 50 页。
② 习近平：《习近平谈治国理政》（第二卷），北京：外文出版社 2017 年版，第 313 页。
③ 习近平：《决胜全面建成小康社会　夺取新时代中国特色社会主义伟大胜利——在中国共产党第十九次全国代表大会上的报告（2017 年 10 月 18 日）》，北京：人民出版社 2017 年版，第 42 页。

思想政治理论课的全过程，把社会主义核心价值观贯穿高校思想政治理论课教学之中，才能真正发挥社会主义意识形态在高校思想政治理论课中的主导发展战略。一方面，要打造社会主义核心价值观教育的教学平台。高校思想政治理论课始终是主渠道、主阵地和主课堂。从高校思想政治理论课的教学目的和教学内容来看，是通过对马克思主义理论的学习，教育学生自觉地树立起科学的世界观、人生观和价值观。社会主义核心价值观教育本身是思想政治教育的一部分，两者有交叉、有重叠。高校思想政治理论课侧重于对大学生进行政治理论的阐释与分析，因此它是对大学生进行社会主义核心价值观教育的基础课程，是具有明显意识形态教育功能的课程。目前，高校的思想政治理论课程设置是按照教育部"05方案"实施的，内容包括"马克思主义基本原理概论""毛泽东思想和中国特色社会主义理论体系概论""中国近现代史纲要"和"思想道德修养与法律基础"四门课程。这四门课程新体系已经较为成熟地勾勒出了社会主义核心价值体系，蕴含了社会主义核心价值观的内容。因此，高校思想政治理论课主导发展战略要始终重视社会主义核心价值观教育的主导作用。另一方面，要优化课程体系，积极改进教学方法。高校思想政治理论课是一个相对稳定的教材体系，而现实又是不断发展的，因此，难免会出现教材内容缺乏一定的针对性以及时代性等问题，高校思想政治理论课的内容还有部分重复现象。因此，教材体系的构建要始终坚持稳定性与发展性相结合的原则。当前，要突出用社会主义核心价值观引领社会思潮，那就需要探讨如何创新高校思想政治理论课课程体系，把社会主义核心价值观作为其主要内容，融入教材编写体系，确保新教材体系的科学性与权威性。新形势下高校思想政治理论课的主导发展战略，主要是从战略思维的角度切入，强调马克思主义理论在整个战略中的指导性地位，发挥马克思主义中国化最新理论成果，尤其是习近平新时代中国特色社会主义思想对高校思想政治理论课的指导作用。

第五章　新时代高校思想政治理论课协同发展战略

高校思想政治理论课承担着立德树人、理论武装、价值引领的重大使命。高校思想政治理论课既坚持社会主义办学方向，巩固马克思主义在高校意识形态领域的指导地位，也有利于全面贯彻落实党的教育方针，培育中国特色社会主义事业合格建设者和可靠接班人。《中央宣传部　教育部关于印发〈普通高校思想政治理论课建设体系创新计划〉的通知》指出，办好思想政治理论课，事关意识形态工作大局，事关中国特色社会主义事业后继有人，事关实现中华民族伟大复兴的中国梦，必须始终摆在突出位置，持之以恒、常抓不懈。习近平总书记在全国高校思想政治工作会议上，强调立德树人的重要性，要求在全程育人、全员育人、全方位育人的基础上，实现"各类课程与思想政治理论课同向同行，形成协同效应"①。这也为新时代高校思想政治理论课协同发展战略指明了方向。

一、高校思想政治理论课协同发展战略概述

高校思想政治理论课是党和国家意识形态工作的重要系统，其内部也包含诸多子系统。新时代办好高校思想政治理论课，必须坚持协同发展战略思维、建立协同发展战略机制，以充分发挥各个方面、各个环节的协同作用。所谓协同，是指协调两个或者两个以上的个体或者资源，通过相互配合共同达成某一目标的行为或过程。协同是协同理论的基本范畴，它是处理复杂系统的一种策略。所谓协同发展战略，就是从全局高度协调各种主体或资源共同行动以达成战略目标的基本方针、策略和方法。协同发展战略所要解决的是"1＋1等于几"的问题，追求的是"1＋1大于2"的效果。1971年德国物理学家哈肯提出协同理论，他认为系统内部各个子系统在相互配合的关系下产生协同作用和整体效应，驱动子系统按照一定的规划排列，让子系统间形

---

① 习近平：《习近平谈治国理政》（第二卷），北京：外文出版社2017年版，第378页。

成有序组合，并推动系统发生质变并达到稳定状态，形成超越于简单的部分相加所具有的新功能的有机整体。协同思想也是中华传统文化的精髓，中华文化自古就有协同及与之相关的思想传统。比如，"百姓昭明，协和万邦"（《尚书·虞书·尧典》），"有众率怠弗协"（《尚书·商书·汤誓》），"声律相协而八音生"（《太玄·数》），"将军宜与协同策谋，共存大计"（《后汉书·吕布传》）等，这些表述充分展现了古人对协同思想的重视。借鉴协同理论和协同发展战略思维，理论界提出了"协同教育"的理念，以探索教育子系统如何发挥其各自的自组织能力，在一定条件下形成协调、合作、同频、互补的协同效应。有学者认为：作为个体的人与家庭、学校、社会间具有各种互动，并在互动中习得各种常识、习惯，形成特定的价值观；无论家庭教育、学校教育、社会教育还是自我教育，"每一个教育系统都有自己的组成要素与活动机制，且这些要素之间、系统之间也相互联系、共同作用，其中一个系统的特定要素可能进入另外一个系统，并对其教育结果具有一定的积极影响，这便是协同教育"①。也就是说，协同教育不仅存在于学校教育、家庭教育、社会教育、自我教育等教育子系统，而且存在于这些教育子系统的内部要素和运行环节，包括各种教育主体、教育内容、教育途径、教育手段等不同要素和环节之间。高校思想政治理论课协同发展战略是指在协同理论和协同发展战略思维基础上的教育协同，不仅包括学校教育、家庭教育、社会教育、自我教育等教育子系统的协同，而且包括教育子系统的内部要素和运行环节，即各种教育主体、教育内容、教育途径、教育手段等不同要素和环节之间的协同。新时代高校思想政治理论课协同发展战略的提出，既有政策依据也有实践依据，具有重要的理论价值和现实意义。

当前，高校思想政治理论课面临着新的形势和任务，进一步在改进中加强高校思想政治理论课建设，已成新时代的新要求。"不审天下之势，难应天下之物"，新时代高校思想政治理论课建设面临新的形势。

一是党和国家事业发生历史性变革，中国特色社会主义进入了新时代。中国特色社会主义是改革开放以来党的全部理论和实践的主题。党的十八大以来，在以习近平同志为核心的党中央的坚强领导下，面对新的世情、国情、民情，我们取得了社会主义现代化建设的新成就，迎来了党和国家事业的新发展。党的十九大报告中指出："经过长期努力，中国特色社会主义进入了新时代，这是我国发展新的历史方位。""中国特色社会主义进入新时代，意味

---

① 李若衡：《高校思想政治教育中的思维——协同》，《湖北经济学院学报（人文社会科学版）》2016年第10期。

着近代以来久经磨难的中华民族迎来了从站起来、富起来到强起来的伟大飞跃，迎来了实现中华民族伟大复兴的光明前景；意味着科学社会主义在二十一世纪的中国焕发出强大生机活力，在世界上高高举起了中国特色社会主义伟大旗帜；意味着中国特色社会主义道路、理论、制度、文化不断发展，拓展了发展中国家走向现代化的途径，给世界上那些既希望加快发展又希望保持自身独立性的国家和民族提供了全新选择，为解决人类问题贡献了中国智慧和中国方案。"① 党的十九大概括了中国特色社会主义进入新时代的"三个意味着"，深刻揭示出中国特色社会主义发展的历史意义、时代意义和世界意义，为我们辨明历史方位、把握发展机遇提供了理论指引。

二是意识形态领域纷纭激荡，高校思想政治工作面临新的挑战。高校历来是意识形态工作的重要阵地，容易受到各种社会思潮的渗透与影响。在当前全球化、市场化、网络化时代，社会思想观念和价值取向日趋活跃，主流和非主流同时并存，尤其是包括新自由主义、民主社会主义、"普世价值"、历史虚无主义、民粹主义等多种非主流社会思潮纷纭激荡，给青年学生的思想观念带来不同程度的负面影响。另外，高校思想政治工作也存在一定程度的滞后现象，在一定程度上削弱了自身的吸引力和影响力。高校思想政治理论课引导大学生树立正确的世界观、价值观和人生观，选择积极向上的价值取向，成为我国高校思想政治工作的当务之急。《中共中央关于加强和改进思想政治工作的若干意见》明确指出："在新的历史时期，思想领域的矛盾和斗争错综复杂，有时还表现得相当激烈。思想领域的阵地马克思主义不去占领，非马克思主义、反马克思主义的东西必然去占领。"就当前高校思想政治工作的状况来看，还存在不少薄弱环节，包括应对非主流社会思潮影响的对策研究还不足，对网络思想政治教育的投入还不够，思想政治理论教育的内容和方法比较老套，教育的亲和力和说服力有待提升。当前，大学生思想政治教育"多流于形式，缺乏深入人心的'灵魂教育'"②。总而言之，进一步加强和改进高校思想政治工作，势在必行，意义重大。

三是高校思想政治理论课虽在改进中加强，但建设成效需要进一步提升。从 2005 年开始，高校思想政治理论课建设进入新的历史阶段，即实施"05 方案"。2005 年至今，反映党和国家及相关部门加强和改进思想政治理论课的文

---

① 习近平：《决胜全面建成小康社会　夺取新时代中国特色社会主义伟大胜利——在中国共产党第十九次全国代表大会上的报告（2017 年 10 月 18 日）》，北京：人民出版社 2017 年版，第 10 页。

② 张宗伟：《网络社会思潮对高校意识形态安全的影响及对策探究》，《学校党建与思想教育》2015 年第 13 期。

件就有好几个，这其中包括：2005 年 2 月的《中共中央宣传部　教育部关于进一步加强和改进高等学校思想政治理论课的意见》、2005 年 12 月国务院学位委员会、教育部发布的《关于调整增设马克思主义理论一级学科及所属二级学科的通知》、2008 年 4 月的《国务院学位委员会　教育部关于增设"中国近现代史基本问题研究"二级学科的通知》、2008 年 9 月的《中共中央宣传部　教育部关于进一步加强高等学校思想政治理论课教师队伍建设的意见》、2013 年 6 月教育部印发的《普通高等学校思想政治理论课教师队伍培养规划（2013—2017 年）》、2015 年 7 月的《中央宣传部　教育部关于印发〈普通高校思想政治理论课建设体系创新计划〉的通知》、2017 年 2 月的《关于加强和改进新形势下高校思想政治工作的意见》、2019 年 4 月教育部印发的《普通高等学校思想政治理论课教师队伍培养规划（2019—2023 年）》、2019 年 8 月中共中央办公厅、国务院办公厅印发了《关于深化新时代学校思想政治理论课改革创新的若干意见》等。"05 方案"实施以来，高校思想政治理论课建设得到了更大的重视和支持力度，取得了一系列重要成绩。这些成绩主要表现在：第一，进一步明确了高校思想政治理论课的地位、功能和改革的方向，与时俱进优化了课程体系设置；第二，深入实施马克思主义理论研究和建设工程，凝聚全国相关学科的优势力量，编写了更具科学性、权威性和系统性的统编教材，并且做到了及时修订；第三，建立了为高校思想政治理论课提供学理支撑的马克思主义理论一级学科，扩大了马克思主义理论一级学科及其下属二级学科的硕士、博士研究生培养规模，增强了高校思想政治理论课的学科支撑和高校思想政治理论课教师的学科归属感；第四，加大科研投入、队伍建设、教学改革力度，深入实施高校思想政治理论课建设体系创新计划，切实地提高了教师的科研水平和教学水平，探索了适应新形势的高校思想政治理论课新方法。"05 方案"实施以来，高校思想政治理论课建设从学科体系、课程体系、教材体系到教学体系均得到了加强和改进，高校思想政治理论课教学一度弱化的状况有了明显改观。但高校思想政治理论课建设中仍然存在某些地方和单位重视不够、落实不力，课堂教学的吸引力、说服力、感染力不强，学生对高校思想政治理论课的"获得感"不强甚至存在质疑等问题。坚持在改进中加强高校思想政治理论课建设，全面深入地推进习近平新时代中国特色社会主义思想进教材、进课堂、进头脑，切实教育引导学生正确认识世界和中国发展大势，正确认识中国特色和国际比较，正确认识时代责任和历史使命，正确认识远大抱负和脚踏实地。这四个"正确认识"也是"强国一代"在新的时代勇于担当和提升自己、完善自己应该解决的几个问题。做到"四个正确认识"、坚定"四个自信"，这是新时代高校思想政治理论课的重要使命。

新形势下，党和国家高度重视高校思想政治理论课建设，并将各部门、各环节协同共建作为办好高校思想政治理论课的战略要求。2015 年 1 月 19 日，中共中央办公厅、国务院办公厅印发的《关于进一步加强和改进新形势下高校宣传思想工作的意见》中明确提出：实施高校思想政治理论课建设体系创新计划，全面深化课程建设综合改革，编好教材，建好队伍，抓好教学，切实办好思想政治理论课。2015 年 7 月 23 日，中央组织部、中央宣传部、教育部联合下发《关于领导干部上讲台开展思想政治教育的意见》，要求各省级党政领导班子成员，各省级有关部门、地市的主要负责同志，重点是省级领导干部，每人每学期至少上一次讲台，"保证每所高校的学生每学期至少听 1 次地市级以上领导干部的报告或形势与政策课"。2015 年 7 月 27 日，中央宣传部、教育部出台《普通高校思想政治理论课建设体系创新计划》，要求"整体推进教材、教师、教学等方面综合改革创新"，"努力把思想政治理论课建设成为学生真心喜爱、终身受益、毕生难忘的优秀课程"。2016 年 5 月 17 日，习近平总书记在哲学社会科学工作座谈会上发表重要讲话，其中提到面对社会思想观念和价值取向日趋活跃、主流和非主流同时并存、社会思潮纷纭激荡的新形势，如何巩固马克思主义在意识形态领域的指导地位，培育和践行社会主义核心价值观，巩固全党全国各族人民团结奋斗的共同思想基础，迫切需要哲学社会科学更好发挥作用。[①] 这实际上包含着对高校思想政治理论课建设尤其是与其他哲学社会科学学科及课程协同发展的内在要求。2016 年 12 月 7 日，习近平总书记在全国高校思想政治工作会议上发表重要讲话，指出高校要坚持把立德树人作为中心环节，将高校思想政治工作贯穿教育教学全过程，实现全程育人和全方位育人；高校思想政治理论课要始终坚持在改进中加强，提升思想政治教育的亲和力和针对性，满足学生成长成才的需求，其他各门课都要守好一段渠、种好责任田，使各类课程与高校思想政治理论课同向同行，发挥协同效应的作用。2017 年 2 月的《关于加强和改进新形势下高校思想政治工作的意见》要求进一步办好高校思想政治理论课，充分发挥主渠道作用，深入实施高校思想政治理论课建设体系创新计划，提高教师素质，完善教材体系，创新教学方法，增强教学的吸引力、说服力、感染力。2019 年 3 月 18 日，习近平总书记主持召开学校思想政治理论课教师座谈会，强调"办好思想政治理论课关键在教师，关键在发挥教师的积极性、主动性、

[①]　习近平：《在哲学社会科学工作座谈会上的讲话（2016 年 5 月 17 日）》，《人民日报》，2016 年 5 月 19 日。

创造性。……推动思想政治理论课改革创新，要不断增强思政课的思想性、理论性和亲和力、针对性。"① 新时代，办好高校思想政治理论课需要坚持"六个要求"和"八个统一"，不断提升高校思想政治教育的亲和力和有效性。

当前，协同发展战略在高校思想政治理论课建设中得到了一定程度的应用。"思想政治理论课教学系统中不同要素、不同方面的协同，必将会产生各个独立要素、单一方面所无法达到的整体效应；加强思想政治理论课建设的协同是提高课程教学实效的重要举措。"② 具体做法主要体现为课程协同、过程协同、培训协同、实践协同、网络协同、机制协同等。2013 年 11 月 17 日，习近平总书记针对高校思想政治理论课建设作出重要批示，为新形势下进一步加强和改进高校思想政治理论课建设指明了方向。习近平总书记强调指出：高校思想政治理论课必须办好，关键是把教材编好，把教师队伍建设好，把课讲好，这方面还要再努力。这实际上是要求加强教材、教师、教学三个基本环节的协同发展。2016 年 12 月，习近平总书记从人才培养工作的系统性、整体性出发，要求"各类课程与思想政治理论课同向同行，形成协同效应"③。各地区、各高校围绕习近平总书记的系列要求，在高校思想政治理论课建设中不断探索协同发展战略问题。近年来，上海探索的"课程思政"改革颇具特色，实现了从"思政课程"主渠道育人向"课程思政"立体化育人的创造性转化。上海构建了市、校两级有机联动的培训体系，市级层面负责研制培训方案、开发培训教材，并对 1 000 名专业课骨干教师开展"课程思政"专题培训。同时，各校参照市级培训方案，结合课程教学实际，分类开展针对性校本研修与培训，为"课程思政"全面推广提供核心支撑。2017 年国家相关部门启动实施大学生思想政治教育质量提升工程和高校思想政治理论课教学质量年工程，各地各高校积极探索课程育人、实践育人、文化育人、网络育人、管理服务育人等新理念、新方式，将思想政治工作贯穿教育教学全过程，实现全程育人、全方位育人。各地区各部门各高校也探索实施了形式多样的举措。福建省委教育工委组织各高校成立大学生学习马克思主义理论读书社，并首批资助 20 个省级重点读书社，还举办大学生学习马克思主义

---

① 习近平：《用新时代中国特色社会主义思想铸魂育人 贯彻党的教育方针落实立德树人根本任务》，《人民日报》，2019 年 3 月 19 日。

② 张雷声：《在改进中加强思想政治理论课建设的协同研究》，《思想理论教育导刊》2017 年第 7 期。

③ 习近平：《把思想政治工作贯穿教育教学全过程 开创我国高等教育事业发展新局面》，《人民日报》，2016 年 12 月 9 日。

理论知识"一'马'当先"电视竞赛、征文、微演讲等形式多样的活动。2017 年 3 月，中央宣传部新命名 41 个全国爱国主义教育示范基地，至此全国爱国主义教育示范基地总数达到 428 个，基本覆盖了从中国共产党成立到解放战争胜利各个时期的重大历史事件、重要人物和重要革命纪念地。大力发扬红色传统、传承红色基因，成为爱国主义教育和革命传统教育的重要载体，成为培育和践行社会主义核心价值观的生动课堂。针对"互联网＋"时代大学生网络化学习、形象化阅读、碎片化浏览的特点，各地各高校已初步探索出覆盖网上网下、课内课外的全方位育人平台。天津市推出了思想政治教育专属 App 平台"超级校园"，已拥有注册用户 46 万，覆盖全市 80% 的在校大学生；北京工业大学自主研发的"中成智慧课堂"教学软件平台，实现全员实时互动；北京理工大学利用 VR 让学生们在课堂上"重走长征路"。总体而言，高校思想政治理论课协同建设已进行了初步探索，但协同力度还不够强，尚未形成密切配合的组织结构和高效运转的工作方式，体制机制建设上还存在明显的短板。对于职能部门而言，相关部门之间的责任分工还不够清晰，协同关系亟须理顺；对于高校而言，存在重视程度不够，没有给予充足的经费、严格的管理和有效的考核，部分专业课教师的配合程度较低甚至存在轻视思想政治理论课，后勤保障系统的支持力度较弱等问题；对于社会而言，存在地方政府、民营企业和社会组织参与思想政治理论教育活动的机会较少，部分社会群体和社会成员对思想政治理论教育存在质疑和抵触情绪等。

二、新时代高校思想政治理论课协同发展战略的主旨和原则

高校思想政治理论课坚持以马克思主义为指导，深入贯彻落实习近平新时代中国特色社会主义思想，坚持把"立德树人"作为基本任务和根本目标，遵循理论性、现实性、整体性、系统性相统一的战略要求，并在此基础上，坚持理论性与现实性、继承性与创新性、整体性与阶段性相结合的高校思想政治理论课协同发展战略原则。

高校要坚持把立德树人作为中心环节，把思想政治工作贯穿教育教学全过程，实现全程、全方位育人；高校思想政治理论课要坚持在改进中加强，其他各门课都要守好一段渠、种好责任田，使各类课程与高校思想政治理论课同向同行，形成协同效应。因此，协同办好高校思想政治理论课，必须坚定政治方向、找准问题要害，不断增强阵地意识。具体而言，就是牢固树立和增强政治意识、问题意识、对象意识和实效意识。有坚定的政治意识才能

增强使命感，有明确的问题意识才能抓住要害，有科学的对象意识才能提升教育成效，有强烈的实效意识才能创新方法手段。

协同办好高校思想政治理论课，必须坚持以中国特色社会主义为旗帜，在各项工作中始终体现和贯穿马克思主义中国化的最新理论成果。在纪念中国共产党成立95周年的重要讲话中，习近平总书记郑重提出："中国特色社会主义是不是好，要看事实，要看中国人民的判断，……中国共产党人和中国人民完全有信心为人类对更好社会制度的探索提供中国方案。"① 从某种意义上讲，高校思想政治理论课也是中国特色社会主义意识形态建设的"中国方案"之一。办好高校思想政治理论课，要始终与坚持和发展中国特色社会主义的要求相一致，坚持正确的政治方向不动摇。具体而言，必须以马克思列宁主义理论为指导，深入贯彻落实党的十九大精神，深入贯彻落实习近平新时代中国特色社会主义思想，深入贯彻落实《关于加强和改进新形势下高校思想政治工作的意见》《关于进一步加强和改进新形势下高校宣传思想工作的意见》的文件精神，全面贯彻党的教育方针，以宏观指引、部门协同、体系创新、结构优化为重点，落实思想政治理论课在高校立德树人工作中的战略地位，切实办好具有中国特色、中国风格、中国气派的高校思想政治理论课。

作为教育的根本任务，"立德树人"是高校思想政治工作的战略目标。"培养什么人、怎样培养人、为谁培养人"是教育的根本问题和永恒主题。党的十九大报告指出，"要全面贯彻党的教育方针，落实立德树人根本任务，发展素质教育，推进教育公平，培养德智体美全面发展的社会主义建设者和接班人"②。这是对党的十八大报告将"立德树人"确立为教育的根本任务以及十七大"坚持育人为本、德育为先"教育理念的深化，指明了今后教育改革发展的方向。习近平总书记在全国高校思想政治工作会议上强调，高校立身之本在于立德树人，要坚持把立德树人作为中心环节，把思想政治工作贯穿教育教学全过程。习近平总书记的重要讲话指明了高校思想政治工作关系高校培养什么人、怎样培养人、为谁培养人这个根本问题③，具有很强的战略性和思想性，是指导做好新形势下高校思想政治工作的纲领性文献。当前，我们要进一步增强立德树人的紧迫感、责任感和使命感，始终围绕立德树人这

① 习近平：《在庆祝中国共产党成立95周年大会上的讲话》，北京：人民出版社2016年版，第14页。

② 习近平：《决胜全面建成小康社会　夺取新时代中国特色社会主义伟大胜利——在中国共产党第十九次全国代表大会上的报告（2017年10月18日）》，北京：人民出版社2017年版，第45页。

③ 习近平：《习近平谈治国理政》（第二卷），北京：外文出版社2017年版，第376页。

一根本任务，着力提升人才培养的质量，为中国特色社会主义事业的发展培育德才兼备、全面发展的建设者和接班人。立德树人是大学的立身之本，是对人才培养的根本要求。"立德"是指培养崇高的思想品德，"树人"则指培养全面发展的高素质人才。纵观世界高等教育史，大学的功能随着时代的发展变化而逐步拓展，但培养具有崇高道德水准和高素质的人才这一基本功能、中心任务始终没有变。《大学》的开篇之语，"大学之道，在明明德，在亲民，在止于至善"，就体现了中国古代对"立德树人"精神和理念的探索追求。离开立德树人，不能履行人才培养的任务，大学就不成其为大学，就失去存在的最根本基础。高校思想政治理论课建设必须牢牢把握"立德树人"的根本任务和目标，发挥思想政治理论课在立德树人工作中的战略意义，将社会主义核心价值观有机融入教育教学的全过程，为实现"两个一百年"和中华民族伟大复兴中国梦的宏伟目标提供精神动力。国家之德、社会之德、公民之德的涵养，对国家、社会、群体和个人的发展都具有举足轻重的作用，高校思想政治理论课对此责无旁贷。习近平总书记指出："核心价值观，其实就是一种德，既是个人的德，也是一种大德，就是国家的德、社会的德。国无德不兴，人无德不立。"[1] 立德树人的根本目标要通过教育引导、舆论宣传、文化熏陶、实践养成、制度保障等方式，实现全覆盖普及、全媒体宣传、全方位融入。习近平总书记指出："人无德不立，育人的根本在于立德……要把立德树人的成效作为检验学校一切工作的根本标准，真正做到以文化人、以德育人，不断提高学生思想水平、政治觉悟、道德品质、文化素养，做到明大德、守公德、严私德。要把立德树人内化到大学建设和管理各领域、各方面、各环节，做到以树人为核心，以立德为根本。"[2] 高校思想政治理论课应当发挥自身的理论优势、教育优势，讲好中国道路、中国实践、中国故事，在从历史到现实的演进、从实践到理论的升华、从个人到社会的提升中教育引导学生做到"四个正确认识"，进而使中国特色社会主义理想信念和社会主义核心价值观像空气一样无处不在、无时不有，内化为人们的精神追求，外化为人们的自觉行动，增强大学生忠于国家、忠于人民、忠于社会的责任感。

坚持以马克思主义为指导，坚持马克思主义在意识形态领域的指导地位，深入贯彻落实习近平新时代中国特色社会主义思想进教材、进课堂、进头脑，遵循理论性、现实性、整体性、系统性相统一的要求，坚持理论与现实相结合，坚持继承与创新相结合，坚持系统与分工相结合，坚持整体与阶段相结

---

① 习近平：《习近平谈治国理政》（第一卷），北京：外文出版社 2018 年版，第 168 页。

② 习近平：《在北京大学师生座谈会上的讲话》，《人民日报》，2018 年 5 月 3 日。

合，这是协同办好高校思想政治理论课的战略原则。习近平指出，"学习贯彻党的十九大精神，要在弄通上下功夫。要联系地而不是孤立地、系统地而不是零散地、全部地而不是局部地理解党的十九大精神，不能就事论事，不能搞形式主义、实用主义。要把学习贯彻党的十九大精神同学习马克思主义基本原理贯通起来，把学习贯彻党的十九大精神同把握党的十八大以来我们进行伟大斗争、建设伟大工程、推进伟大事业、实现伟大梦想的实践贯通起来，把学习贯彻党的十九大精神同把握党的十九大作出的各项战略部署贯通起来，深化认识党的十九大关于党和国家事业各项战略部署的整体性、关联性、协同性，全面做好党和国家各项工作"①。新形势下，高校宣传思想工作的环境、对象、范围、方式都发生了很大变化，但"两个巩固"的根本任务没有变，也不应该变。高校思想政治理论课建设，必须发扬"05 方案"实施以来的成功经验，以我国改革开放和现代化建设的实际问题、以我们正在做的事情为中心，着眼于马克思主义理论的发展和运用，着眼于当代大学生的思想实际和接受习惯，不断加强思想政治理论课建设。高校思想政治理论课协同发展战略，必须坚持马克思主义理论与中国具体实践相结合，充分体现马克思主义中国化的历史进程和理论成果，紧密联系中国共产党领导中国革命、建设和改革的历史和现实，把马克思列宁主义、毛泽东思想和中国特色社会主义理论体系讲透彻、讲生动，并系统阐释"四个全面""五大发展理念""中国方案""四个正确认识"等系列讲话精神；要坚持继承与创新相结合，既要继承发扬改革开放以来尤其是"05 方案"实施以来高校思想政治理论课建设的成功经验，又要结合新形势和新任务的要求，通过不断借鉴和创新，与时俱进地调整和优化课程建设体系；要坚持系统与分工相结合，既要以系统的视角全面落实课程建设要求，又要科学协调中央与地方、宣传部门与教育部门、学校与社会、教师与学生、教学内容与课程目标、各类课程与思想政治理论课之间的协同关系，各个方面、各门课程都要守好一段渠、种好责任田，形成合力，以进一步提升高校思想政治理论课建设成效；要坚持整体与阶段相结合，既要从大学生这个特定的群体出发考虑高校思想政治理论课建设，又要着眼于个体成长发展的整体视野，统筹安排，实现大中小学思想政治理论课的科学衔接和一体化，不断巩固和提升教育成效。2019 年 3 月 18 日，习近平总书记在学校思想政治理论课教师座谈会上强调："在大中小学循序渐进、螺旋上升地开设思想政治理论课非常必要，是培养一代又一代社会主义建设

① 习近平：《切实学懂弄通做实党的十九大精神　努力在新时代开启新征程续写新篇章》，《人民日报》，2017 年 10 月 29 日。

者和接班人的重要保障。"① 新时代"要把统筹推进大中小学思政课一体化建设作为一项重要工程，推动思政课建设内涵式发展"②。这就为高校思想政治理论课协同发展战略指明了方向，拓展了思路。

三、高校思想政治理论课协同发展战略的基本方略

作为事关意识形态和人才培养全局的"国家课程"，高校思想政治理论课建设的主体涉及中央、地方、高校、教师、社会等方方面面。协同办好高校思想政治理论课的发展战略，主要包括学科建设协同、管理部门协同、教师队伍协同、课程体系协同、教材建设协同、教学过程协同、社会力量协同等。

党委统一领导，各部门齐抓共管的管理部门协同。高校思想政治理论课的管理主体，主要涉及党委、政府、高校、马克思主义学院等，其中党委负责领导、决策和部署，其他主体负责贯彻、配合、落实。习近平总书记指出："党委要保证高校正确办学方向，掌握高校思想政治工作主导权，保证高校始终成为培养社会主义事业建设者和接班人的坚强阵地。各级党委要把高校思想政治工作摆在重要位置，加强领导和指导，形成党委统一领导、各部门各方面齐抓共管的工作格局。"③ 在高校思想政治理论课建设中，首先是由党中央、国务院进行顶层规划，其次由国家教育行政部门和中央宣传部进行具体指导，最后由各地方党委、政府及其具体业务部门、各高校党委及相关职能部门、马克思主义学院具体落实。习近平总书记强调："各部门各方面一定要增强大局意识，自觉在大局下思考、在大局下行动，跳出部门框框，做到相互支持、相互配合。"④ 当前，各个层级主体的总体协调是密切有效的，然而还存在少部分机制和环节有待进一步改善。比如，各级党委负责人如何更好地关心和支持高校思想政治理论课建设，宣传部门和教育部门如何更好地分工和协调，高校马克思主义学院如何避免多头管理带来的某些不适应和低效率问题等。从高校教学工作来看，要将思想政治理论课建设作为高校思想政治工作的重要组成部分，切实抓紧抓好。当前，要以习近平新时代中国特色社会主义思想为指导，深入贯彻落实《关于加强和改进新形势下高校思想政

① 习近平：《用新时代中国特色社会主义思想铸魂育人　贯彻党的教育方针落实立德树人根本任务》，《人民日报》，2019 年 3 月 19 日。
② 习近平：《用新时代中国特色社会主义思想铸魂育人　贯彻党的教育方针落实立德树人根本任务》，《人民日报》，2019 年 3 月 19 日。
③ 习近平：《习近平谈治国理政》（第二卷），北京：外文出版社 2017 年版，第 379 页。
④ 习近平：《习近平谈治国理政》（第二卷），北京：外文出版社 2017 年版，第 123 – 124 页。

治工作的意见》精神：坚持党对高校的领导。落实全面从严治党的要求，把党的建设贯穿始终，着力解决突出问题，维护党中央权威、保证党的团结统一，牢牢掌握党对高校的领导权。坚持社会主义办学方向。坚持马克思主义指导地位，坚持以人民为中心的发展思想，更好地为改革开放和社会主义现代化建设服务、为人民服务。坚持全员全过程全方位育人。把思想价值引领贯穿教育教学全过程和各环节，形成教书育人、科研育人、实践育人、管理育人、服务育人、文化育人、组织育人长效机制。坚持遵循教育规律、思想政治工作规律、学生成长规律。把握师生思想特点和发展需求，注重理论教育和实践活动相结合、普遍要求和分类指导相结合，提高工作科学化精细化水平。坚持改革创新。推进理念思路、内容形式、方法手段创新，增强工作时代感和实效性。

课程体系、教学过程、教师队伍协同创新，补齐短板，构建"大思政"工作格局。在现行的"05方案"中，高校本科层次的思想政治理论课设置"马克思主义基本原理概论""毛泽东思想和中国特色社会主义理论体系概论""中国近现代史纲要""思想道德修养与法律基础"4门必修课，另外开设"当代世界经济与政治"等选修课。专科层次开设"毛泽东思想和中国特色社会主义理论体系概论""思想道德修养与法律基础"2门必修课。另外，本专科学生还把"形势与政策"作为必修课。硕士研究生阶段开设"中国特色社会主义理论与实践研究"（必修）、"马克思主义与社会科学方法论"（文科选修）、"自然辩证法概论"（理科选修），博士研究生阶段开设"中国马克思主义与当代"（必修）、"马克思恩格斯列宁经典著作选读"（选修）等课程。"05方案"是国家对"98方案"进行较大调整、改进的结果，较好地解决了过去存在的课程门数和总学时偏多、知识体系比较零散等问题。在保持现行课程体系基本稳定的基础上，着眼于新形势的要求和"立德树人"的根本任务，进一步改进课程内容、完善课程名称、优化课程结构，不断深化中国特色社会主义和中国梦教育，深入开展社会主义核心价值观教育，加强法治教育，坚持不懈地推动中国特色社会主义理论体系进教材、进课堂、进头脑，不断改善高校思想政治理论课教学状况，进一步提升高校思想政治理论课的吸引力和实效性。其中，重点涉及如何把中华优秀传统文化与马克思主义中国化历史进程结合、融合，如何把"四个全面"战略布局和马克思主义中国化的最新理论成果更好地融入课程建设，如何更合理地分工协调课程内容、减少不必要的交叉重复，如何使本专科阶段和研究生阶段的思想政治理论课更好地衔接协调，如何更科学地开设高校思想政治理论公共必修课程，如何扩展选修课程、完善课程结构等都是值得研究的重大问题。高校思想政治教育长期以来主要依赖思想政治理论课，体现"思政课程"的思维。"思想政治理论课是对大学生进行思想政治教育的专门课程，其他各门课程特别是哲学社会科学课程也具有丰富的思想政治教育资源，承担着守好一段渠、种好责任田的使命。"① 近年来，以上海的复旦大学、上海大学等为代表的一些地区和高校探索出了"课程思政"新模式，开设与思想政治教育关系比较密切的通识类课程，潜移默化地进行思想政治教育，得到了广大师生的热烈反响。

可以进一步研究和总结"课程思政"模式，扩展学生的理论视野和综合素质，并将其作为不同课程协同发展战略的重要组成部分，推进各类课程与高校思想政治理论课之间的协同关系。新时代，《关于深化新时代学校思想政治理论课改革创新的若干意见》指出，要调整创新思想政治理论课课程体系，加强以习近平新时代中国特色社会主义思想为核心内容的思想政治理论课课程群建设。在保持思想政治理论课必修课程设置相对稳定的基础上，结合大中小学各学段特点构建形成必修课加选修课的课程体系。在高校思想政治理论教育中，教师是教育理论及政策的直接执行者、是课堂教学和课外辅导的实际操作者。近年来，高校思想政治理论课教师队伍建设取得很大成绩，在教师队伍数量、素质及学历、职称、学缘等结构方面均有明显提升。但是，在思想政治理论课专职教师队伍建设上，仍然存在数量不足、中青年学科带头人和拔尖人才缺乏、教学科研成果不强等主要问题。教育大计，教师为本。教师队伍建设是高校思想政治理论课建设的重要基础，必须予以高度重视，尤其是要尽快改变目前专职教师队伍数量严重不足的局面。做好高校思想政治理论课教学工作，既要发挥专职思想政治理论课教师的主力军作用，又要强化全员协同育人的责任意识，构筑"大思政"工作机制。高校必须牢牢坚持把立德树人作为中心环节，把思想政治工作贯穿教育教学全过程，发挥全体教职员工以及校外干部专家学者的协同育人功能。首先，高校党委是"大思政"育人工作机制的责任主体，党委要把关定向、统筹指导，建立健全统一领导、权责清晰、齐抓共管、分工明确、运转有序的工作机制；学校党委书记、校长也要结合自身的身份和专长，通过讲授党课、作专题报告、听课看课、座谈交流等形式，关心并参与高校思想政治理论课教学；还要完善特聘教授制度，出台相关制度，选聘高水平专家担任特聘教授，统筹好地方党政领导干部、企事业单位负责人、社科理论界专家、各行业先进模范、高校

---

① 项久雨、石海君：《高校思想政治理论课协同效应生成的三个维度》，《思想理论教育》2018年第 4 期。

党委书记校长、院（系）党政负责人、名师大家和专业课骨干教师、日常思想政治教育骨干八支队伍上思想政治理论课讲台。同时，要广泛争取知名专家学者和党政领导干部的支持，注重发挥辅导员队伍的联动作用，健全完善选聘配备、培养培训、特聘教授等制度，"要配齐建强思政课专职教师队伍，建设专职为主、专兼结合、数量充足、素质优良的思政课教师队伍"①。其次，高校必须通过建章立制，大力加强师德师风建设，让所有教师都担负起育人职责，努力培养造就有理想信念、仁爱之心、道德情操、扎实学识的好教师，使教书育人、科研育人、管理育人、服务育人落到实处；要选聘青年教师兼任辅导员或班主任，并将兼任辅导员或班主任至少一年且考核合格作为青年教师晋升职务职称的必要条件。最后，要整体推进高校党政干部和共青团干部、思想政治理论课教师和哲学社会科学课教师、辅导员、班主任和心理咨询教师等队伍建设，进一步完善配套措施，建立健全不同教师队伍之间特别是优秀青年教师"双向交流互兼"的协同工作机制。

学科建设、教材建设、平台建设协同发展，形成学科支撑，学术服务，以马克思主义学院建设汇聚发展力量。马克思主义理论学科是高校思想政治理论课建设的理论支撑，这也是马克思主义理论学科设立的重要动因和重要任务之一。高校思想政治理论课从内容到方式、从话语把握到各环节掌控的建设，都需要通过学科的理论科研、教学科研、宣传科研、行动科研来完成，都需要全面深入地进行学科建设，彰显思想政治理论课教学科学性、系统性、时代性、前沿性的特点。马克思主义理论一级学科设立以来，在学科体系、学科方向、研究范围、人才培养等方面建设成效显著，特别是思想政治理论课教师在学科和课程建设中增强了专业的归属感和学理的支撑力。但是，我们必须清醒地看到这样一个事实，即学科建设与思想政治理论课课程建设"两张皮"的问题并没有得到解决。② 《中共中央宣传部　教育部关于进一步加强和改进高等学校思想政治理论课的意见》中，对马克思主义理论学科与思想政治理论课的关系进行了科学的界定："设立马克思主义一级学科……为推进党的思想理论建设和巩固马克思主义在高等学校教育教学中的指导地位，为加强高校思想政治理论课建设，培养思想政治教育工作队伍提供有力的学科支撑。"这指明要正确认识马克思主义理论学科建设对高校思想政治理论课

①　习近平：《用新时代中国特色社会主义思想铸魂育人　贯彻党的教育方针落实立德树人根本任务》，《人民日报》，2019 年 3 月 19 日。

②　张雷声：《在改进中加强思想政治理论课建设的协同研究》，《思想理论教育导刊》2017 年第 7 期。

发展的重要意义与作用，也要切实提高高校思想政治理论课教师的学科建设意识，促使教师能够投入更多精力在科研工作中，在理论研究中提升自己的教学能力。马克思主义理论学科体现出政治性和科学性相结合、理论性和实践性相结合的特点，因此，它反映了高校思想政治理论课教学过程中要始终聚焦社会的热点难点问题、聚焦理论的重大问题、聚焦学生关心的问题。通过加强理论研究和视角教学对现实问题的回应，提高高校思想政治理论课教学的学理性和现实性。此外，在马克思主义理论学科建设中，还要以开放的视野加强与相关学科的交流与合作、与人文社会科学学科的对话与碰撞、与各种错误思潮和错误观点的斗争和交锋。学科间的交流与合作，既有利于学科的理论和学术的借鉴、方法和视野的拓展、新研究方向的催生、前沿研究领域的开创、学科结构的优化、学科活力与优势的保持，也可以通过以其他学科为参照，在汲取其他学科知识、方法的同时，审视自己的不足，丰富和深化自己的内涵，从而为高校思想政治理论课教学提供强有力的学理支撑。对学科建设来说，开放还意味着打破保守观念，重视跨界发展。走出自说自话、封闭发展的圈子，在学科群中发展自身，在冲破与相关学科交流与合作障碍的基础上，体现学科间的综合优势，加强学科间的交叉与渗透，发挥学科的引领作用，从而为高校思想政治理论课的跨界发展奠定重要基础，使其他学科、其他课程都能在自己的"地盘"上，发挥高校思想政治理论课教学的育人功能，做到与高校思想政治理论课同向同行，形成协同效应。

　　教材是思想政治理论课的根本，也是思想政治理论课教学的基本依据。在改进高校思想政治理论课教学的相关探讨中，多数人着眼于教学方法、教学模式、教师素质等，而对教材状况缺乏足够的关注。实际上，对思想理论教育而言，没有高水准的教材，很难有高质量的教学。正如没有精良的食材，再高明的厨师也难以做出丰盛可口的佳肴。高校思想政治理论课教学面临某些尴尬和困境，除了方法、手段、模式、师资等方面的原因，教材状况也是不可忽视的内在因素。进一步优化教材编写、提升教材质量，是新时期高校思想政治理论课建设的重要环节及教学改革的重要前提。"05 方案"实施以来，教材建设比过去明显改进，特别是 2018 年教材修订取得了较大进步，但仍存在理论视野狭窄、批判功能缺失、话语方式刻板、鲜活实例缺乏等问题，在一定程度上削弱了思想理论教育的科学性和说服力，也制约着教学效果的提升。必须大胆解放思想，以改革创新精神博采众长、拓宽视野、联系实际、改进文风、优化体系、努力编出一流水准的教材。教材建设是高校思想政治理论课建设的重要基础，对教材建设而言，教科书的建设尤为重要。"05 方案"的一个重点在于强调教科书的先行建设，并将四本主要统编教科书设为中央实施马克思主义理论研究和建设工程的重要任务，编写质量相比过去的教科书有明显改进。当然，教材建设还存在一些不尽如人意之处，仍需精益求精。从目前教材建设来看，教科书建设得到前所未有的重视，但配套教材建设还比较滞后，尚未形成比较完善的系列化、立体化教材体系。"教学大纲或教学要点建设的滞后，是当前思想政治理论课程教材建设的薄弱环节。"①因此，除了继续抓好教材建设外，还要加强教学大纲或教学要点的建设、教学参考资料和辅导材料的建设、教学课件和网络资源的建设等。中共中央办公厅、国务院办公厅印发的《关于深化新时代学校思想政治理论课改革创新的若干意见》强调指出，要提升思想政治理论课教材的政治性、时代性、科学性、可读性。一方面，要在教材中及时融入马克思主义中国化最新成果、坚持和发展中国特色社会主义最新经验、马克思主义理论学科最新研究进展；另一方面，要研究编制习近平新时代中国特色社会主义思想进课程教材指导纲要，研究编制中华优秀传统文化、革命文化、社会主义先进文化、科技创新文化及总体国家安全观等进课程教材指南，实施思想政治理论课优秀讲义出版工程，开列马克思主义经典著作、当代中国马克思主义理论著作、中华优秀传统文化典籍书单，建设思想政治理论课网络教学资源库。此外，为保证同类高校思想政治理论课教学目标的相对协调、与全国统一课程标准和统编教材建设相适应，可以考虑由相关部门和高校及科研院所协同开发课程教学参考资料库及课程考核资料库，并针对专科、本科、研究生等不同层次，分别设立教学及考核资料库。这样既可以减少各地各高校在统一的教材和课程标准下又缺乏统一的教学考核标准所带来的负面影响，又可以在更大的范围内形成教材建设的协同效应。当前及今后一段时期的重大任务，是积极推进习近平新时代中国特色社会主义思想和党的十九大精神进教材、进课堂、进头脑。高校思想政治理论课教材建设要以此为契机，及时修订必修课教材、新编配套教学辅导材料等，以吸纳马克思主义中国化的最新理论成果。高校思想政治理论课主干课程教材 2018 年修订版出版使用之后，还要广泛收集意见和建议，适时修订完善。

马克思主义学院作为高校意识形态工作的前沿阵地，对于强化意识形态建设这一铸魂工程、固本工程，保证中国特色社会主义事业的前进方向具有十分重要的意义。目前，推动高校马克思主义学院的规范化发展是重要任务。按照教育部印发的《高等学校马克思主义学院建设标准（2017 年本）》，马克

---

① 顾海良：《高校思想政治理论课程建设研究》，北京：中国人民大学出版社 2016 年版，第 134 页。

思主义学院是直属学校领导的独立二级机构，统一开设全校思想政治理论课（包括"形势与政策"课），统一管理思想政治理论课教师，统一负责马克思主义理论学科建设；马克思主义学院是高校思想政治理论课教学管理和教学队伍建设、学科建设的基本平台；马克思主义学院是高校马克思主义理论队伍的主体单位，承担着高校思想政治理论课教学任务，发挥着思想政治教育的主渠道作用。引导大学生坚定马克思主义信仰，树立正确的世界观、人生观、价值观是马克思主义学院的历史使命。"打铁还需自身硬。"马克思主义学院完成使命的首要前提是实现自身的健康发展，"强身健体"是第一要务。推动马克思主义学院发展必须加强学科建设、推动学术创新、提升学术对话能力、增强学科平台的学术影响力，如此才能真正提升思想政治理论课的实效性和影响力。[①] 改变学科建设与课程发展的"两张皮"现象，"构筑学科和课程高地、推出学科和课程精品、培育学科和课程新人"，是马克思主义学院建设应有的目标和气魄。学院、学科、课程"三个建设"的协同联动，既有利于学院发展，也有利于学科发展，更有利于思想政治理论课的发展。有条件的高校及马克思主义学院还要争创协同创新中心建设。协同创新中心是高层次科研机构，也是学科建设和课程建设协同发展的重要平台。目前，马克思主义理论领域已成立的协同创新中心主要包括：由北京大学牵头成立的"马克思主义与中国文化协同创新中心"、由中国人民大学牵头成立的"马克思主义协同创新中心"、由北京大学牵头成立的"中国特色社会主义理论研究协同创新中心"、由武汉大学牵头成立的"马克思主义理论与中国实践协同创新中心"、由北京师范大学牵头成立的"社会主义核心价值观协同创新中心"、由南开大学牵头成立的"中国特色社会主义经济协同创新中心"、由湘潭大学牵头成立的"毛泽东思想研究协同创新中心"等。协同创新中心以多主体、多要素的资源共享、优势互补形成学科集群和综合实力，围绕重大的理论和实际问题，开展创新性的跨领域、跨学科、跨区域协同攻关研究，促进重要创新成果的产生和创新人才的培养。马克思主义理论相关领域协同创新中心这一平台的建设，可以有力推动学院建设、学科建设、课程建设的深度协同，强化学科为高校思想政治理论课服务的功能，提高高校思想政治理论课教师的素质，增强教学的实效。马克思主义学院建设还要注重合理吸纳社会力量。合理吸纳社会力量共建高校马克思主义学院是传播马克思主义、激发马克思主义学院活力、推动马克思主义学院创新的重要途径。在教育部的直接策划和督导下，各个高校通过实施"特聘教授"制度、打造"品牌思政课"、搭

---

① 　王宏波：《关于高校马克思主义学院建设的若干思考》，《思想理论教育》2015 年第 6 期。

建产学合作协同育人平台等方式，广泛吸纳社会力量共建马克思主义学院。通过共建，一方面，马克思主义学院取得了来自社会各个层面的人力财力的支持；另一方面，马克思主义理论学科的影响力也在不断扩大。完善社会力量共建马克思主义学院，需要政府、教育主管部门深化并完善具体制度，高校高度重视并深度推进，基层马克思主义学院不断探索共建新理论、新模式和新规律。① 吸收社会力量共建马克思主义学院，要坚持合法、适当的原则，要注意坚守马克思主义意识形态的主导性和话语权，防止不良势力及思潮的借机渗透。共建的主要途径包括共建教学科研场所、共建社会实践基地、共设理论研究项目、共办理论讲座或学术会议、合编地方特色理论读物、开发立体化辅助教材等，以拓展高校思想政治理论课的发展空间。

① 谢晓娟、张青：《社会力量共建高校马克思主义学院的现状及对策分析》，《思想理论教育导刊》2017 年第 5 期。

第六章 新时代高校思想政治理论课创新发展战略

所谓创新发展战略，又称"结构性战略"或"分析性战略"。它具体是指在复杂多变的环境中，社会组织积极主动地在产品组织、工艺技术、经营战略等方面不断进行发展与创新，从而在激烈的竞争中保持独特优势的战略。创新发展战略是以产品的创新以及产品生命周期的缩短为导向的一种竞争战略，采取这种战略的社会组织往往强调风险承担和新产品的不断推出。创新发展战略立足战略管理，从内、外环境分析入手，设定战略目标，以创新为核心思想，对社会组织活动从观念、理论、实践、方法上进行研究和探索，对社会组织活动管理具有重要的应用价值。高校思想政治理论课创新发展战略是指在新形势下，高校思想政治理论课需要在指导理论、制度安排、教育内容和实践参与等方面作出战略创新，作出具有前瞻性的规划和设计。

一、新时代高校思想政治理论课创新发展战略的基本问题

十八大以来，国内外形势发生了重大的变化，我国已经进入全面建成小康社会新阶段，比任何时候都接近实现中华民族的伟大复兴；同时，国际环境日益复杂化，国家之间的文化软实力竞争十分激烈；新媒体的迅猛发展对现代社会人的生存方式和思维观念产生重大影响。高校肩负着学习研究宣传马克思主义、培养中国特色社会主义事业建设者和接班人的重大任务。高校思想政治理论课是坚持社会主义办学方向和巩固马克思主义在高校意识形态领域主导地位的重要阵地；是落实立德树人这一根本任务、全面贯彻落实党的教育方针，培养德才兼备的高质量人才的主渠道；是进行社会主义核心价值观教育、帮助大学生树立三观的核心课程。办好高校思想政治理论课，事关实现中华民族伟大复兴的中国梦，事关意识形态工作大局，事关中国特色社会主义事业后继有人，所以，必须始终将其放在重要位置，持之以恒、常抓不懈。当前，我国社会主要矛盾发生了深刻变化，进入了中国特色社会主义新时代。我国正处于全面建成小康社会的决胜阶段，社会需求多样化，全

民学习终身化，发展环境国际化，这前所未有的深刻变化对高校思想政治理论课构成了挑战。高校思想政治理论课作为马克思主义理论教育和思想政治教育的主阵地，要取得良好的教学效果，需要多方面的配合。做好高校思想政治理论课教学工作并不只是马克思主义理论专业及其学者、师生的事情，也不只是高校马克思主义学院一家之事，如果再延伸，也不只是高校的事情。高校思想政治理论课发展创新需要各个方面的合作，特别是需要学校、社会和家庭之间协调合作，明确三者之间的责任分担。进入 21 世纪以来，马克思主义话语权的建构面临着挑战，主要表现为马克思主义意识形态话语体系不健全、功力不足、高水平成果不多，导致马克思主义在一些学科中"失语"、教科书中"失踪"、论坛上"失声"。鉴于此，习近平总书记在系列讲话中从实现中华民族伟大复兴的高度，提出了一系列新论断、新要求、新部署，论述了繁荣发展哲学社会科学、坚持马克思主义指导思想的历史意义。我们坚持以马克思主义理论为指导，增强立德树人中心环节理念，培育又红又专、德才兼备、全面发展的人。2016 年 12 月 8 日，习近平总书记在全国高校思想政治工作会议上指出："要用好课堂教学这个主渠道，思想政治理论课要坚持在改进中加强，提升思想政治教育亲和力和针对性，满足学生成长发展需求和期待，其他各门课都要守好一段渠、种好责任田，使各类课程与思想政治理论课同向同行，形成协同效应。"① 高校要强化政治意识、责任意识、阵地意识和底线意识；遵循三大规律，即教书育人规律、思想政治工作规律和学生成长规律。立德树人是中国特色社会主义高校立身之本，这是对中国特色社会主义高校"培养什么人、怎样培养人、为谁培养人"这一根本问题的科学解答。将立德树人作为中国特色社会主义高校的立身之本主要是由中国独特的国情、历史以及文化所决定的，也是对思想政治教育规律的科学应用，更是加快推进中国特色社会主义现代化建设进程的现实需求，还是顺应世界人才培养模式的潮流、全面提升综合国力的内在要求。高校思想政治理论课立德树人必须"坚持政治性和学理性相统一、价值性和知识性相统一、建设性和批判性相统一、理论性和实践性相统一、统一性和多样性相统一、主导性和主体性相统一、灌输性和启发性相统一、显性教育和隐性教育相统一"②，在"八个统一"理念的指引下，从加强党的领导、健全运行机制、深化思想政治教育供给侧改革、建构课程协同、强化师资建设、推进文化育人和创新

① 习近平：《习近平谈治国理政》（第二卷），北京：外文出版社 2017 年版，第 378 页。
② 习近平：《用新时代中国特色社会主义思想铸魂育人 贯彻党的教育方针落实立德树人根本任务》，《人民日报》，2019 年 3 月 19 日。

育人理念等多个方面协同推进，提升高校思想政治教育的育人功能。

高校思想政治理论课要因事而化、因时而进、因势而新，增强思想政治教育的时、度、效。加强高校思想政治理论课教学方法体系的改革、研究创新与探索，对于大学生健康成长成才具有现实意义。邓小平同志曾经指出："十年最大的失误是教育，这里我主要是讲思想政治教育，不单纯是对学校、青年学生，是泛指对人民的教育。"① 胡锦涛同志十分重视高校思想政治理论课对大学生的成长成才作用，认为"要从赢得青年、赢得未来的高度，抓好大学生的理论学习，深入推进马克思主义中国化的最新成果进教材、进课堂、进头脑工作，让青年知识分子了解和相信党的理论，在广大青年中培养一大批坚定的马克思主义者"②。习近平总书记在全国宣传思想工作会议讲话中强调，"宣传思想工作一定要把围绕中心、服务大局作为基本职责，胸怀大局、把握大势、着眼大事，找准工作切入点和着力点，做到因势而谋、应势而动、顺势而为"③。习总书记强调"关键是要提高质量和水平，把握好时、度、效，增强吸引力和感染力"④。大学生思想政治教育工作的根本任务是"立德树人"，帮助大学生更好地成长。因此，必须与时俱进，提高工作质量和水平，把握好时、度、效。要从工作实际出发，抓时代性和实效性两个"时"，落实高度和适度两个"度"，并且追求实际效果和效率中的"效"，才能增强思想政治教育工作对于大学生的吸引力和感染力，提高大学生对思想政治教育工作的认同感。克服目前普遍存在的理论与现实脱节而造成的结论先行、自说自话、照本宣科的问题。《国家中长期教育改革和发展规划纲要（2010—2020 年）》提出要"开展多层次、宽领域的教育交流与合作，提高我国教育国际化水平"，要"培养大批具有国际视野、通晓国际规则、能够参与国际事务和国际竞争的国际化人才"⑤。这也对高校思想政治理论课提出了更高要求。

党的十八大尤其是十八届三中、四中全会以来，以习近平同志为核心的党中央，深入贯彻党的十八大精神，高举中国特色社会主义伟大旗帜，以邓小平理论、"三个代表"重要思想、科学发展观为指导，深刻回答了新的历史条件下党和国家发展的一系列重大理论和现实问题，形成了习近平新时代中

① 邓小平：《邓小平文选》（第三卷），北京：人民出版社 1993 年版，第 306 页。

② 中共中央文献研究室编：《十六大以来重要文献选编》，北京：中央文献出版社 2008 年版，第 703 页。

③ 习近平：《习近平谈治国理政》（第一卷），北京：外文出版社 2018 年版，第 153 页。

④ 习近平：《习近平谈治国理政》（第一卷），北京：外文出版社 2018 年版，第 155 页。

⑤ 《国家中长期教育改革和发展规划纲要（2010—2020 年）》，北京：人民出版社 2010 年版，第 49 页。

国特色社会主义思想，是马克思主义中国化最新成果的集中体现。习近平总书记系列重要讲话为高校思想政治理论课建设体系创新提供了最新理论的指导，系列重要讲话紧紧围绕新时期、新情况、新局面，提出和重申了一系列紧扣时代主题的思想政治教育新观点、新思想、新论述，丰富和发展了高校思想政治理论教育内容。第一，以马克思主义理论为指导，坚持以立德树人为中心环节，培养中国特色社会主义合格建设者和可靠接班人。创新21世纪马克思主义首先要深刻认识马克思主义的科学真理性，否则"创新"就没有意义。"无论时代如何变迁、科学如何进步，马克思主义依然显示出科学思想的伟力，依然占据着真理和道义的制高点。"① 第二，理论是实践的产物，只有随着实践发展的不断创新，才能不断指导新的实践，科学回答时代课题。第三，必须深入思考，20世纪马克思主义的哪些内容不能变，哪些内容应该变。第四，创新21世纪马克思主义必须以认真总结20世纪的历史经验教训为基础，否则就会理论不清、方向不明。重点总结20世纪苏联和中国两个最具代表性的国家的经验教训。

面对经济全球化的蓬勃进程和社会主义市场经济发展，教育受众的思想意识和价值取向出现了新情况、新问题、新局面，思想政治教育要把多变的价值取向和多元文化统一到立德树人上来。面对全面建成小康社会的新时代任务，思想政治教育要把握有效的教育价值目标，将教育内容和理念外化为规范行为，切实为立德树人服务，为全面建成小康社会提供人才保障和精神动力。"立德树人"之"立德"，具有双重思想指向，既包括学生之德育，又包括师德之建设。目前，在实施完成"立德树人"这一根本任务中，思想政治教育学科负有重要使命，包括亟待改变德育"弱势"；围绕任务的核心问题是促进人的全面发展，其着眼点和侧重点是强化学生思想政治教育或德育，迫切需要思想政治教育学科创新发展，尤其要从本科专业课程建设做起。"设立马克思主义理论一级学科来支撑思想政治理论课与过去最大的不同在于：马克思主义理论作为一个整体去支撑思想政治理论课，即马克思主义理论内部各要素形成合力去支撑思想政治理论课建设。"② 也就是说马克思主义一级学科下设二级学科之间要形成合力，为高校思想政治理论课建设体系创新提供整体的、立体化的学科支撑。要以马克思主义为指导，吸收中华优秀传统文化资源、国外哲学社会科学资源为高校思想政治理论课所用，实现高校思想政治理论课的知识创新、理论创新和方法创新。将中华民族优秀传统文化

---

① 习近平：《习近平谈治国理政》（第二卷），北京：外文出版社2017年版，第329页。
② 邱仁富：《整体性思维与思想政治理论课学科支撑的路径创新》，《学术论坛》2014年第1期。

进行创造性的转化、实现创新性的发展。总结中国特色社会主义实践规律，将之提升为中国方案，讲好中国故事，传播中国精神。

随着经济全球化、政治多极化、文化多元化的进一步发展，当前高校思想政治教育工作遇到了新的挑战，在资源开发、资源运用、资源建设、资源配置等方面都存在不足。创新思想政治教育资源，就要树立新的"资源观"，优化资源配置，构建一个纵横交错的思想政治教育资源网络，群策群力，提高传统优秀文化资源和革命文化资源应用的有效性与科学性。要充分发挥高校思想政治教育者的主导作用。高校思想政治教育者主要指直接从事思想政治教育工作的人，包括思想政治理论课教师、辅导员和班主任及党政和团委的工作人员等。必须明确党政、团委、教师、辅导员和班主任在高校思想政治教育工作中的职责分工，加强部门之间的协作，做到有主有辅，协调配合，形成合力。同时，整合其他哲学社会科学的人力资源，发挥其支撑作用。拓宽视野，沟通高校思想政治理论课与哲学社会科学等相关学科和相关专业的联系，发挥学科优势，加强对相关学科和相关专业的资源整合。在师资的使用上，可实行"开放性"的高校思想政治理论课教师管理制度。在具体机制上，可邀请哲学社会科学专家或不同专业教师参与教学，加强高校思想政治理论课与其他哲学社会科学的沟通。另外，可借助哲学、经济学、社会学、法学等相关学科和相关专业的人力资源优势，来弥补思想政治教育人力资源本身的不足。比如，上海大学的"大国方略"教学模式就是整合多种相关专家和人物，共同完成思想政治理论课教学。这一模式主要是由高校思想政治理论课专职教师把握课程主线，将文学、历史学、哲学、社会学、法学等学科专家及社会模范人物引入高校思想政治理论课，以访谈、论辩、答疑等形式为学生解答问题。同时，采取两位甚至多位教师联袂授课，或高校思想政治理论课教师分 AB 角上课的形式，或讨论，或激辩，或解答问题。这一专、兼职教师共同参与高校思想政治理论课教学的做法，改变了传统的教学模式。事实证明，整合各种哲学社会科学人力资源完成高校思想政治理论课教学是有效的，是广受学生欢迎的。

高校思想政治理论课的四门核心课程，即"马克思主义基本原理""毛泽东思想和中国特色社会主义理论体系概论""中国近现代史纲要""思想道德修养与法律基础"是被纳入教学计划、以课堂教学为主要形式的必修课程，是教学大纲规定必修的知识性课程，这是在《中共中央宣传部　教育部关于进一步加强和改进高等学校思想政治理论课的意见》中确定的，"旨在增进大学生的马克思主义理论修养，促使其养成良好的思想品德，树立科学的世界观、人生观、价值观，坚定中国特色社会主义的理想信念"①。另外还开设了"当代世界经济与政治""形势与政策"等选修课以及各高校自主设立的其他任选课程。四门必修课是高校思想政治理论课课程体系的主体，是各专业或部分同类专业学生都必须学习的公共课，自然也是课程创新发展的重点。选修课则是对高校思想政治理论课课程体系主体的辅助和补充，主要目的在于拓展高校思想政治理论课的学科视野，深化对四门必修课的知识性学习。因此，从教学目标上来看，高校思想政治理论课的四门必修课与选修课教学目标各有侧重，循序渐进；而从内容上来看，二者又是差异互补、相辅相成的。改进高校思想政治理论课的教材体系和教学体系建设，要将课内与课外相结合，改革课内内容和授课方式。课外加强校园文化建设，让大学生浸润在文化中成长。线上与线下相结合，线上运用好网络和信息化手段，线下根据制度安排和活动载体，充分发挥自身创造性，建立起思想交流的立交桥。

新时代，是一个崭新的信息时代。习近平总书记指出："要运用新媒体新技术使工作活起来，推动思想政治工作传统优势同信息技术高度融合，增强时代感和吸引力。"② 这就给新时代高校思想政治理论课发展创新指明了方向。面对新媒体时代高校思想政治教育所出现的新特点，为促进高校思想政治教育与新媒体的有机契合，提高高校思想政治教育的吸引力、感染力，增强思想政治工作的针对性和实效性，需要对高校思想政治教育提出新要求，这不仅是时代赋予高校思想政治教育工作者的新使命，也是创新和发展高校思想政治理论课的新机遇。高校思想政治教育工作必须与时俱进，实现由传统模式向现代新媒体模式的转型，构建科学完善的新媒体思想政治教育体系，以克服新媒体给高校思想政治教育带来的种种负面影响，提升高校思想政治教育的实效性。高校思想政治工作者应正确认识新媒体，提高运用校园新媒体开展工作的能力，充分发挥新旧校园媒体的综合效应，建立健全领导组织机制，加强校园网络文化建设，提高大学生的新媒体媒介素养，通过整合高校思想政治教育工作资源，构建大学生新媒体思想政治教育平台，掌握在校园新媒体环境下进行思想政治教育的主动权。

新时代高校思想政治理论课创新发展战略是一个系统工程，需要多方面协同进行。其中，加强队伍建设是保障，提高教学质量是核心，提升科研水平是关键，积极服务社会是要求。这四个方面是紧密联系、互相促进的"四位一体"的有机整体。高校思想政治理论课创新发展战略应该将这四个方面

---

① 施杰、王强：《高校思想政治理论课的创新》，《江苏社会科学》2011 年第 6 期。
② 习近平：《习近平谈治国理政》（第二卷），北京：外文出版社 2017 年版，第 378 页。

作为一个整体来建设，只有这样才能促进高校思想政治理论课建设总体上持续、快速发展，实现立德树人的根本任务。

二、新时代高校思想政治理论课创新发展战略的现实审视

中共中央办公厅、国务院办公厅印发的《关于进一步加强和改进新形势下高校宣传思想工作的意见》中强调，意识形态工作是党和国家的一项极其重要的工作，高校作为意识形态工作的前沿阵地，肩负着学习研究宣传马克思主义、培育和弘扬社会主义核心价值观、为实现中华民族伟大复兴的中国梦提供人才保障和智力支持的重要任务。高校思想政治理论课改革的核心问题是增强实效性。从高校思想政治理论课的现状看，理论滞后、脱离实际、内容重复、方法简单、教师队伍数量不足等问题，是制约课程教学实效性的关键因素。高校思想政治理论课改革要体现在对马克思主义理论的创新和发展，关注国内外政治、经济、文化、社会发展的实际情况以及大学生思想政治状况的现实特点，在思想政治理论课教师队伍的建设上下功夫，以加强教学内容的时代性、现实性、针对性，真正提高高校思想政治理论课教学的实效性。

自中华人民共和国成立以来，党和国家非常重视高校思想政治理论课体系建设，在政策制度、机构建设、资金投入、人力发展等方面均给予了极大的支持。高校思想政治理论课无论是在课程名称、教材编纂，还是内容结构、课程安排等方面都经历了一个不断规范化、系统化、科学化的动态发展过程。近些年来，在党中央的坚强领导下，各部门和各高校认真实施新课程方案，采取一系列重大举措，全面加强和改进思想政治理论课建设，深入推进中国特色社会主义理论体系进教材、进课堂、进头脑。如统一编写、使用本专科4本教材和研究生5门课程教学大纲；初步构建三级教师培训体系，不断扩大队伍规模，进一步优化结构；全面推进教学科研改革，优化教学内容，创新课堂教学方法，推广了一系列行之有效的教学方法；设立马克思主义理论为一级学科，为高校思想政治理论课建设提供坚实的学科支撑。如此一来，高校思想政治理论课和教材建设进一步规范，教师队伍综合素质不断提高，课堂秩序和教学效果明显改善，大学生学习兴趣和满意程度得到提升，高校思想政治理论课建设的良好局面已经形成，为加强和改进大学生思想政治教育、维护高校改革发展稳定大局作出了重要贡献。同时，我们也必须清醒地认识到，世界范围内各种思想文化的交流、交融、交锋更加频繁，如何弘扬正能

量，增强对重大理论和现实问题的阐释力，在多元中确立主导，给高校思想政治理论课提出了新的挑战。我们必须清醒地认识到社会思想意识更加多元、多样、多变，面对各种思潮和复杂的社会现象，如何运用马克思主义的立场、观点、方法在多样中求得共识，给高校思想政治理论课提出了新的要求。高校思想政治理论课建设中还存在许多困难和不足：一些地方和高校对思想政治理论课的重视仍然不够，政策条件保障尚未落实到位，思想政治理论课在高校考核评价体系中的地位和作用不够突出。长期以来，高校思想政治理论课教师职业认同感不足、社会地位不高、归属感和荣誉感不强。主要表现在以下两个方面：首先，思想政治理论课的课时通常被大量压缩。其次，对思想政治理论课的认识存在偏差。当前，部分高校、家长和学生，甚至一些其他专业的任课教师，对思想政治理论课的地位、功能都缺乏明确的认识，存在着一些认识误区。统筹推进教材的修订完善、教师队伍的建设、教学方法的改革的意识不强，思想政治理论课建设体系尚未完全形成。目前教材理论彻底性的、现实的说服力还不充分，对改革开放和市场经济中产生的一系列重大的理论与现实问题解释乏力，尚未建立起一套有中国特色的哲学社会科学教材体系。现行的教材编写仍然沿用计划经济模式下的思维模式，内容过于理论化、抽象化，理论说教色彩过于浓厚，让学生"知其然而不知其所以然"。

当前我国许多高校的思想政治理论课多以理论灌输为主，在提供与服务社会、创新创业相结合的社会实践平台方面还有所欠缺，离真正满足学生的心理需求还有一定距离。长期以来，教学方法问题一直是影响高校思想政治理论课教学效果的重要原因之一。虽然，目前已探索出案例式教学法、讨论式教学法、演讲式教学法、问题式教学法、实践教学法和多媒体教学法等多种教学方法，但仍然存在教师授课方式缺乏创新、照本宣科、本本主义等现象，以单向灌输、宏大叙事、空泛刻板为主要特征的传统话语广泛存在，教师对教材话语向学生话语、生活话语转换教导不到位，缺乏鲜活有力的实例，致使教学的感染力和吸引力大打折扣。从当前整体情况看，大部分思想政治理论课教师政治信仰坚定，爱岗敬业，乐于奉献，具备良好的师德师风、较扎实的理论功底和合理的知识结构，特别是青年教师思维敏捷、精力充沛、勇于创新，正在为高校教育事业奉献着自己的力量。但仍不能忽视一些问题的存在，教师队伍建设不适应思想政治理论课改革发展需求、整体素质亟待提升；在各种思潮和价值观念相互交织的社会转型时期，不少教师对职业的认同度不够高，职业责任感下降，个人成就感降低，出现职业倦怠的情况。这样教师在思想上、精神上和工作态度上都会变得消极，找不到学科归属感，导致专业使命感淡漠，对工作敷衍了事，直接影响教学效果。有关调查显示我国高校思想政治理论课教师队伍的年龄结构分布以 35～50 岁的中年教师为主，28～35 岁的青年教师所占比例小的"倒金字塔"状态。教研和科研能力兼优的中青年骨干教师严重缺乏等状况，严重制约着高校思想政治理论课教师队伍的后续发展。同时，高水平的学科带头人匮乏，高校思想政治理论课的学科带头人和教学骨干出现青黄不接的局面。此外，改革创新的手段不多，制约高校思想政治理论课针对性、实效性的瓶颈亟待突破；有效整合全社会资源的力度不够，高校思想政治理论课建设全员、全方位、全过程育人的格局仍需巩固。必须深入贯彻落实习近平总书记重要批示和系列讲话精神，充分认识高校思想政治理论课建设的重要性、长期性、艰巨性、复杂性，以执着的信念、坚定的信心，攻坚克难，勇于创新，切实把高校思想政治理论课办好。

高校思想政治理论课的创新发展战略涉及多个要素与环节，需要运用系统思维，在教材、教师、教学、学科、学院建设等方面加强综合创新，实现高校思想政治理论课以学养人的目的。

一是加强教材建设，编写充分反映马克思主义中国化最新成果、教师好用、学生爱读的系列教材。习近平总书记强调："学习贯彻党的十九大精神，要在做实上下功夫。清谈误国、实干兴邦，一分部署、九分落实。要拿出实实在在的举措，一个时间节点一个时间节点往前推进，以钉钉子精神全面抓好落实。中央政治局的同志要带好头，真抓实干，埋头苦干，把分管的工作抓紧抓实、抓出成效。党中央要统筹党的十九大提出的各项目标任务，就重大目标任务作出顶层设计和全面部署。全国人大、国务院、全国政协、中央军委等各有关部门和有关方面要自觉行动起来，明确属于自己职责范围内的任务，找准工作方案，排出任务表、时间表、路线图，对做好工作提出明确要求，重点是质量要求。党的十九大确定的目标任务有近期的，有中期的，也有长期的，要分清轻重缓急，有计划有秩序加以推进。各地区各部门要结合自身实际，把党中央提出的战略部署转化为本地区本部门的工作任务。要牢固树立全国一盘棋思想，以贯彻党中央决策部署为前提，确保党中央确定的目标任务和战略部署顺利实现。"① 在整个教育教学过程中，课程教材的重

① 习近平：《切实学懂弄通做实党的十九大精神　努力在新时代开启新征程续写新篇章》，《人民日报》，2017 年 10 月 29 日。

要性不言而喻。"教材是实现思想政治理论课课程体系与教学体系连接的纽带。"① "教材体系是对一门学科进行系统阐述的科学的理论体系。"② 高校是马克思主义意识形态教育的主阵地,思想政治理论课则是高校马克思主义意识形态教育的主渠道,是帮助大学生树立正确世界观、人生观、价值观的重要途径。因此,为了保证高校思想政治理论课教育教学的方向、确保高校人才培养符合中国特色社会主义的发展需要,教育部应适时组织马克思主义理论研究和建设工程专家编写、修订专用教材和教学用书,并且把使用统编教材作为保证思想政治理论课教学质量的重要措施来检查、落实,体现出统编教材的权威性。中央宣传部、教育部印发的《普通高校思想政治理论课建设体系创新计划》中指出,要建立教材使用情况即时监测制度,跟踪分析师生对教材使用的意见建议,把师生评价作为教材修订重要标准,吸收一线师生参与教材修订工作;建立高校思想政治理论课教材研究中心,加强对教材内容和表述方式的研究,加强对思想政治理论课学术话语体系的研究,推动提高思想政治理论课教材编写的质量和水平;推进统编教材的编写、使用,编写教师参考用书、学生辅学读本、教学指导资料和理论普及读物等教学系列用书,构建面向教师和学生不同对象,辐射本专科生、研究生各个层次,涵盖纸质和数字化等多种载体,体现思想性、科学性、可读性相统一的立体化教材体系。高校思想政治理论课是一个课程体系,各门课程之间既相互联系,又有所侧重。每一门课程相对独立,又与其他课程有着不可分割的联系,"原理是基础,概论是重点,纲要是主线,基础是落脚点"③。只有站在马克思主义学科的整体性高度来科学认识和理解四门主干课程的关系,才能指导高校思想政治理论课教师科学开展这四门课程的具体教学。各地各高校要编写马克思主义理论学科本科生和研究生核心课程教材,确保思想政治理论课教学使用统编教材,编写完善教学系列用书,组织编写与本专科思想政治理论课统编教材相配套的教师参考书、疑难问题解析、教学案例解析、学生辅学读本等教学用书,更好地促进统编教材的使用;制定专科生须修完 2 门必修课程教学建议;编写研究生 5 门课程教学讲义;组织编发高校思想政治理论课教学活页;开展对教材重点、难点研究,完善教学系列用书编写体例,创新

① 张耀灿等:《高校思想政治理论课教育教学质量监测体系研究》,北京:经济科学出版社 2004 年版,第 26 页。

② 杨建义:《思想政治理论课教材体系向教学体系转化的四个要点》,《思想理论教育导刊》2013 年第 7 期。

③ 李芳、张耀灿:《试论高校思想政治理论课新课程的结构关系》,《思想教育研究》2008 年第 1 期。

编写模式；加强编写队伍建设，形成老中青相结合、学科背景相补充的梯队。各地各高校，特别是民族地区可以组织编写符合实际需要的思想政治理论课教学参考用书。

二是加强教师队伍建设，建设一支对马克思主义理论真学、真懂、真信、真用的教师队伍，提高专职教师队伍整体素质。马克思曾说："如果你想感化别人，那你就必须是一个实际上能鼓舞和推动别人前进的人。"[①] 邓小平认为，"要教育人民，必须自己先受教育，要给人民以营养，必须自己先吸收营养"[②]。由此可见，教育者作为主体资源的重要性。只有首先提升其自身素质，才能更好地实施思想政治理论教育。党政领导、学科支撑、学术研究、教材教学、教师队伍建设等共同构成高校思想政治理论课建设的合力。其中，教师队伍建设是形成高校思想政治理论课建设的关键力量。教育大计，教师为本，提高高校思想政治理论课教育教学质量和水平，关键在教师。因而，必须高度重视高校思想政治理论课教师队伍的建设，大力提升这支队伍的教育教学水平，充分发挥和调动教师的教学积极性和创造性。高校思想政治理论课的教师是高等学校教师队伍的一支重要力量，是党的理论、路线、方针、政策的宣讲者，是大学生健康成长的指导者和引路人。"改革开放以来，党中央和国家十分重视对高校思想政治理论课教师队伍的建设，出台专门文件，采取多渠道、多途径培养高校思想政治理论课教师，并妥善解决思想政治理论课教师学历问题、职称评定和相关待遇问题。"[③] 高校思想政治理论课要广泛争取知名专家学者和党政领导干部的支持，注重发挥辅导员队伍的联动作用，健全完善选聘配备、培养培训、特聘教授等制度，建设一支理想信念坚定、师德高尚、理论功底扎实、教学效果良好的高水平思想政治理论课教师队伍，形成专兼结合、结构合理的教学人才体系；要加强师德师风建设，引导广大教师以德立身、以德立学、以德施教；高校应该成为使人心静下来的地方，成为消解躁气的文化空间，教师要静心从教；要增强高校思想政治理论课教师的职业认同，综合考量，影响高校思想政治理论课教师职业认同的因素主要有社会、学科、学校和教师个人四个方面，要提高高校思想政治理论课教师的职业认同，就必须创设有利于高校思想政治理论课教师职业认同的社会环境。高校要进一步完善教师培养培训制度。《中共中央宣传部　教育

① 中共中央马克思恩格斯列宁斯大林著作编译局编译：《马克思恩格斯全集》（第四十二卷），北京：人民出版社 1979 年版，第 155 页。

② 邓小平：《邓小平文选》（第二卷），北京：人民出版社 1994 年版，第 211 页。

③ 莫岳云、陈敏：《改革开放以来党对高校思想政治理论课指导的历史经验》，《思想理论教育导刊》2009 年第 3 期。

部关于进一步加强和改进高等学校思想政治理论课的意见》中明确提出："要建立和完善思想政治理论课教师队伍培训体系,加强高等学校思想政治理论课教师队伍建设。采取脱产进修、攻读学位、名师指导、社会考察、国内外学术交流等措施,力争在5年内培训数百名学术带头人和数千名骨干教师。"[1] 逐步健全完善国家示范培训、省级分批轮训、学校全员培训紧密衔接、相互补充的三级培训体系;统筹规划培训内容,系统设计培训形式,组织编写培训教材,提炼形成满足不同层面需要的菜单式培训方案。中央宣传部、教育部应举办骨干教师、新进教师、新修订教材使用、社会实践研修等示范培训。将高校思想政治理论课教学科研骨干培养与干部队伍建设结合起来,支持教学科研骨干、马克思主义学院负责人到相关部门挂职或实践锻炼。探索运用网络开展远程培训,运用微信公众号开展微培训,增强培训灵活性、时效性,扩大培训覆盖面。各地各高校要认真贯彻落实《普通高等学校思想政治理论课教师队伍培养规划(2013—2017年)》,研究制订具体实施计划。

三是改进教学方法,不断深化社会主义核心价值观教育。新时代为了推动思想政治理论课改革创新,不断增强思想政治理论课的思想性、理论性、亲和力和针对性,中央财经大学在其下属马克思主义学院组建教学研究团队,探索出问题链教学法。"问题链教学法是指在思政课教学中,教师依据教学目标将教学内容设置成以问题为纽带、以知识形成发展和培养学生思维能力为主线、以师生合作互动为基本形式的新型教学模式。"[2] 实施问题链教学法,关键在设置问题,要领在问题成链。因此,要注重设置贴近学生学习和生活实际的问题、注重问题之间形成逻辑链条、注重教师与学生围绕问题互动。通过解答问题引导学生穿越理论障碍和思想迷雾,使教学从抽象走向具体、从概念走向事实;让学生由课堂的"旁观者"变为课堂的"主人翁",感受深邃思想、深刻理论的魅力,从而调动学生学习的自觉性和主动性,不断增强教学针对性和连贯性。习近平总书记指出:"要通过教育引导、舆论宣传、文化熏陶、实践养成、制度保障等,使社会主义核心价值观内化为人们的精神追求,外化为人们的自觉行动。"[3] 要不断深化教学研究与理论研究。实施教学攻关行动计划,统筹社会专家资源建立教学改革智库,开展教学重点问题研究,建立教学热点难点定期搜集解答制度,为深化教学改革、增强教学

---

[1] 教育部思想政治工作司组编:《加强和改进大学生思想政治教育重要文献选编(1978—2014)》,北京:知识产权出版社2015年版,第295-296页。

[2] 何秀超:《问题链教学法让思政课活起来》,《人民日报》,2019年5月24日。

[3] 中共中央宣传部编:《习近平总书记系列重要讲话读本》,北京:学习出版社、人民出版社2014年版,第94页。

效果提供有力支撑；实施集体备课制度，深入开展多种形式的教学讨论和辩论，加强对各门课程教学设计的研究，加强对不同课程之间内容衔接的研究，加强对教案编写、课件制作、课堂教学组织的研究，努力形成一批精彩教案、精彩课件，打造一批精彩课堂。设立"高校马克思主义理论教学与研究文库"出版资助项目，推出优秀的马克思主义理论学科和思想政治理论课教学学术专著。各地各高校要积极鼓励广大教师开展理论研究，推动马克思主义中国化理论创新，研究回答重大理论和现实问题；培育推广优秀教学方法，选取若干所高校建立教学改革试验基地，统筹课堂教学、实践教学、网络教学建设，充分发挥课堂教学的主渠道作用和实践教学、网络教学的有效补充作用，积极开展高校思想政治理论课综合改革试点探索。依托教学指导委员会制定教学方法改革建议，鼓励创新教学模式。实施教学方法改革项目"择优推广计划"，遴选和培育形式新颖、效果良好、受学生欢迎的优秀思想政治理论课教学方法改革项目，完善项目遴选、培育和推广机制；深入开展社会主义核心价值观教育，加强法治教育，坚持不懈地推动中国特色社会主义理论体系进教材、进课堂、进头脑，不断改善高校思想政治理论课教学状况，努力把高校思想政治理论课建设成为学生真心喜爱、终身受益、毕生难忘的优秀课程；培育推广理论联系实际，富有吸引力、感染力的多种教学方法，改革教学方法，创新教学艺术，倡导集体备课和名师引领，强化问题意识和团队攻关，注重发挥教与学两个积极性，形成第一课堂与第二课堂、理论教学与实践教学、课堂教学与网络教学相互支撑，理念手段先进，方式方法多样，组织管理高效的高校思想政治理论课教学体系。

四是优化学科建设，加强马克思主义理论学科规范化建设。学科支撑是确保高校思想政治理论课建设取得成效的重要基础。马克思主义理论学科的形成和发展有多方面的基础，也面临着诸多的问题和挑战。从传统的理论教育到今天的学科化发展，马克思主义理论学科建设经历了从不完善到完善并逐步走向系统化、科学化的发展过程，在理论上和实践中都积累了丰富的经验。但是，马克思主义理论学科建设的方向与基本内容该如何坚持和深化，还并未在理论上和实践中得以解决。高校思想政治理论课建设体系创新是一个复杂的系统工程，需要全面、总体的把握。过去高校思想政治理论课教育教学效果之所以不佳，与忽视思想政治理论课整体性的存在有一定的关系。因而，鉴于过去课程设置的经验教训，"05方案"的确立在很大程度上改变了过去高校思想政治理论课离散化的学科支撑状态，注重课程建设的整体性。因而，高校思想政治理论课建设体系创新必须要有一个整体的视角，建立起立体化的学科支撑体系，这是确保高校思想政治理论课建设取得成效的重要基础。学科体系的整体性、科学性建设本身就是为了支撑和促进课程体系的良好发展。2006 年《国家"十一五"时期文化发展规划纲要》中要求建立马克思主义学科体系，其中，马克思主义理论为一级学科，下设马克思主义基本原理、马克思主义发展史、马克思主义中国化研究、国外马克思主义研究、思想政治教育 5 个二级学科，建立了"以马克思主义基本原理、以哲学社会科学等分领域研究为支撑的马克思主义学科体系"，为高校的思想政治理论课教育教学工作做好理论服务和学科支撑。2005 年设立的马克思主义理论学科，至今已走过十多年的发展历程，其原来学科本位的发展理念，在如今思想多元、舆情复杂的情况下，已然开始转向内源性的学科拓展。而如何拓展马克思主义理论学科视野、提升学科影响力、增强学科引领和整合能力，则需要协调和处理好学科整体及学科与其他人文社会科学间的关系问题，从某种意义上说，就是要处理好学科的边界问题。新形势下要提炼学科方向，汇聚学科队伍，扩大学科影响，把马克思主义理论学科建设成为哲学社会科学优势学科，构建以马克思主义理论学科为引领、相关学科为补充、有效支撑高校思想政治理论课建设的学科体系。

要发挥哲学社会科学其他学科的支撑作用。深入推进哲学社会科学教学科研骨干研修工作，组织广大哲学社会科学教师系统学习马克思主义理论和党的路线方针政策。各高校要支持马克思主义理论学科与其他学科开展交叉研究，形成一批具有学科特色和广泛影响的理论创新成果。设立马克思主义理论一级学科来支撑思想政治理论课与过去最大的不同在于："马克思主义理论作为一个整体去支撑思想政治理论课，即马克思主义理论内部各要素形成合力去支撑思想政治理论课建设。"[1] 要注重哲学社会科学研究成果在高校思想政治理论课教学中的运用，定期向高校思想政治理论课教师摘发参考资料。推动马克思主义中国化最新成果的普及教育研究，组织哲学社会科学专家编写一批通俗理论读物，创作一批音像作品，为高校思想政治理论课提供鲜活、生动、接地气的教学素材。加强马克思主义理论学科的支撑，在深化马克思主义整体性研究的基础上，还需要不断地打造极富特色的学科话语体系，为高校思想政治理论课建设提供坚强的理论话语支撑，这也是时代所赋予的重要使命。2016 年 5 月 17 日，习近平总书记在哲学社会科学工作座谈会上明确指出：正处于大变革之中的中国需要在马克思主义指导下构建具有中国特色的理论话语体系、学科体系与学术体系，"在指导思想、学科体系、学术体

① 邱仁富：《整体性思维与思想政治理论课学科支撑的路径创新》，《学术论坛》2014 年第 1 期。

系、话语体系等方面充分体现中国特色、中国风格、中国气派"①。习近平总书记的讲话为马克思主义理论学科的发展指明了方向。话语体系的发展是一个渐进的过程，人类文明的发展过程也是一个漫长的话语转化过程。但是，人的话语形式一定程度上是受其所处时代条件的限制，而且只有符合所处时代的特点，人的思想才能通过话语得以向外更好地传播，所以，话语的表达应贴合时代。马克思主义理论学科应积极回应时代提出的问题，构建大学生喜闻乐见、易于接受的话语体系，从而达到强化大学生的政治意识、增进政治认同的目的，牢牢掌握话语主导权，巩固马克思主义在意识形态领域的指导地位。② 与过去中国革命和社会主义建设初期的时代不同，马克思主义理论学科要达到意识形态教育目的，必须善于运用现代话语、借鉴大众的话语传播方式，甚至是积极改造大众话语，在使其更富理论性的同时，也不失大众可接受和欢迎的话语风格。社会的变革需要思想的支撑，变革的实践依赖理论的指导，主导的理论需要话语的传播。推进马克思主义学科话语体系建设，必须立足于中国的实践、立足于中国的现实和时代特征。

五是在学院建设方面，重点建设一批教学科研皆强的马克思主义学院。从 20 世纪 90 年代初期到 90 年代末期，伴随着高等教育管理体制和运行体制的改革，承担单一教学功能的高校思想政治理论课教学单位越来越表现出其发展的局限性，因此，科学研究也逐渐列入高校思想政治理论课教学单位的建设任务。这种变化一方面增加了高校思想政治理论课教师的任务和压力，要求高校思想政治理论课教师除了完成教学任务以外，还必须完成相应的科学研究任务；另一方面，也促进了高校思想政治理论课教师身份的转变，逐渐有了自己相对独立的研究范围和领域。高校思想政治理论课教师不仅承担着培养人才、提升学生思想政治素质的任务，而且承担着一定的科学研究任务，还承担着为我国国民经济和社会发展提供精神动力和智力支持的任务，这就使得高校思想政治理论课教学单位建设进入一个新的阶段，即教学与科研相辅相成阶段。科学研究任务的引入，提升了高校思想政治理论课教师的理论水平，但也给高校思想政治理论课教学单位提出了更为复杂的建设任务：逐步构建重点突出、载体丰富、协同创新的高校思想政治理论课建设体系。健全独立二级机构，重点建设一批马克思主义学院，稳定经费投入渠道，强化高校党委责任，不断健全基本要求具体、责任分工明确、政策制度完善、

---

① 习近平：《习近平谈治国理政》（第二卷），北京：外文出版社 2017 年版，第 338 页。

② 吴宏亮：《论高校思想政治理论课话语体系的"三个转换"》，《思想理论教育导刊》2014 年第 6 期。

有利于形成工作合力的高校思想政治理论课建设保障体系。党的十八大以来，国家对马克思主义学院建设高度重视，对加强马克思主义学院建设作了一系列重要批示。教育部连续 4 年组织开展《高等学校思想政治理论课建设标准》专项督查，推动各地高校加强思想政治理论课教学科研机构建设。全国 94%的本科高校设置了独立的思想政治理论课教学科研二级机构，为加强和推进高校思想政治理论课、马克思主义理论学科建设提供了坚实的机构保障和制度支撑，搭建了良好的教学和科研平台。在新时代，建设马克思主义学院是一个系统工程，需要多方面协同进行。其中，加强队伍建设是保障，提高教学质量是核心，提升科研水平是关键，积极服务社会是要求，这四个方面是紧密联系、互相促进的"四位一体"的有机整体。高校马克思主义学院应该将这四个方面作为一个整体来建设，只有这样才能使高校马克思主义学院建设在总体上呈持续、健康、快速的发展，成为具有高学术水平和稳定教师队伍的教学与学术机构，实现立德树人的根本任务。

六是健全完善评价标准，明确评价导向，优化评价机制。高校思想政治理论课教师作为"党的理论、路线、方针、政策的宣讲者，大学生健康成长的指导者和引路人"[①]，其工作就是用科学的理论，正确的立场、观点和方法，帮助大学生提高其思想政治觉悟，统一其思想和行动。在具体的考评原则上应坚持全面考核与突出重点相结合，全面考核教师的师德师风、科学研究、教育教学、专业发展、社会服务等内容，同时针对当前教师队伍发展的重点问题和薄弱环节，进行现实考察和评价；坚持分类指导与分层次考核评价相结合，根据高校的不同类型或高校中不同类型教师的岗位职责和工作特点，以及教师所处职业生涯的不同阶段，分类、分层次、分学科设置考核内容和考核方式，健全教师分类管理和评价办法。要注重与教师的及时沟通和反馈，科学分析教师在考核评价中体现出来的优势与不足，根据教师现有表现与职业发展目标的差距以及影响教师职业发展的因素，制订教师培养培训计划，提供相应的帮助和指引，促进全体教师可持续发展；合理运用考核评价结果，充分尊重和切实保障高校教师在办学中的主体地位，加强考核评价结果运用，考核评价结果要作为绩效分配、评优评先、职称评定、继续培养的重要依据，充分发挥考核评价的激励、鉴定、指导、教育等综合功能。"学术研究无禁区，课堂讲授有纪律。"[②] 在课堂和其他公共场所、宣传阵地具备强烈的纪律

① 鲍莉炜：《大力推动思想政治理论课教师队伍建设》，《思想理论教育导刊》2013 年第 8 期。

② 教育部思想政治工作司组编：《加强和改进大学生思想政治教育重要文献选编（1978—2014）》，北京：知识产权出版社 2015 年版，第 596 页。

意识，是思想政治理论课教师的必备素质。对教师的工作进行科学公正的评价、对他们的工作成果给予充分的肯定，同时指出其工作中的不足并指导其后续发展，是激发教师工作积极性、促进教师专业发展潜力和建设高水平师资队伍的基本前提和关键途径。当前高校思想政治理论课教师考核评价制度基本与专业课教师考核评价制度雷同，考核方式单一，并未体现出高校思想政治理论课教师的特殊性。这种将两类教师混同考核的方式难以真实、客观、准确地反映出高校思想政治理论课教师的实际教学能力。从根本上而言，高校思想政治理论课应当属于素质教育的范畴，有自身的特点。它是一门将思想与知识融为一体的课程，目的是让大学生形成正确的政治观、人生观和价值观，为实现中华民族的伟大复兴培养合格的建设者和接班人。要坚持评建结合，管理与服务并重，紧密结合高校思想政治理论课教材、教师、教学等实际，构建有利于激发各方面积极性、全面系统、科学规范、运行有效的综合评价体系。

综上，推进高校思想政治理论课的教育过程创新，要实现全程育人、全方位育人，开创我国高等教育事业发展新局面，努力构建全方位、全领域、全要素的思想政治教育工作体系；要加强教师队伍建设，进一步强化思想政治理论课教师的学科建设意识，建立科学合理的考评激励机制，增强思想政治理论课教师职业认同的内动力。

三、新时代高校思想政治理论课创新发展主要方略

新时代高校思想政治理论课的创新涉及面广，是一个多层次、多角度的创新过程，是一个综合的创新体系，具体来说，包括以下几个方面的创新：

1. 新时代高校思想政治理论课的继承性创新

"不忘历史才能开辟未来，善于继承才能善于创新。"① 十九大报告指出，"中国特色社会主义文化，源自于中华民族五千多年文明历史所孕育的中华优秀传统文化，熔铸于党领导人民在革命、建设、改革中创造的革命文化和社会主义先进文化，植根于中国特色社会主义伟大实践。发展中国特色社会主义文化，就是以马克思主义为指导，坚守中华文化立场，立足当代中国现实，结合当今时代条件，发展面向现代化、面向世界、面向未来的，民族的科学的大众的社会主义文化，推动社会主义精神文明和物质文明协调发展。要坚

---

① 习近平:《习近平谈治国理政》（第二卷），北京：外文出版社 2017 年版，第 313 页。

持为人民服务、为社会主义服务，坚持百花齐放、百家争鸣，坚持创造性转化、创新性发展，不断铸就中华文化新辉煌"①。习近平总书记强调中华民族优秀传统文化在培育和践行社会主义核心价值观中的作用，并指出"对中国人民和中华民族的优秀文化和光荣历史，要加大正面宣传力度，通过学校教育、理论研究、历史研究、影视作品、文学作品等多种方式，加强爱国主义、集体主义、社会主义教育，引导我国人民树立和坚持正确的历史观、民族观、国家观、文化观，增强做中国人的骨气和底气"②。高校思想政治理论课是社会主义意识形态建设的主渠道和主阵地，经过多年建设已经取得了丰硕的成果，但仍需更加突出中国特色，要进一步将中华优秀传统文化融入高校思想政治理论课中，实现高校思想政治理论课的创造性转换。习近平总书记在北京大学师生座谈会上指出："中华文明绵延数千年，有其独特的价值体系。中华优秀传统文化已经成为中华民族的基因，植根在中国人内心，潜移默化影响着中国人的思想方式和行为方式。今天，我们提倡和弘扬社会主义核心价值观，必须从中汲取丰富营养，否则就不会有生命力和影响力。"③ 习近平总书记在省部级主要领导干部学习贯彻党的十八届五中全会精神专题研讨班上的讲话中，对中华优秀文化的发展提出了时代要求，"要坚持社会主义先进文化前进方向，……用中华优秀传统文化为人民提供丰润的道德滋养，提高精神文明建设水平"④。习近平总书记的系列重要讲话为高校思想政治理论课课程建设和创新提供了重要的理论指导、丰富的理论内涵和坚实的理论依据。传统文化是中华民族几千年的历史文化沉淀，是中华民族最宝贵的精神财富和力量源泉。充分发挥和挖掘中华优秀传统文化在大学生思想政治教育中的价值，对于加强和改进大学生思想政治教育具有重要意义。

2. 新时代高校思想政治理论课的时代性创新

邓小平同志指出："马克思主义理论从来不是教条，而是行动的指南。它要求人们根据它的基本原则和基本方法，不断结合变化着的实际，探索解决新问题的答案，从而也发展马克思主义理论本身。"⑤ 每个时代都有与这个时代相适应的核心价值观。习近平总书记指出："一个民族的文明进步，一个国家的发展壮大，需要一代又一代人接力努力，需要很多力量来推动，核心价

---

① 习近平：《决胜全面建成小康社会　夺取新时代中国特色社会主义伟大胜利——在中国共产党第十九次全国代表大会上的报告（2017 年 10 月 18 日）》，北京：人民出版社 2017 年版，第 41 页。
② 习近平：《习近平谈治国理政》（第一卷），北京：外文出版社 2018 年版，第 162 页。
③ 习近平：《习近平谈治国理政》（第一卷），北京：外文出版社 2018 年版，第 170 页。
④ 习近平：《习近平谈治国理政》（第二卷），北京：外文出版社 2017 年版，第 206 页。
⑤ 邓小平：《邓小平文选》（第三卷），北京：人民出版社 1993 年版，第 146 页。

值观是其中最持久最深沉的力量。"① 在当今时代，国际政治、经济格局的变革调整，科学技术的迅速发展，各种新的社会文化思潮的产生，通过现代信息渠道的快速传播，都会影响着人们的思想观念和行为方式。针对当今时代出现的文化多元化和人们价值取向多元化等特点，社会主义核心价值体系为人们的道德认识、道德观念、道德行为提供了准则。高校思想政治理论课在有机整合与运用思想政治教育情境资源时一定要坚持以中国特色社会主义理论体系为指导，坚持以社会主义核心价值体系为导向的原则，从而为受教育者的思想道德素质的提高和健康成长发挥启示和导航作用。创新是根据大学生的身心发展特点，结合时代发展的特征，充分合理利用好现有德育资源，并在此基础上，发现新的德育资源，开发新的途径和方法。因此，思想政治教育者首先要根据新问题、新情况，不断推陈出新，使思想政治教育富有时代气息，体现时代走向和时代精神。其次，经常更新思想政治教育资源。这里所指的思想政治教育资源不是指以往的或旧时代的思想政治教育资源，而是指新开发的思想政治教育资源。这种更新并不是简单意义上的挖掘、开发，而是基于已有的思想政治教育资源的存在价值，赋予其新的时代内涵。经常更新思想政治教育资源，才能保证其可持续发展。面对多样化的文化形态的挑战，要以习近平新时代中国特色社会主义思想为指导，实现高校思想政治理论课的创新性发展。改变高校思想政治理论课内容不适应实际需求、"配方"陈旧、"工艺"粗糙、"包装"不时尚的状况。要运用新媒体技术将时代特色融入高校思想政治理论课中。

3. 新时代高校思想政治理论课的结合性创新

真正将理论与实践相结合，育德与育心相结合。以核心价值观为统领，引导大学生学习并继承优秀传统文化、革命文化、社会主义文化，健康成长、修身养性。高校思想政治理论课是一门思想性与实践性都很强的课程，大学生的学习空间不仅在于课堂，学习内容的载体也必须从教材转向丰富多彩的社会实际。网络提供的学习环境是一个开放式的、自由的空间，应鼓励大学生按照自己的爱好、环境、心境，选择适合自己的学习内容和过程，从而创建和形成个性化的学习方式。网络思想政治教育主要是以计算机为媒介，通过互联网的传播，引导人们在接触大量的、全面的信息的同时，去其糟粕、取其精华，从而实现思想政治教育的目的。思想政治教育是一项系统工程，需要多方人员的配合、协作。思想政治教育主体不仅包括学校专业教师、辅导员、行政部门人员，也包括大学生自身，同时还包括党政机关思想政治工

---

① 习近平：《习近平谈治国理政》（第一卷），北京：外文出版社 2018 年版，第 180 页。

作者、宣传人员以及大学生家长和社区工作人员等，他们都是潜力无限的思想政治教育主体。只有充分整合思想政治教育主体，才能切实提高思想政治教育效益。用系统的观念来引导思想政治教育资源的有机结合，系统的观念就是把思想政治教育系统看作彼此之间相互联系、相互依赖、相互影响、相互制约、相互作用的有机统一体。习近平总书记在 2019 年 3 月 18 日学校思想政治理论课教师座谈会上指出，"要坚持显性教育和隐性教育相统一，挖掘其他课程和教学方式中蕴含的思想政治教育资源，实现全员全程全方位育人"①。各种思想政治教育资源之间是有内在联系的，对其进行系统、深入、全面的分析，剖析思想政治教育系统之间的内在关系，有助于科学、合理地整合思想政治教育资源，最大限度地发挥其思想政治教育功能。当前，一些思想政治教育资源仍处于闲置、浪费的状态，并且处于松散无序的状态，只有用系统的观念来有机整合思想政治教育资源，把思想政治教育系统看成一个有机统一体，合理化配置思想政治教育资源，系列化运用思想政治教育资源，才能实现思想政治教育资源的结构和功能的优化、互补增值价值，实现最大的思想政治教育效益。对思想政治教育资源进行合理的配置，不仅要对其进行外部的整合，还要依据其自身的内在联系进行有机整合。依照思想政治教育资源的内在联系，遵循其功能发挥的内在规律对其进行有机整合，以提高思想政治教育的效果。

4. 新时代高校思想政治理论课的综合性创新

毛泽东同志指出："思想政治工作，各个部门都要负责任。共产党应该管，青年团应该管，政府主管部门应该管，学校的校长教师更应该管。我们的教育方针，应该使受教育者在德育、智育、体育几方面都得到发展，成为有社会主义觉悟的有文化的劳动者。"② 在高校思想政治理论课建设体系创新中应树立协同合作的理念，"齐心协力是做好工作的前提。只有群策群力，同心同理，才能汇聚所有能量，形成统一整体，产生巨大的推动力"③。高校思想政治理论课涉及多个要素与环节，包括教材、教师队伍、课程、教学、学科、学院建设、制度保障、组织保障等，需要将这些要素整合起来进行综合创新。各思想政治教育主体之间应实现思想政治教育资源共建共享，通过分工合作、交流沟通，共同完成思想政治教育资源的整合，分享共同的成果，

---

① 习近平《用新时代中国特色社会主义思想铸魂育人 贯彻党的教育方针落实立德树人根本任务》，《人民日报》，2019 年 3 月 19 日。

② 毛泽东：《毛泽东著作选读》（下），北京：人民出版社 1986 年版，第 780 页。

③ 刘社欣：《思想政治教育合力研究》，北京：人民出版社 2013 年版，第 162 页。

避免重复劳动，提升工作效率。大学生作为思想政治教育资源主要的使用者和受益者，思想政治理论课教师应当特别注重与其共建共享思想政治教育资源。例如，鼓励大学生通过网络平台上传合适的资源，经教师审阅整理后加入教学资源中，以便不断更新资源，实现网络教学资源的动态发展，同时有助于提升大学生使用资源的主动性和积极性。此外，在进行思想政治教育资源整合的过程中，应加强与校内相关部门、校外同类院校、校外其他相关资源主体的交流与沟通，分享优质资源，避免重复建设，建立共享共建的激励机制，通过共享促进共建，通过政策倾斜促进资源建设，以此使教学资源在教师、大学生、其他相关部门和单位协同的信息交流中得到持续更新，保证教学资源的动态发展，保持其鲜活度。

5. 新时代高校思想政治理论课的理论创新

高校思想政治理论课要做到以文化人、以文育人。

一是改革课程设置，使课程结构更加完善合理。从改革开放以来高校思想政治理论课体系演化的过程来看，特别是从"85方案"到"98方案"再到"05方案"演化的持续发展过程来看，高校思想政治理论课建设的基本思路可以概括为："确立一个意识、融合两类课程、涵盖三个层面、把握四个统一。"改革开放以来高校思想政治理论课课程改革与创新历经了四个阶段，改革主要涉及课程内容、教学方法、教学载体、教学方式等方面。通过改革与创新推动高校思想政治理论课内容体系的逐步完整化、系统化和科学化，使高校思想政治理论课更加适应社会发展及大学生成长的需要，更加贴近大学生生活实际，充分调动大学生学习的积极性，为提高大学生的思想政治素质、培养全面发展的合格人才发挥十分重要的作用。

二是将习近平新时代中国特色社会主义思想融入高校思想政治理论课。"大家要把学习贯彻党的十九大精神作为第一堂党课、第一堂政治必修课，努力提高自己的政治素养和思想理论水平，以更好担负起党和人民赋予的重要职责。"[1] 十九大报告指出，新时代坚持和发展中国特色社会主义的总目标、总任务、总体布局、战略布局和发展方向、发展方式、发展动力、战略步骤、外部条件、政治保证等基本问题，并且要根据新的实践对经济、政治、法治、科技、文化、教育、民生、民族、宗教、社会、生态文明、国家安全、国防和军队、"一国两制"和祖国统一、统一战线、外交、党的建设等各方面作出

① 习近平：《切实学懂弄通做实党的十九大精神　努力在新时代开启新征程续写新篇章》，《人民日报》，2017年10月29日。

理论分析和政策指导，以利于更好坚持和发展中国特色社会主义。① 新时代中国特色社会主义思想，明确坚持和发展中国特色社会主义，总任务是实现社会主义现代化和中华民族伟大复兴，在全面建成小康社会的基础上分两步走，在 21 世纪中叶建成富强、民主、文明、和谐、美丽的社会主义现代化强国；明确新时代我国社会主要矛盾是人民日益增长的美好生活需要和不平衡、不充分的发展之间的矛盾，必须坚持以人民为中心的发展思想，不断促进人的全面发展、全体人民共同富裕；明确中国特色社会主义事业总体布局是"五位一体"、战略布局是"四个全面"，强调坚定道路自信、理论自信、制度自信、文化自信。要推动"五位一体"总体布局、"四个全面"战略布局重要思想进教材、进课堂、进头脑，是当前高校思想政治理论课教育教学的一项重要政治任务。"四个全面"战略布局是研究和解决中国经济社会发展突出问题的系统而科学的理论体系。推动"四个全面"战略布局重要思想进教材、进课堂、进头脑，要以问题为导向，深化教学改革，创新教学理念、教学内容和教学方法，树立改革意识、抓住关键群体、注重协调推进，务求高校思想政治理论课教学实效。

三是将中国优秀传统文化经过创造性的转换融入高校思想政治理论课。十九大报告指出，"文化自信是一个国家、一个民族发展中更基本、更深沉、更持久的力量。必须坚持马克思主义，牢固树立共产主义远大理想和中国特色社会主义共同理想，培育和践行社会主义核心价值观，不断增强意识形态领域主导权和话语权，推动中华优秀传统文化创造性转化、创新性发展，继承革命文化，发展社会主义先进文化，不忘本来、吸收外来、面向未来，更好构筑中国精神、中国价值、中国力量，为人民提供精神指引"②。"坚定文化自信，离不开对中华民族历史的认知和运用。历史是一面镜子，从历史中，我们能够更好看清世界、参透生活、认识自己；历史也是一位智者，同历史对话，我们能够更好认识过去、把握当下、面向未来。"③ 因此，高校思想政治理论课要讲清楚每个国家和民族的历史传统、文化积淀、基本国情不同，其发展道路必然有着自己的特色；讲清楚中华文化积淀着中华民族最深沉的精神追求，是中华民族生生不息、发展壮大的丰厚滋养；讲清楚中华优秀传统文化是中华民族的突出优势，是我们最深厚的文化软实力；讲清楚中国特

---

① 习近平：《决胜全面建成小康社会　夺取新时代中国特色社会主义伟大胜利——在中国共产党第十九次全国代表大会上的报告（2017 年 10 月 18 日）》，北京：人民出版社 2017 年版，第 18 页。

② 习近平：《决胜全面建成小康社会　夺取新时代中国特色社会主义伟大胜利——在中国共产党第十九次全国代表大会上的报告（2017 年 10 月 18 日）》，北京：人民出版社 2017 年版，第 23 页。

③ 习近平：《习近平谈治国理政》（第二卷），北京：外文出版社 2017 年版，第 351 页。

色社会主义植根于中华文化沃土、反映中国人民意愿、适应中国和时代发展进步要求，有着深厚历史渊源和广泛现实基础。中华优秀传统文化所蕴含的价值理念与社会主义核心价值观有许多相通相融的地方，如"和谐""文明""友善""公正"等既是中华优秀传统文化的价值理念，又是社会主义核心价值观的重要内容。社会主义核心价值观的基本内涵是对中华优秀传统文化的继承和发展。[①] 马克思主义与中华优秀传统文化具有内在的交融性与一致性。一方面，中华优秀传统文化是马克思主义中国化的深厚土壤；另一方面，马克思主义中国化内在包含着中华优秀传统文化的精神财富。这种内在的交融性与一致性表明，中华优秀传统文化是高校思想政治理论课教学有效性的文化根基。高校思想政治理论课教师要在实践上积极探索、在理论上深化研究，将中华优秀传统文化有效融入高校思想政治理论课教学，从而实现高校思想政治理论课教学政治功能和文化使命的有机统一。中华优秀传统文化不仅是社会主义核心价值观的肥沃土壤、思想资源和源头活水，而且蕴含着社会主义核心价值观的精神要素。社会主义核心价值观是中华优秀传统文化的创造性转化和超越性升华。培育和践行社会主义核心价值观既要求传承和弘扬中华优秀传统文化，也要求对中华优秀传统文化作出创造性转化和创新性发展，促进中华优秀传统文化的当代发展，以达到超越以往的新境界、新水平，创造中华优秀传统文化的新形态、新辉煌。

四是将社会主义核心价值观融入高校思想政治理论课。"社会主义核心价值观是当代中国精神的集中体现，是凝聚中国力量的思想道德基础。"[②] 党的十九大报告指出："人民有信仰，国家有力量，民族有希望。要提高人民思想觉悟、道德水准、文明素养，提高全社会文明程度。广泛开展理想信念教育，深化中国特色社会主义和中国梦宣传教育，弘扬民族精神和时代精神，加强爱国主义、集体主义、社会主义教育，引导人们树立正确的历史观、民族观、国家观、文化观。深入实施公民道德建设工程，推进社会公德、职业道德、家庭美德、个人品德建设，激励人们向上向善、孝老爱亲，忠于祖国、忠于人民。加强和改进思想政治工作，深化群众性精神文明创建活动。弘扬科学精神，普及科学知识，开展移风易俗、弘扬时代新风行动，抵制腐朽落后文化侵蚀。推进诚信建设和志愿服务制度化，强化社会责任意识、规则意识、

① 张师帅：《论优秀传统文化在大学生思想政治教育中的价值及其实现》，《国家教育行政学院学报》2015 年第 8 期。
② 习近平：《习近平谈治国理政》（第二卷），北京：外文出版社 2017 年版，第 351 页。

奉献意识。"① 高校思想政治教育是培育和践行社会主义核心价值观的重要渠道。两者在人的自由全面发展、弘扬集体主义原则上具有内在的契合点。习近平强调，"学习贯彻党的十九大精神，要在学懂上下功夫。学懂是前提。党的十九大提出了许多新理念、新论断，确定了许多新任务、新举措，需要通过学习来准确领会。关键是要多思多想，努力掌握党的十九大精神的政治意义、历史意义、理论意义、实践意义。要注重采取理论和实践、历史和现实、当前和未来相结合的方法，把每一点都领会深、领会透。要坚持马克思主义立场观点方法，从我国实际出发，遵循我国发展的逻辑，增强中国特色社会主义道路自信、理论自信、制度自信、文化自信"②。教育者的人格浸润、教育对象的自我内化、教育方法的潜隐结合、环境的濡染是社会主义核心价值观融入高校思想政治教育的现实途径。环境合力、文化成果共享、教育主体互动是促进社会主义核心价值观融入高校思想政治理论课的着力点。

6. 新时代高校思想政治理论课的实践创新

高校思想政治理论课要发挥实践育人的作用。列宁指出："要把马克思主义理论应用于实践，并被实践所检验。不然，容易产生一些空想家或者书呆子。"③ 毛泽东同志在《实践论》中提出："在实践中，人们不仅可以发现真理，还能通过实践对真理进行证实和发展，形成实践—认识—再实践—再认识的不断循环过程。"④ 中央宣传部、教育部出台的《普通高校思想政治理论课建设体系创新计划》指出，实施高校思想政治理论课建设体系创新要改革教学方法，创新教学艺术，注重发挥教与学两个积极性，形成第一课堂与第二课堂、理论教学与实践教学、课堂教学与网络教学相互支撑，理念手段先进、方式方法多样、组织管理高效的思想政治理论课教学体系。⑤ 高校校园文化建设是以文化人、以文育人的重要环节，要广泛开展文明校园创建，开展形式多样、健康向上、格调高雅的校园文化活动，广泛开展各类社会实践。列宁说，"学习、教育和训练如果只限于学校以内，而与沸腾的实际生活相脱

---

① 习近平：《决胜全面建成小康社会　夺取新时代中国特色社会主义伟大胜利——在中国共产党第十九次全国代表大会上的报告（2017年10月18日）》，北京：人民出版社2017年版，第43页。
② 习近平：《切实学懂弄通做实党的十九大精神　努力在新时代开启新征程续写新篇章》，《人民日报》，2017年10月29日。
③ 中共中央马克思恩格斯列宁斯大林著作编译局编译：《列宁全集》（第三卷），北京：人民出版社1995年版，第283页。
④ 毛泽东：《毛泽东选集》（第一卷），北京：人民出版社1991年版，第296-297页。
⑤ 李国娟：《中华优秀传统文化引入高校思想政治理论课教学研究》，《思想理论教育》2014年第7期。

离，那我们是不会信赖的"①。要坚持教师讲授与学生参与相结合，注重师生教学互动，充分调动学生学习的主动性和积极性。互动教学是在课堂教学活动中，通过教师与学生以及学生与学生之间多种途径的沟通、交流与共同探讨，以达到激发学生学习的积极性、主动性和创新性，提高教学实效性的一种课堂教学方式。互动教学打破了传统灌输教学的沉闷氛围，可以促进师生的多维互动和共同进步。践行高校思想政治理论课互动教学理念，需要以具体的互动教学方式为载体。

一是增强校园文化在高校思想政治教育中的作用。在网络环境下，高校校园文化建设出现了许多新情况、新问题。中华民族实现现代化，不仅要汲取西方先进的物质和精神文明，也需要本民族文化价值观念创造性的"复兴"。在开放性的网络环境中，高校校园文化建设要始终坚持马克思主义的指导地位，弘扬民族文化特别是中国特色社会主义文化的主旋律，同时又要尊重多样性，提倡多样化，增强校园文化的生命力和创新力，促进校园精神文化品质的提升。要实施高校学生马克思主义自主学习行动计划，充分发挥学生理论学习的主体作用。围绕社会主义核心价值观进行课堂教学，开展高校学生多媒体创作展示活动。围绕高校思想政治理论课热点、难点问题，组织开展全国高校学生系列主题理论学习讨论会，让学生围绕一些主题在讨论中增进价值认同、增强理论自信。为此，应遵循的指导原则是主流统领原则、和谐共生原则、以人为本原则、知行合一原则、传承创新原则。高校校园文化促进思想政治教育实效性的路径有构建主导价值体系，筑牢思想政治教育工作的思想基础；培育现代校园精神，推动思想政治教育内涵式发展；优化校园文化活动，丰富思想政治教育工作的平台载体；营造校园文化氛围，创设思想政治教育工作的良好环境。随着社会主义市场经济的推进，传统的思想政治教育方式面临着如思想政治教育客体的参与意识和务实意识增强等严峻的挑战。高校校园文化作为潜在的教育力量，既是高校思想政治教育的载体，也是高校思想政治教育创新的重要途径。要全面改善学生思想政治教育的现状，必须重视校园文化的建设。

二是增强隐性思想政治教育资源的内承载作用，这是提高思想政治教育实效性的重要保障。渗透性教育是指教育者依据一定的教育目的，遵循教学规律，运用渗透思维，通过间接的或隐蔽的形式感染、熏陶受教育者，在潜移默化中影响受教育者的思想和行为。同时，它还是一种民主平等和循序渐

① 中共中央马克思恩格斯列宁斯大林著作编译局编译：《列宁选集》（第四卷），北京：人民出版社1996年版，第355页。

进的教育，榜样（典型）、案例、环境和健康有益的活动等是其有效载体。渗透性教育具有非强制性、愉悦性、隐蔽性、无意识性的特点，因此，它可以淡化教育的痕迹，使教学更加生动化、形象化、具体化，从而有利于调动被教育者参加活动的积极性，使受教育者在潜移默化中接受陶冶，让受教育者把课堂上学到的理论在耳濡目染、润物细无声的实践活动中深化，在认识社会、锻炼自我的过程中外化，使受教育者心悦诚服，达到非常理想的实践教学效果。高校校园文化中蕴含了丰富的隐性思想政治教育资源，因其贴近校园主体，能够使师生在不知不觉中受到教育、接受教育，得到心灵的感化和情感的陶冶，从而实现高校思想政治教育目标。要培育学生理论骨干和理论社团，实施卓越的马克思主义理论人才培养计划，加强学生理论骨干培养。各地各高校要鼓励高校思想政治理论课名师担任青年马克思主义者培养工程的培训专家；举办理论学习夏令营，开展"理论之星"评选活动，鼓励学生学习马克思主义经典著作；加强对学生理论社团的引导，每个理论社团配备一位高校思想政治理论课教师担任指导老师；开展"高校优秀学生理论社团评选活动"，引导和鼓励学生通过自我学习、自我教育的方式拓展课堂教学成果。

第七章　新时代高校思想政治理论课发展战略保障

　　高校思想政治理论课历经几十年的发展，其间虽有坎坷波折，但总体上在不断走向成熟与完善，尤其在改革开放后，相关学科的建立与发展为高校思想政治理论课建设提供了持续的智力与人才支撑，高校思想政治理论课的发展也越来越科学合理。伴随着世界范围内意识形态竞争的愈演愈烈，对现行高校思想政治理论课方案的要求与反思也应上升到新的高度，不仅针对当前高校思想政治理论课建设过程中存在的问题，还要为其长久而持续的健康发展铺平道路。习近平总书记在党的十九大报告中指出："必须把教育事业放在优先位置，深化教育改革，加快教育现代化，办好人民满意的教育。"① 这就要求高校思想政治理论课不断深化改革，还应更新理念，确保发展战略的资源配置，建设强大的保障支撑体系。把高校思想政治理论课的保障问题上升到战略的高度，在新的战略考量下审视高校思想政治理论课实施过程中的发展战略保障问题，具有重要的现实意义。

一、新时代高校思想政治理论课发展战略保障的现状与问题

　　习近平总书记高度重视高校思想政治理论课建设，从战略层面为高校思想政治理论课的改革与发展指明了方向。回顾高校思想政治理论课历次方案的发展历程，反思当前高校思想政治理论课存在的现实问题，我们发现高校思想政治理论课的保障问题尤为突出，现有的研究成果大都只针对当前高校思想政治理论课教学过程中的具体问题或者具体环节探讨其保障问题，基本没有从全局的战略视角来考量这一问题。新时代应当通过系统思维、宏观站位、长远谋略来看待高校思想政治理论课的发展战略保障问题，这关系到高校思想政治理论课作为高校意识形态工作的主渠道与主阵地的战略地位，以及能否在改进中加强与提升思想政治教育的亲和力与针对性，满足学生成长

① 习近平：《决胜全面建成小康社会　夺取新时代中国特色社会主义伟大胜利——在中国共产党第十九次全国代表大会上的报告（2017 年 10 月 18 日）》，北京：人民出版社 2017 年版，第 45 页。

发展的需求与期待；同时也关系着全方位、全领域与全要素的中国特色哲学社会科学体系的构建，关系着能否讲好中国故事、传播好中国声音，实现理论体系、教材体系、教学体系以及学生素质之间的有效转化。高校思想政治理论课关系着高等教育培养什么人、怎样培养人、为谁培养人的根本问题，关系着高等教育能否走出一条适合自己发展的道路，办好中国特色社会主义高校。所以，高校思想政治理论课需要从发展战略保障的角度来确保高校思想政治理论课的发展，梳理高校思想政治理论课发展战略保障的现状和问题。

所谓发展战略保障是指从全局考虑、谋划实现全局目标的规划，对事物包含的不同要素采取的，以支持顺利实现规划目标为目的的保证措施的总称。高校思想政治理论课发展战略保障，是指为了实现高校思想政治理论课设置的战略目标，在高校思想政治理论课教育教学的实施过程中，对为保证高校思想政治理论课系统的正常有效运转而提供支持的各要素所采取的措施的总称。研究高校思想政治理论课的发展战略保障问题，应该从高校思想政治理论课教学实践中存在的问题出发，但不就事论事，而是上升到相对宏观的层面，从整体的、联系的、全面的视角来考察其发展战略保障问题，从而提出系统的措施，为高校思想政治理论课的持续健康发展和有效实施提供支持。《普通高校思想政治理论课建设体系创新计划》中提出："以教材体系、人才体系、教学体系建设为核心，以学科支撑体系、综合评价体系、条件保障体系建设为关键。"文件体现了对高校思想政治理论课发展战略保障问题的高度重视。具体来说，教材、人才和教学是关系到高校思想政治理论课一线教学效果的重要因素，而其背后涉及的是人力资源、财政资金、物质条件、知识支撑、技术支撑等多方面的综合考量，这几方面的支持又相互联系、相互影响，不能分割讨论。而学科支撑体系、综合评价体系以及条件保障体系正是基于现实情况而提出的。所以，在探讨当前高校思想政治理论课的发展战略保障问题时，需要根据高校思想政治理论课的发展历程，从制度设计、组织机构、学术科研、实施条件以及技术运用等方面出发，才能找准现实抓手。

回顾高校思想政治理论课的发展历程，可以发现在高校思想政治理论课发展战略上存在着一些固定思维，影响着对现行高校思想政治理论课方案进行反思与判断的标准，制约着高校思想政治理论课进一步的完善与发展。现行的高校思想政治理论课方案基本上是从改革开放后逐渐规范化、系统化、科学化的。1978 年的《教育部办公厅关于加强高等学校马列主义理论教育的意见》（全国教育工作会议征求意见稿）在纠正前一阶段高校思想政治理论课建设过程中存在的问题的同时，也为新阶段的高校思想政治理论课设计了方案，除了提出新阶段高校思想政治理论课建设的目的、任务、内容等，还着重对教材、教师队伍与领导体制中存在的问题与要求作出了说明，在一定程度上这些问题是高校思想政治理论课发展的必要保障。《中共中央关于改革学校思想品德和政治理论课程教学的通知》中，就对高校思想政治理论课的课程设置作出了安排，对内容设置提出了明确要求，设计出了我国今后长时期内高校思想政治理论课课程设置的雏形，对教学方法、师资队伍和领导机制也作出了强调，其中明确提出："实现马克思主义思想理论课教学改革任务的主要依靠和根本保证，在于建设一支坚持党的路线、有马克思主义觉悟和理论修养、有比较丰富的社会科学文史知识和必要的自然科学知识、热心于青少年思想理论教育工作的师资队伍。"并就高校思想政治理论课教师的知识水平、工作条件和生活待遇等方面的问题对各职能机构提出了保障要求。在此之前，国家还通过了在普通高等学校设立思想政治教育专业的决定，在一定程度上为培养高水平的专业人才以及开展学术研究奠定了学科基础。在此之后，国家又陆续出台了一系列的文件对"85方案"进行补充，旨在推动方案的顺利实施与有效施行。综合来看，国家对高校思想政治理论课一些具体环节的发展战略保障问题已经有了初步认识，但仍旧没有从整体上形成关于高校思想政治理论课发展战略保障问题的科学认识，主要还是集中在某些具体领域的某些具体方面进行要求和规定，并没有具体的安排。在"85方案"实施的过程中，对于课程方案的探讨与研究一直没有停止，在不断的完善中取得了很大的成绩，课程方案的日益完善和规范为之后"98方案"的出台奠定了良好的基础。1998年6月，中央宣传部、教育部印发《关于普通高等学校"两课"课程设置的规定及其实施工作的意见》，这就是"98方案"的出台。该文件主要对高校各层次的课程设置进行了更为系统和全面的规定，相较之前的方案进行了十分细致的说明，在内容和实施要求等方面给出了明确的导向，而且本次方案的修改，在一定程度上反映了高校思想政治理论课课程方案逐渐走向成熟，在具体的课程内容设置等方面加入马克思主义中国化的最新成果，将邓小平理论融入教材体系。这是一次主要针对课程体系的调整与设计，对高校思想政治理论课发展战略保障问题的关注较少，而在此之后，一系列的讨论与研究使高校思想政治理论课的发展进入了加速阶段。2004年8月，《中共中央　国务院关于进一步加强和改进大学生思想政治教育的意见》下发，其中明确提出："全面加强高校思想政治理论课的学科建设、课程建设、教材建设和教师队伍建设。"完善高校思想政治理论课的学科支撑，是高校思想政治理论课走向科学化、规范化的重要基础，对于高校思想政治理论课发展战略保障问题涉及的诸多要素有了清晰的思路。在此基础上，2005年国家相关部门颁发了《中共中央宣传部　教育部关于进一步加强和改进高等学校思想政治理论课的意见》，形成了高校思想政治理论课的新方案，即"05方案"。同时，在对课程设置作出了新的调整与完善的基础上，明确强调了教材编写、教学研究、教师培训和学科建设的基本要求，从责任部门、运作机制等方面提出了具体思路。在学科支撑方面，中央宣传部、国务院学位委员会、教育部抓紧开展马克思主义理论一级学科有关工作，强调高等学校要加强"马克思主义理论与思想政治教育"硕士点和博士点的建设；要积极开展马克思主义理论体系研究，开展马克思主义发展史、马克思主义中国化研究，开展中国近现代史研究，开展思想政治教育研究，为加强高校思想政治理论课建设、培养思想政治教育工作队伍提供有力的学科支撑。可以说，"05方案"体现出了国家对于高校思想政治理论课发展战略保障体系的高度重视，反映了高校思想政治理论课发展战略中理念的革新，是从以往主要围绕课程设计发展到课程教学、学术研究与学科建设共同推进的新阶段。"05方案"施行至今，是我国社会经济飞速发展、社会现实与国际地位发生巨大变化的一个阶段。在"05方案"颁布实施后，党和国家又陆续出台了一系列的政策文件，对高校思想政治理论课建设的各个环节进行规划。2008年，《中共中央宣传部　教育部关于进一步加强高等学校思想政治理论课教师队伍建设的意见》中对承担高校思想政治理论课教学的教师队伍的发展进行了一系列安排与规划，从选聘、培养、科研以及政策和制度保障等方面都作出了明确的要求，可以说，为了适应新形势的发展而对整个教师队伍建设提出更高要求的同时，也从保障的视角推动了这支队伍的发展。另外，伴随着马克思主义理论与思想政治教育学科的设立，各个高校承担思想政治理论课教学与科研任务的机构也有了新的阵地，马克思主义学院的设立为高校思想政治理论课建设提供了强有力的现实保障。2015年开始，国家又重点开展了马克思主义学院的评选工作，足以显示出国家对高校马克思主义学院建设、对高校思想政治理论课教学和科研工作的重视。在《中共中央宣传部　教育部关于高等学校研究生思想政治理论课课程设置调整的意见》中，对研究生阶段的思想政治理论课课程设置作出了调整和新要求，除了对课程设置的调整外，还直接提及了实施要求。"高校党委要把新方案实施工作作为一项重要任务，学校领导要有专人主管研究生思想政治理论课课程设置的调整和课程建设，学校宣传、教务、研究生教育管理、思想政治理论课教学单位等部门要各负其责，相互配合，共同做好研究生思想政治理论课教育教学工作。"通过对高校思想政治理论课历史发展的回顾，可以看到国家对于相关工作的指导引领日益全面，高校思想政治理论课在日益完善和成熟的过程中其各项保障工作也都有了起色，逐渐走上了规范化发展的道路。但同样需要引起我们注意的是，各项针对性的政策文件，主要解决了当前高校思想政治理论课教学过程中一个或多个领域中存在的问题，以保障高校思想政治理论课落到实效，而从宏观层面系统探讨高校思想政治理论课发展战略保障问题的意识尚未形成，没有将高校思想政治理论课发展战略的保障问题上升到战略层面进行思考，因此，高校思想政治理论课发展战略保障层面仍然存在一些问题。

高校思想政治理论课的发展战略保障问题不论在当前的具体教学过程中还是相关的学术研究中都存在一些值得思考的问题。通过考察已有的关于高校思想政治理论课的研究成果，可以发现探讨发展战略保障问题的研究主要是针对当前教学过程中的某个要素、某个环节或者某个领域而展开，而现在愈发需要将高校思想政治理论课当作一个完整体系来看待，特别是在学科建设、办学思路以及机构建设等方面为当下以及今后的高校思想政治理论课的发展作出战略性的指导。一直以来，党和国家高度重视高校思想政治理论课的建设问题，各高校在建设方针、理念、措施等方面也都在不断革新，但针对思想政治理论课发展战略保障问题的思考在一定程度上存在不足。我国现行的高校思想政治理论课实施机制主要由党和国家的宣传、教育部门通过对高校思想政治理论课方案设计进行规划，从而为各高校提供一个开展思想政治理论课教学的"纲"，各高校在总体设计的指导下，依据自身实际负责具体执行。在此过程中，一些高校对于发展战略保障问题未能充分地认识和理解，也直接导致了具体实施的效率不高。一是对于高校思想政治理论课发展战略保障问题的认识缺乏整体性。关注点往往集中在课程建设、教学建设、教材建设等方面，哪方面需要补哪方面，哪方面出现问题解决哪方面，容易陷入就事论事的境地，缺乏整体性、协同性、全局性认识，看待高校思想政治理论课发展战略保障体系与高校各方面的关系缺少联系的、全面的、系统的视角与方法，从而不能从宏观上建立一套有效的高校思想政治理论课发展战略保障体系。二是对高校思想政治理论课发展战略保障问题的认识缺乏前瞻性。新时代对高校思想政治理论课的建设寄予了厚望，各高校在谋求高校思想政治理论课的新发展时往往忽略了保障措施的先行，在一定程度上出现保障措施滞后的状况。所谓"兵马未动，粮草先行"，保障措施一定要走在各项工作之前才能形成有力的支撑。一些高校受限于自身实际情况，对于思想政治理论课教学所需的人才、资金没能作出较好的安排，直接影响思想政治理论课的教学质量。三是对于高校思想政治理论课发展战略保障问题的认识缺乏针对性。各高校思想政治理论课的发展要求和发展方向都是一致的，但发展现状是不同的，具体到各高校的马克思主义学院在本校的发展情况也是不一样的，其对政策、人力、物力、财力等方面支持的需求也是不一样的，高校追求高标准、高质量的思想政治理论课的想法是应当得到支持的，但其很少能够针对自身实际，结合保障状况制订出适合自身的发展规划，谋求课程质量提升需要有针对性的保障措施，不然发展质量很难得到保证。

高校思想政治理论课组织保障存在问题。新时期以来，习近平总书记要求把高校思想政治理论课建设纳入高校党委主体责任中，高校党委书记是第一责任人，党委书记、校长和分管校领导要切实负起政治责任和领导责任。通过回顾高校思想政治理论课发展的历史过程，也可以看出每次的方案调整中都有涉及领导机制的问题，随着马克思主义学院的建立、党委主体责任制的明确，也正好反映出之前高校思想政治理论课建设过程中组织保障存在的不足。只有落实组织保障，才能在实际的高校思想政治理论课建设实践的各个环节、各个阶段、各个领域切实给出相应的保障措施。一直以来，高校思想政治理论课建设存在多头管理、多重管理的现实，责任主体的不明确是原因之一，一方面使一线教学单位、教师疲于应对，另一方面政策、方针得不到有效落实。在《中共中央宣传部 教育部关于高等学校研究生思想政治理论课课程设置调整的意见》中就提到"学校宣传、教务、研究生教育管理以及思想政治理论课教学单位等部门要各负其责，相互配合"。然而，实际状况往往是作为高校行政管理部门的各个单位依据自身工作需要对思想政治理论课教学单位提出要求，大大加重了一线教学单位的行政压力。同时，对于一些新出台的政策文件，各个部门依据自身职能进行分解下达，没有形成合力，作为一线教学部门的单位在这一过程中缺少话语权，也没有明确的责任单位能够建立起相应的议事机制来进行协商协调，不利于政策方针的落实。高校思想政治理论课建设在一定程度上依赖于组织方面的支持，因为高校思想政治理论课的成果难以评价、不易出彩，在一些学校内部竞争之中，很难在发展规划、经费投入、公共教学资源分配等方面争取更多的支持与保障。这也跟马克思主义理论一级学科以及马克思主义学院的发展有关，相对于其他学科、学院或者科研教学机构来说，高校思想政治理论课教学部门是一个年轻的机构或学院，在各高校自身的发展规划中所处的地位也有很大差别。一些高校的思想政治理论课教学部门以及相应的科研机构因为自身实力或者发展历史的关系，在学校范围内的竞争中很难占到优势，即便各方案中都对相应的领导机制作出了要求，高校在这方面也仍拥有较大的自主权，因此，本身就比较依赖政策支持的高校思想政治理论课教学如果没有明确的领导责任体制形成完善的组织体系保障，也很难做到有效、健康的发展。各高校马克思主义学院及直属学校的独立二级教学科研机构建设本身存在欠缺。"马克思主义学院肩负着一个协调中心的职能，通过学科平台建设，兼职教师和研究人员聘任等多种方式，汇合凝聚高校各方面的马克思主义理论教学与研究人才，形成思想政治理论教育教学、马克思主义与中国特色社会主义理论教学、研究和宣传的合力。"① 这类机构直接承担高校思想政治理论课的科研和教学工作，承担着学习教育、研究宣传和人才培养等职能，而当前无论是机构建设还是人才培养，抑或是组织领导等都或多或少存在问题，内部组织保障的缺失同样制约着这些单位教学和科研职能的发挥。

高校思想政治理论课教学保障存在问题。马克思主义理论学科及其相关学科的发展是高校思想政治理论课教学的有力支撑，然而在过去的发展过程中，马克思主义理论学科在整个哲学社会科学学科体系中的地位及在各高校学科建设中的地位很难得到保障。缺少了学科支撑，就容易使理论成果、理论形态在从理论体系向教材体系、教学体系转化的过程中遇到困难。马克思主义理论学科及其相关学科与高校思想政治理论课教学紧密联系，前者为后者提供支撑，后者向前者进行反馈。而当前高校思想政治理论课的发展战略保障问题反映在学科教学方面，主要为以下几点：

一是马克思主义理论学科的发展缺少规划，其引领地位未能彰显，在一定程度上呈现滞后状态，没能做到优先发展、优势发展、优质发展，自然不能带动其他哲学社会科学学科的发展。除了学科自身发展的历史较短导致的先天原因之外，这一问题也有来自其他方面的保障条件不能到位的原因。党的十九大报告中提出要建设具有强大凝聚力和引领力的社会主义意识形态，马克思主义理论学科的发展尤为重要，而马克思主义理论学科因发展时间较短，在不同高校之中所处的地位自然不同，前期积累丰富的高校，无论师资、科研抑或教学都有了较为成熟的发展理念与发展规划；而前期积累欠缺的高校，如果相比其他学科、学院再得不到更多的支持，就会处在相对较差的发展环境之中，战略地位也就得不到保障。

二是马克思主义理论学科的发展与教学没能和其他哲学社会科学学科形成协同效应，反映到高校思想政治理论课教学中就是在一定程度上没能同向同行。高校作为思想汇聚之地，也是各种意识形态碰撞交锋的场所，在具体教学实践中如果出现意见分歧，那么在一定程度上会对高校思想政治理论课的教学效果产生不良影响，更不要谈及学科间的相互支撑。

三是马克思主义理论学科的发展缺乏相匹配的学术评价体系。"高校思想

①　于向东：《加强高校马克思主义学院建设的若干思考》，《思想理论教育导刊》2016 年第 3 期。

政治理论课评价不同于其他课程的教学评价，具有区别于一般教学评价的特点，即高校思想政治理论课评价具有知识评价与价值评价相统一、内在评价与外在评价相统一、现实评价与潜在评价相统一、个体评价与社会评价相统一、精确评价与模糊评价相统一的特点。"① 马克思主义理论发展成为一级学科的时间还不长，与之相匹配的学术评价体系尚未完全建立，一些评价标准、量化指标还缺乏科学性或者合理性依据，在一定程度上制约着科研成果向教学应用的转化，也制约着高校思想政治理论课的创新发展。相对而言，高校思想政治理论课教师承担的教学任务量要高于其他学科的任课教师，在被占用了较多时间用于教学的情况下，用于科研的时间量相较其他学科教师则会呈现劣势，但是通行的考核标准、评价标准并不能因学科而异、因学院而异，势必在某种程度上影响一线思想政治理论课教师的工作积极性。

四是高校思想政治理论课师资保障存在问题。高校思想政治理论课教师承担着一线教学重任，但这支教师队伍在过去一段时期仍旧存在人员不足、待遇不高、职业倦怠等方面的问题。人员不足的问题反映为高校思想政治理论课教师人才梯队建设上存在不足，马克思主义理论学科培养的本科生、硕士研究生和博士研究生，在培养数量和质量上与实际需求存在差距，尤其是高校思想政治理论课教师需要较高学历层次的毕业生充实进队伍中来，但国内高水平大学以及专业实力较强的高校的毕业生数量是有限的，而且会向高校辅导员队伍、党政管理以及其他行业岗位流动，高质量的专业人才其实在数量上也是十分有限的。"随着国际国内形势的深刻变化、高等教育大众化的迅猛推进、教育消费意识的日益增强，高校思想政治理论课教师队伍在一定程度上与形势发展和工作需要不相适应，还存在一些困难和问题。"② 高校思想政治理论课教师的考核评价、激励表彰、监督退出等机制不健全，高校思想政治理论课教师的职称晋升、教学成果、科研经费、薪酬待遇等方面的标准与高校的一般任课教师差别不大，但承担的科研与教学压力并不一样，难考核、难评价、难晋升的现实情况，制约了吸引优秀人才加入高校思想政治理论课教师队伍。同时，一些高校思想政治理论课教师确实存在职业倦怠问题，一些教师将生活和工作中的不满情绪带入课堂中，甚至加入过多社会化的演义，带给学生负能量，严重影响着高校思想政治理论课的教学效果。

① 骆郁廷：《论高校思想政治理论课评价之深化》，《思想理论教育（综合版）》2007 年第 11 期。

② 陈大文、刘一睿：《高校思想政治理论课教师队伍建设若干保障制度解读》，《思想理论教育》2009 年第 1 期。

五是高校思想政治理论课教学与研究的技术保障存在问题。随着新网络技术的发展，诞生了许多新的技术手段与平台，高校思想政治理论课能否有效借助新技术手段适应新形势发展至关重要。一方面，当前高校学生接受新事物的能力较强，而且喜欢新颖的教学手段与方法；另一方面，新媒体平台的发展给高校网络宣传思想阵地的建设既带来了机遇也带来了挑战，高校思想政治理论课不仅要主动利用这一渠道，还要善于利用这一渠道作为课堂主渠道的补充。然而在现实中，高校思想政治理论课教师在教学中不仅不能够熟练、及时地引入新技术手段和平台，创新思想政治理论课教学方式、方法，而且对于新技术手段的定位不够准确，甚至颠倒主次，一味追求新技术手段而导致使用生硬，忽略了课堂教学创新的本质问题。

二、新时代高校思想政治理论课发展战略保障的实施问题

党和国家对高校思想政治理论课的高度重视、站在更高视野的战略考量对于办好高校思想政治理论课至关重要。针对高校思想政治理论课办学现状，高校思想政治理论课发展战略保障的提出，具有重要的理论价值和现实意义。"思想政治工作从根本上说是做人的工作。"① 高校思想政治理论课作为高校思想政治工作的主阵地，是新形势下落实把思想政治工作贯穿教育教学全过程，实现全程育人、全方位育人的重要环节。要办好高校思想政治理论课涉及多部门、多主体、多角度、多层次，是一个庞大而复杂的系统，需要从宏观层面整体看待当前高校思想政治理论课办学中存在的现实问题，通盘考量，才能在保障环节找准抓手。2017 年全国教育工作会议工作报告中指出，"提高教育质量要有管用的保障机制，抓责任、抓标准、抓激励、抓评估，通过科学的体制机制推动质量提高"。但同时，在探讨高校思想政治理论课发展战略保障的实施方向时，又不能只从问题出发，就事论事，而应该分析其内在逻辑联系，统筹规划。所以，从高校思想政治理论课本身出发，依照高校思想政治理论课发展战略保障的现实需要，探讨高校思想政治理论课发展战略保障的实施才更具现实意义。

1. 高校思想政治理论课实施的合规律性问题

这保障了办好高校思想政治理论课的相关决策和措施遵循思想政治工作规律、教书育人规律、学生成长规律；同时，能够根据实际变化因事而化、

① 习近平：《习近平谈治国理政》（第二卷），北京：外文出版社 2017 年版，第 377 页。

因时而进、因势而新。这是高校思想政治理论课发展战略保障的顶层设计问题，而这其中包含三个方面的内容：一是保障新形势下办好高校思想政治理论课决策的科学性。科学决策的产生不是凭空产生的，需要现实依据的支持，需要对其逻辑起点进行反复论证，需要有这样的机构、制度和机制为各层次的决策者提供这样的保障。二是保障新形势下办好高校思想政治理论课过程的合理性。过程的合理性直接关乎高校思想政治理论课的实效性，破除当前体制、机制中存在的行政壁垒，通畅实施过程的各个环节才能使高校思想政治理论课办学的实施过程更加合理。三是保障新形势下办好高校思想政治理论课改革的针对性。各项政策、决策的最终落脚点，还是要看其能否有针对性地去解决当前现实中存在的问题，即能否真正实现对症下药的问题。保障新形势下办好高校思想政治理论课决策的科学性，在整个高校思想政治理论课建设体系中，由上至下包含各个层面的决策问题。无论是方案的顶层设计，还是执行过程中管理部门、教学部门的具体实践，都需要作出科学的决策，才能使最终的落实发挥实效。而无论哪个层面的科学决策，都离不开理论的支撑，材料信息的收集、整理与分析，现实条件可行性的考量。高校思想政治理论课发展战略保障的建立并不能直接决定决策的科学性，而是为各项决策的科学性提供依据与相应的条件。同时，还需要保障新形势下办好高校思想政治理论课的有效性。当前高校思想政治理论课建设虽然取得了一定的成绩，但是在体制、机制建设方面仍然存在诸多掣肘。这些问题虽然不能影响高校思想政治理论课建设的整体推进，但其影响往往直接体现在高校思想政治理论课的管理和教学实践之中，其背后体现的是制度设计、机构设置、管理方法等方面观念陈旧、思路老套，没有依据实际情况的变化而及时调整。只有打通这些环节，才能为高校思想政治理论课一线教学提供坚实的条件基础，保障各项政策方针转化成合理的工作安排，落地生根。保障新形势下办好高校思想政治理论课改革的针对性，就是在持续推进高等教育改革与高校思想政治理论课建设过程中，新的思想、新的理念、新的战略能否真正作用于对现实问题的解决。对于存在问题的根源能否揭示，对于问题根源的解决能否给出方案，对于解决方案能否顺利施行，对于施行效果能否有效反馈，这是一个循环过程，整个过程中任何一个环节出现问题就会出现偏差，改革的针对性就得不到保障。

2. 高校思想政治理论课实施的协同性问题

这是高校思想政治理论课发展战略保障的重要环节。高校思想政治理论课本身是一个庞大而复杂的系统，整个系统的有效运转离不开三个方面的协同推进：一是保障高校思想政治理论课与其他各门课程的协同推进，其背后不仅需要学科体系建设的协同推进，还需要与之匹配的一系列学术、科研和教学体系建设的协同推进。二是保障高校思想政治理论课各责任单位的协同推进，能够导向明确，统筹协调，沟通顺畅。三是保障高校思想政治理论课发展战略的协同推进，发展战略在具体实施过程中能够作为一个系统整体同步推进、相互支撑、互为依托，串联起发展战略实施过程中涉及的多部分、多主体、多角度、多层次，形成顺畅的运行机制，实现同向合力。保障高校思想政治理论课与其他各门课程的协同推进，就是看高校思想政治理论课与其他各门课程能否同向同力，共同为社会主义建设事业培养合格建设者和可靠接班人。这一目标能否实现关系到高等教育培养什么人、怎样培养人、为谁培养人的问题。习近平总书记在全国高校思想政治工作会议中明确指出要抓好课堂教学的主渠道，思想政治理论课坚持在改进中加强，要提升思想政治教育亲和力和针对性，满足学生成长发展需求和期待。目前，高校中存在一些思想政治理论课教师在自己的课堂上自说自话，这种情况在一定程度上影响了思想政治理论课的效果。其实这背后渗透着学科背景的差异，"要加快构建中国特色哲学社会科学学科体系和教材体系，推出更多高水平教材，创新学术话语体系，建立科学权威、公开透明的哲学社会科学成果评价体系，努力构建全方位、全领域、全要素的哲学社会科学体系"[①]。这一过程不仅要加强马克思主义学科建设，还要加强其他具有支撑作用的哲学社会科学学科的建设，发挥马克思主义学科的引领作用。保障高校思想政治理论课各责任单位的协同推进，宏观层面上，宣传部门和教育部门是推动高校思想政治理论课方案实施的主管部门；中观层面上，高校中的多个职能部门对思想政治理论课的推进进行了相应的职能分解；微观层面上，马克思主义学院或者专门的思想政治理论课教学单位以及科研机构承担着一线的思想政治理论课教学与研究工作。每个层面的管理主体能否协调一致，共同推进高校思想政治理论课各个环节的顺利实施至关重要。这一过程不仅包括管理体系中纵向协调的问题，还包括同一层次中不同主体间的协调问题，必须有明确的统筹规划、责任分工以及相应的议事协调机制进行串联才能高效运转，为高校思想政治理论课保驾护航。要保障高校思想政治理论课发展战略的协同推进，如高校思想政治理论课发展的主导、协同和创新发展战略等，这些战略的推进实施都要在高校思想政治理论课的建设体系之内；同时，只有发展战略协调同步推进，高校思想政治理论课才能朝着所期望的方向发展，仅有其中某个或某两个战略得到较好的推进并不能支撑起高校思想政治理论课新的发展。

① 习近平：《习近平谈治国理政》（第二卷），北京：外文出版社2017年版，第378页。

因为不同的高校思想政治理论课发展战略之间本就存在相互联系、相互支持、互为依托的关系，高校思想政治理论课主导发展战略的彰显既存在于知识传输的过程之中，也存在于与其他哲学社会科学的共同发展之中，而主导发展战略持续发展的内生动力则源于不断创新，无论是继承性创新，还是结合性创新，抑或是时代性创新，都能为增强高校思想政治理论课主导性的发挥提供支持。而协同发展战略的推进本身就需要有创新性思维，无论是对已有经验成果的创造性转化，还是原生的创新性发展，不勇于革除旧体制机制中的弊病，不能用新的符合时代和未来的思想或理念来指导高校思想政治理论课实践，就无法真正实现协同效果。反过来，高校思想政治理论课主导发展战略和协同发展战略等的有效推进能够为自身的创新发展提供源源不断的现实动力，为创新发展战略的推进指明发展方向，相互助益、共同发展。因此，高校思想政治理论课发展战略的同步推进既需要提供一定的现实条件作为基础，也需要建立成熟的保障体系为高校思想政治理论课的新发展保驾护航。

3. 高校思想政治理论课实施的实效性问题

"教学实效性，既是高校思想政治理论课教学的根本问题，也是当前高校思想政治理论课教学的热点和难点。"① 这是高校思想政治理论课发展战略保障的最终落脚点。高校思想政治理论课体系不是一个机械的系统，涉及的范围之大、内容之多、技术之复杂导致了整个过程不可能不出现偏差，需要明确的是要保障教学效果尽可能地接近预期目标。通过保障政策的有效落地，最大限度地为高校思想政治理论课办学提供一个良好的客观环境；通过技术手段的支撑，为高校思想政治理论课教学提供创新支持；通过学科体系的不断完善，为高校思想政治理论课的发展提供源源不断的动力，这样才能最大限度地保障高校思想政治理论课教学的实效性。高校思想政治理论课教学的实效性必须依靠完善的保障体系，而当前高校思想政治理论课建设体系还没有明确的保障思维，所以，在探讨当前实际问题的过程中需要从保障的视角进行切入，不仅是因为高校思想政治理论课体系本身还不够完善，也是为了应对新形势下对高校思想政治理论课提出的新要求，需要一个成熟的保障体系作为其健康发展的支撑。

---

① 王天民：《价值视域下高校思想政治理论课教学实效性探析》，《思想政治教育研究》2017 年第 6 期。

三、新时代高校思想政治理论课发展战略保障的实施策略

明确了高校思想政治理论课发展战略保障的实施方向，结合当前高校思想政治理论课办学过程中存在的保障问题，站在全局视野，串联相关问题，抓住关键要素、关键环节、关键领域，有针对性地进行探讨。在宏观层面，确立高校思想政治理论课发展战略保障的顶层设计，明确高校思想政治理论课发展战略保障问题的重要性，为高校思想政治理论课涉及的多方面、多主体、多环节提供总的制度安排，是其他一切保障策略、措施实施的前提。在中观层面，完善高校党委对高校思想政治理论课的主体责任制，为高校思想政治理论课提供条件保障。虽然高校思想政治理论课涉及教育、宣传等多部门主管，但高校是整个政策、制度、机制实施的中间环节，高校思想政治理论课涉及的资金、人才、科研等方面的支持与高校的多部门有关，只有通过不断完善党委主体责任制下的高校思想政治理论课保障体系，才有助于打通各个环节，为各项工作的顺利开展打好基础。在微观层面，高校思想政治理论课需要找准现实抓手，为政策、制度、机制由上至下的顺利实施找准着力点。一是以马克思主义理论一级学科为抓手，探讨高校思想政治理论课的教学保障体系。高校是生产和传播知识的地方，科研与教学相辅相成，学科则是二者的基础。二是以马克思主义学院为抓手，探讨高校思想政治理论课的条件保障体系。因为高校思想政治理论课不只是一线教师、教学单位的责任，它需要党和国家以及各级高等教育管理部门提供法律、政策、制度等方面的支持，需要整个体系为之服务。不同战略之间的相互协调配合、同步推进都需要科学的管理安排，都需要高效的服务体系作为支撑，只有这样，为马克思主义学院的建设提供条件，才能落实到教师、教学、学生之中。三是以新网络技术的应用为抓手，探讨高校思想政治理论课的技术保障体系。高校思想政治理论课的新发展只有利用好新媒体、大数据等技术平台，才能符合时代的需要，学生的诉求才能为各个战略的有效落实提供助力。具体而言，应从确立高校思想政治理论课发展战略保障的顶层设计、完善高校党委对高校思想政治理论课的主体责任制、强化马克思主义理论学科的主导地位、强化新网络技术的应用等方面加以保障。

高校思想政治理论课发展战略保障问题的顶层设计，为高校思想政治理论课提供了制度保障。高校思想政治理论课要努力建强马克思主义理论学科，形成以马克思主义理论学科为引领、相关学科为补充的高校思想政治理论课

学科支撑体系。高校思想政治理论课要切实把马克思主义理论学科建成优势学科。高校思想政治理论课要制订马克思主义理论学科发展规划，以马克思主义理论学科优先发展、优势发展、优质发展带动高校哲学社会科学繁荣发展，充分发挥高校哲学社会科学育人功能。教育行政部门和马克思主义学院要积极推进马克思主义理论学科基础理论和重大问题年度主题研究，制订马克思主义理论学科人才培养指导方案。高校马克思主义学院要规范马克思主义理论学科本科生、硕士研究生、博士研究生培养工作，探索建立本硕博相衔接的人才培养体系，为高校思想政治理论课培养后备人才。"我们要旗帜鲜明，在持续提升思政课质量的基础上，推动其他各门课都要'守好一段渠、种好责任田'，与思政课同向同行，形成协同效应。高校要明确所有课程的育人要素和责任，推动每一位专业课老师制定开展"课程思政"教学设计，做到课程门门有思政，教师人人讲育人。"[①] 高校思想政治理论课要深入贯彻落实习近平总书记系列讲话精神，需要把讲话精神贯穿思想政治理论课教育教学的全过程，树立高校思想政治理论课的保障意识，从宏观层面为高校思想政治理论课的保障问题进行顶层设计，为高校思想政治理论课切实提供制度保障。高校思想政治理论课的教学、人才、教材、学科、评价等方方面面要落实到位，需要在树立保障意识的前提下，考虑实际条件与需求，制定科学合理的发展制度，为保障各方面的协调发展提供切实可行的方案，划定重点发展的内容，确定需遵循的原则，推广可行的方法，通畅各个环节的衔接。这就是为高校思想政治理论课保障体系提供一个相对完备与细致的总的行动方针或指南。推动政策条件保障落实到位，突出思想政治理论课在高校考核评价体系中的地位和作用。在进行总的制度设计过程中，需要将高校思想政治理论课放进整个高校的实际教学环境中进行考虑，尤其是在与一线教师息息相关的高校考核评价体系方面更应如此。统筹推进教材修订完善、教师队伍建设、教学方法改革，加大整合全社会资源的力度。教材、教师和教学方法是高校思想政治理论课教学环节中的几个重要方面，对于教学环节的关注也应重点落到教学之中。同时，随着社会的发展，社会资源的整合与利用也需要纳入保障体系设计的视野之中，高校应积极主动地应对社会环境对当前在校学生认知与思维活动的影响，尽早探索出一套可行的保障措施，主动整合与利用社会资源为高校思想政治理论课发展提供支持。高校思想政治理论课的教学活动要更加贴近实际；同时，高校思想政治理论课要为发展创新提

---

① 陈宝生：《在新时代全国高等学校本科教育工作会议上的讲话》，《中国高等教育》2018 年第15 期。

供更多的实践平台与可能，进一步巩固高校思想政治理论课建设全方位、全过程育人的格局。

完善高校党委对高校思想政治理论课的主体责任制，为高校思想政治理论课提供组织保障。完善高校党委对高校思想政治理论课的主体责任制，加强组织领导，为的是能够确保高校思想政治理论课的优先发展地位。"思想政治理论课是高校思想政治工作的主渠道，具有鲜明的政治属性、意识形态属性以及科学和社会实践属性，要求高校党委必须担负起思想政治理论课的主体责任。当前思想政治理论课存在着制度建设滞后的问题，通过制度化构建高校党委的主体责任是思想政治理论课发展的必然选择。"① 高校党委书记应当是高校思想政治理论课建设的第一责任人，党委书记、校长和分管校领导要切实负起政治责任和领导责任，确保在学校发展规划、经费投入、公共资源使用中优先保障高校思想政治理论课建设，在人才培养、科研立项、评优表彰、职务评聘等方面优先支持高校思想政治理论课教师，真正落实思想政治理论课在学校教育教学体系中的重点建设地位。只有不断完善高校党委的主体责任，才能切实在高校思想政治理论课建设实践中提供组织支持，这是其他各方面保障实现的基础。各高校要加强机构建设，建好建强高校马克思主义学院。研究制定马克思主义学院建设标准，推进高校思想政治理论课教学科研机构科学规范建设。实施重点马克思主义学院建设工程，建设一批集马克思主义理论学习教育、研究宣传、人才培养于一体的高水平马克思主义学院，使之成为办好高校思想政治理论课的坚强战斗堡垒。各地宣传、教育部门要整合资源，推动社会力量共建高校马克思主义学院。深入推进直属于学校领导的独立二级教学科研机构建设。规范二级教学科研机构职能定位，统一管理全校本专科、研究生思想政治理论课（包括"形势与政策"课）教学，统一负责马克思主义理论学科建设，统一管理思想政治理论课教师队伍。加强二级教学科研机构领导班子建设，班子成员应是中共党员，且从事马克思主义理论学科研究和思想政治理论课教学。当前，各高校都设立了马克思主义学院，但是各高校的马克思主义学院建设差别比较大，有的学校其马克思主义学院基本没有编制、没有办公场所、没有专项经费；有的马克思主义学院根本就没有独立，只是在原有架构旁边增加了一块牌子。高校需要按照马克思主义学院建设标准，推进思想政治理论课教学科研机构科学规范建设，教育行政部门也要把检查落实抓起来。现在，对高校思想政治理论课重视程

---

① 房广顺、司书岩：《论高校党委思想政治理论课主体责任的制度化建构》，《思想政治教育研究》2017 年第 5 期。

度比较高，文件发了一个又一个，但是这些文件落实了没有，不得而知，因此，缺乏一个监督检查机制。全国都在实施重点马克思主义学院建设工程，努力建设一批集马克思主义理论学习教育、研究宣传、人才培养于一体的高水平马克思主义学院，使之成为办好高校思想政治理论课的坚强战斗堡垒。问题是各高校人才的缺口都比较大，高校思想政治理论课教师编制不足是一个普遍现象，为了满足规定的师生比例，各高校各显神通，形成了一支庞大的"思政课教师队伍"，造就了"课程思政课教师"。这些问题是值得好好反省的。"制度更加成熟更加定型是一个动态过程，治理能力现代化也是一个动态过程，不可能一蹴而就，也不可能一劳永逸。"① 高校马克思主义学院建设也有一个过程，不能够为了建设赶进度而弄虚作假。经过几十年的发展，我国高校思想政治理论课组织体系已经逐步成型，教学和科研工作的分工日益明确，虽然在名称上存在差别，但是每所高校都有承担思想政治理论课教学的专门单位。国家支持有条件的高校设立马克思主义理论学科，开展专门的人才培养工作，扶持一批水平相对较高的马克思主义学院进一步发展，关注高校思想政治理论课教师的职业发展。高校思想政治理论课的组织体系日益完善，在一定意义上构成了组织保障的现实基础，但是还需要进一步明确运行机制，将各部分进行有效串联，完善高校党委对思想政治理论课的主体责任制能够进一步明确课程组织、教学组织以及科研组织等一系列工作中的责任分工，充分调动高校自身具备的资源条件，对高校思想政治理论课进行保障，尤其是高校党委书记作为第一责任人，直接突出了高校思想政治理论课在教育中的独特地位。完善高校党委主体责任制，需要串联起高校各行政管理服务单位对思想政治理论课教学和科研工作的支撑，为各项政策、资源、条件的有效输入开辟顺畅的通道。各行政管理服务单位与教学和科研单位是整个思想政治理论课建设体系中的不同主体，高校党委主体责任制作为串联各主体的纽带，具有突出的现实意义。

强化马克思主义理论学科的主导地位，为高校思想政治理论课提供教学保障。党的十九大报告中提出："深化马克思主义理论研究和建设，加快构建中国特色哲学社会科学，加强中国特色新型智库建设。"② 那么，在高校思想政治理论课教学过程中，起到学科支撑的应是以马克思主义理论学科为主导、其他哲学社会科学并驾齐驱的学科体系。这其中，既包含了以马克思主义理

---

① 习近平：《习近平谈治国理政》（第三卷），北京：外文出版社 2020 年版，第 127 页。
② 习近平：《决胜全面建成小康社会 夺取新时代中国特色社会主义伟大胜利——在中国共产党第十九次全国代表大会上的报告（2017 年 10 月 18 日）》，北京：人民出版社 2017 年版，第 45 页。

论学科为指导，凝练学科方向，汇聚学科队伍，扩大学科影响，把马克思主义理论学科建设成为引领哲学社会科学的优势学科，又包含了构建以马克思主义理论学科为引领，相关学科为补充，有效支撑高校思想政治理论课建设的学科教学保障体系。强化马克思主义理论学科的主导地位，是各项保障措施在现实中的一个重要着力点，通过学科建设吸引人才、落实资金、打造平台，通过科学研究为高校思想政治理论课的教学开展提供智慧。

一是保障高校思想政治理论课的主导性。当前高校思想政治理论课直面意识形态领域的挑战，这一状况在高校中甚为明显。在有的学科领域中，马克思主义被边缘化、空泛化、标签化，在一些学科中"失语"、教材中"失踪"、论坛上"失声"。只有加强马克思主义理论学科建设，持续不断地提供最新成果，在哲学社会科学领域不断发出强有力的声音，才能不断巩固马克思主义科学理论在意识形态领域的主导地位，才能主动地面对来自意识形态领域的挑战，保障高校思想政治理论课的主导性。

二是保障高校思想政治理论课的创新性。高校思想政治理论课不仅要坚持不懈地传播马克思主义科学理论，还要不断吸纳当代马克思主义中国化的最新理论成果。"马克思主义及其在中国的发展，为党和人民事业发展提供了既一脉相承又与时俱进的科学理论指导，为增进全党全国各族人民团结统一提供了坚实思想基础。"① 只有加强马克思主义理论学科建设，才能及时吸纳这些最新的理论成果，以规范的理论形态进入教材、教学体系，为教材实时更新"配方"，才能在知识的传递过程中为"进教材、进课堂、进头脑"开辟道路。

三是保障高校思想政治理论课的协同性。只有以马克思主义理论学科为主导，才能使高校思想政治理论课同其他各门课程形成协同机制。高校是生产和传播知识的地方，而学科则是研究知识的范畴，所以率先在学科研究领域内加强协同是知识传播的起点。创新学科间交流的机制，在汇聚思想的同时，能够从中把握主线，壮大马克思主义理论学科研究的力量，使其他学科自觉靠拢，发挥高校思想政治理论课"第二课堂"的重要作用。

四是强化马克思主义学院建设，为高校思想政治理论课提供条件保障。以马克思主义学院为抓手，重点建设一批马克思主义学院，稳定经费投入渠道，不断健全基本要求；具体责任分工明确、政策制度完善，有利于形成具有工作合力的高校思想政治理论课条件保障体系。高校思想政治理论课的管理是一个上至国家下至普通学生的超长链条，在这个链条上体现了多部门、

---

① 习近平：《习近平谈治国理政》（第二卷），北京：外文出版社 2017 年版，第 33 页。

多主体、多层次的特点，而各层各级管理的最终交汇点是各个高校的马克思主义学院，再由马克思主义学院负责高校思想政治理论课教学的具体执行，因此，马克思主义学院可以说是整个高校思想政治理论课教学的中心环节。由此，要以马克思主义学院建设为突破点，解决当前高校马克思主义学院存在的多头管理、多重管理的现状，明确责任主体，疏通管理链条，落实高校思想政治理论课办学的组织保障。一方面，通过学院建设同步带动学科建设、教学建设，通过补强高校马克思主义学院的发展水平，帮助提升高校思想政治理论课的"工艺"水平；另一方面，明确加强师资保障的着力点，"高校党委和行政，应进一步加强对马克思主义学院的领导和支持力度，包括落实机构设置、人事职称、经济待遇和经费保障等各项措施和制度"①。将高校思想政治理论课所需要的各方面条件保障，聚焦到马克思主义学院发展所需的人才、经费、设备等方面。加大投入力度，完善体系创新的条件保障。体系创新计划有关经费应纳入马克思主义理论研究和建设工程。各地各高校要加大思想政治理论课建设专项经费投入，并随学校经费的增长逐年增加。其中，本科院校按本硕博全部在校生总数每生每年不低于 20 元的标准，专科院校按在校生总数每生每年不低于 15 元的标准列支教师学术交流、实践研修等培养培训费用。努力提高高校思想政治理论课教师待遇，确保教师收入不低于本校教师平均水平。优化高校思想政治理论课二级机构办公环境，配备必要的现代化办公设施，提供充分的教学科研资料，加强信息化建设。

强化新网络技术的应用，为高校思想政治理论课提供技术保障。"互联网是一个社会信息大平台，亿万网民在上面获得信息、交流信息，这会对他们的求知途径、思维方式、价值观念产生重要影响，特别是会对他们对国家、对社会、对工作、对人生的看法产生重要影响。"② 新网络技术的发展进一步改变了人们生活交往的方式，也对当前的舆论环境、教育环境的改变产生了巨大影响。依托新网络技术，可以使传统的课堂知识传输经过新技术、新平台的"包装"超越课堂的时空限制，并能在一定程度上满足当下青年学生的心理需求。因此，"做好网上舆论工作是一项长期任务，要创新改进网上宣传，运用网络传播规律，弘扬主旋律，激发正能量，大力培育和践行社会主义核心价值观，把握好网上舆论引导的时、度、效，使网络空间清朗起来"③。高校思想政治理论课的教育者和研究者要注意搭上潮流的顺风车，同时也倒

---

① 于向东：《加强高校马克思主义学院建设的若干思考》，《思想理论教育导刊》2016 年第 3 期。
② 习近平：《习近平谈治国理政》（第二卷），北京：外文出版社 2017 年版，第 335 页。
③ 习近平：《习近平谈治国理政》（第一卷），北京：外文出版社 2018 年版，第 198 页。

逼教师学习、了解并进一步掌握这些新技术，这样才能在具体的教学实践中不断革新手段和方法。另外，也应注意到大数据时代的来临，使得之前许多的不可能成为可能，以往在管理和教学中无法实现的一些调研活动，如数据收集、整理和分析，现在都已经成为潜在可能，尤其是为建立高校思想政治理论课监督评估机制提供了技术支撑。传统的各级教育管理部门出于对高校思想政治理论课的高度关注，频繁到一线课堂开展监督评估工作，但这样仍存在着许多问题和困难，而大数据技术则为新时代办好高校思想政治理论课提供了更多技术支持。

第八章　新时代高校思想政治理论课系统发展战略

新时代高校思想政治理论课发展战略，是一个系统的发展战略。这个系统中涉及高校思想政治理论课的方方面面，不论哪一个环节出现了问题，都会影响系统的有效性。习近平总书记指出，"新征程上，不可能都是平坦的大道，我们将会面对许多重大挑战、重大风险、重大阻力、重大矛盾，领导干部必须有强烈的担当精神。领导干部不仅要有担当的宽肩膀，还得有成事的真本领。既要大胆讲政治，又要善于讲政治；既要矢志抓发展，又要善于抓发展；既要勇于抓改革，又要善于抓改革；既要敢于直面矛盾和问题，又要善于化解矛盾和问题；既要有想干事、真干事的自觉，又要有会干事、干成事的本领"①。因此，高校思想政治理论课发展战略只有从系统的角度出发，环环紧扣，发挥系统的最大效率，高校思想政治理论课才能获得持续发展，才能让学生有真正的获得感。前面已经就高校思想政治理论课系统发展战略中的几个战略进行了探索，这里主要研究前面没有详细探索的战略，而此处作为一种补充，重在突出一个系统的概念，以利于全面整体把握高校思想政治理论课的发展问题。

一、新时代高校思想政治理论课立体化教材发展战略

中共中央办公厅、国务院办公厅在《关于进一步加强和改进新形势下高校宣传思想工作的意见》中指出，要切实推动中国特色社会主义理论体系进教材、进课堂、进头脑，强调要统一使用马克思主义理论研究和建设工程重点教材，把统一使用工程重点教材纳入相关专业人才培养方案和教学计划，把工程重点教材作为国家级重点规划教材，把工程重点教材使用情况作为教学评估的重要内容。要建设学生真心喜爱、终身受益的高校思想政治理论课，实施高校思想政治理论课建设体系创新计划，全面深化课程建设综合改革，

---

① 习近平：《切实学懂弄通做实党的十九大精神　努力在新时代开启新征程续写新篇章》，《人民日报》，2017 年 10 月 29 日。

编好教材，建好队伍，抓好教学，切实办好思想政治理论课。要加强高校意识形态阵地管理，特别是加强教材建设和课堂讲坛管理。加强对西方原版教材的使用管理，不能让传播西方价值观念的教材进入我们的课堂；决不允许各种攻击诽谤党的领导、抹黑社会主义的言论在大学课堂出现；决不允许各种违反宪法和法律的言论在大学课堂蔓延；决不允许教师在课堂上发牢骚、泄怨气，把各种不良情绪传导给学生。袁贵仁同志就讲过，"对大学教材的管理不是不要开放，而是为了更好地开放"。"教材是一个国家意志的体现，加强大学课堂教材的建设管理是各国的普遍做法。"因此，高校思想政治理论课教材建设具有重要意义，制定教材发展战略刻不容缓。

中央宣传部、教育部在《普通高校思想政治理论课建设体系创新计划》中，对教材建设作出了明确的规定。目前，高校思想政治理论课主要教材已经是马克思主义理论研究和建设工程重点教材。根据中央精神和教学实际需要，2018年教育部对这些教材进行了修订，并修订了本专科四本教材和研究生五门课程教学大纲，组织制定了《高校"形势与政策"教育教学要点》。目前各地各高校都在使用思想政治理论课统编教材，虽然于2018年对其进行了及时修订，但教材在使用过程中仍然存在不足。如何加强对教材内容和表述方式的研究，加强对思想政治理论课学术话语体系的研究，推动提高思想政治理论课教材编写质量和水平，应该还有很大的空间。然而教材的修订和出版，与时代之间总是存在一段"间距"，这就需要及时补充"高校思想政治理论课活页"，及时展示马克思主义中国化最新理论成果。"学习宣传贯彻党的十九大精神是全党全国当前和今后一个时期的首要政治任务。"[①] 这就要求通过编写"高校思想政治理论课活页"作为教材的补充和教师上课的参考，及时将最新资料和精神反映在教学中。教育厅或有条件的高校可以组织编写与本专科思想政治理论课统编教材相配套的教师参考书、疑难问题解析、教学案例解析、学生辅学读本等教学用书，更好地促进统编教材的使用。高校思想政治理论课教学中，应该把《习近平总书记系列重要讲话读本》《中国特色社会主义学习读本》《马克思主义哲学十讲》和《世界社会主义五百年》等作为思想政治理论课教学重要参考书。开展对教材重点、难点的研究，完善教学系列用书编写体例，创新编写模式。伴随着现代科技的迅猛发展，高校思想政治理论课要适应知识信息化时代的发展需求，在思想政治理论课教材建设方面必须进行深度改革。"高等教育不仅改革传统的教学理念、模式、

[①] 习近平：《切实学懂弄通做实党的十九大精神　努力在新时代开启新征程续写新篇章》，《人民日报》，2017年10月29日。

方式方法和教学评价体系，而且开始注重改革传统纸质教材内容，将最新的科学技术应用到教学体系中；以学生自主学习为主体，改革授课方式，创新课堂教学方法，为学生创造更多、更便利的自主学习条件；在教材内容和教材形式上也开始多种改革，从纸介质一种表现形式转向不同媒体的多元表现形式，以满足灵活多样、个性化学习的需求。"① 高校思想政治理论课需要加强编写队伍建设，以统编教材为基础，建设思想性、科学性和可读性统一的思想政治理论课立体化教材体系；努力形成老中青相结合、学科背景相补充的梯队，真正编写出内容丰富、具有时代感、教师好用、学生好读的好教材。"思想政治理论课立体化教材建设的目的就是为了实现课程教学目标，通过多种途径、手段和形式，激发学生自主学习的积极性，极大提高课程教学效果，使大学生进一步坚定理想信念，坚持正确的政治方向，筑牢社会主义核心价值观，树立正确的世界观、人生观和价值观，最终培养成为中国特色社会主义事业的合格建设者和可靠接班人。"② 2002 年召开的立体化教材建设研讨会上，周远清先生就指出："立体化教材是一个新事物，它不仅作为高科技时代教学手段现代化的标志，更重要的是实现教学信息化、网络化的途径。作为整合教育教学资源、优化教育要素配置的途径，是一种新型的整体教学解决方案，必将打破过去单一的纸质教材、书本教材那种过分重视知识传授而忽视能力培养的教育弊端，为构建人才培养创新机制提供良好的条件。"③ 这种阐释为高校思想政治理论课立体化教材建设赋予了一定的内容。为适应我国经济社会发展和全面综合改革给高校思想政治理论课教学提出的新要求，高校思想政治理论课秉承"立德树人"的目标，守正创新，在教育教学改革和实践中坚持以学生为中心，以服务学生为根本，构建并不断完善多维立体化思想政治理论课教育教学体系，这一教学体系可以概括为：立体化思维、多维度践行、全方位建设。立体化思维思路决定出路，思想政治理论课教育教学的实效性取决于教育者的思维观念。构建多维立体化教育教学体系，首要解决的问题是思维的立体化，即对教学目标、教学内容、教学对象、教学方式、教学效果评价等与教学相关的问题在认识上要有立体化教育教学思维。把立体化教育教学思维落到教学实践中，体现在教学过程的方方面面，课程内容结构多维立体化、教学形式和方法多维立体化，强调以学术研究为支撑，

① 孙京新、褚庆环、李鹏：《在精品课程建设中建立立体化教材》，《现代远距离教育》2007 年第 1 期。

② 薛生海、娄仲俊：《思想政治理论课立体化教材建设研究》，《青海师范大学民族师范学院学报》2018 年第 2 期。

③ 刘振天：《立体化教材建设研讨会召开》，《中国大学教学》2002 年第 12 期。

学术研究和教学研究融合。办好思想政治理论课是一项系统工程，需要多维立体化的支撑条件，需要全方位建设。① 2016 年 12 月，习近平总书记在全国高校思想政治工作会议上发表的重要讲话中强调指出，要用好思想政治理论课课堂教学这个主渠道，思想政治理论课要坚持在改进中加强，提升思想政治教育亲和力和针对性；要运用新媒体新技术使工作活起来，推动思想政治工作传统优势同信息技术高度融合，增强时代感和吸引力。② 这是习近平总书记在新形势下针对思想政治理论课建设提出的新要求、新思想，因此，加快思想政治理论课立体化教材建设势在必行，科学制订教材建设规划，注重提升思想政治理论课教材的政治性、时代性、科学性、可读性。

新时代高校思想政治理论课要统筹推进思想政治理论课内容建设。坚持用习近平新时代中国特色社会主义思想铸魂育人，以政治认同、家国情怀、道德修养、法治意识、文化素养为重点，以爱党、爱国、爱社会主义、爱人民、爱集体为主线，坚持爱国和爱党、爱社会主义相统一，系统开展马克思主义理论教育，系统进行中国特色社会主义和中国梦教育、社会主义核心价值观教育、法治教育、劳动教育、心理健康教育、中华优秀传统文化教育。2019 年 3 月 18 日，习近平总书记在学校思想政治理论课教师座谈会上强调指出："要把统筹推进大中小学思政课一体化建设作为一项重要工程，推动思政课建设内涵式发展。"③ 2019 年 8 月，中共中央办公厅、国务院办公厅印发的《关于深化新时代学校思想政治理论课改革创新的若干意见》指出："大中小学思政课一体化建设需要深化"，要"统筹大中小学思政课一体化建设"。当前，高校思想政治理论课改革创新的重要任务之一，就是推进大中小学思想政治理论课一体化建设。"思政课的每次改革创新都是通过落实到内容上来实现的，因而大中小学思政课一体化建设的根本是课程内容的一体化。"④ 高校思想政治理论课是集中体现国家意识形态和社会主义核心价值观的重要课程，是帮助高校学生树立正确世界观、人生观、价值观的核心课程。教育是人的

① 孙蚌珠：《构建多维立体化的思想政治理论课教学体系》，《北京教育（德育）》2016 年第 1 期。

② 习近平：《把思想政治工作贯穿教育教学全过程　开创我国高等教育事业发展新局面》，《人民日报》，2016 年 12 月 9 日。

③ 习近平：《用新时代中国特色社会主义思想铸魂育人　贯彻党的教育方针落实立德树人根本任务》，《人民日报》，2019 年 3 月 19 日。

④ 王立仁、白和明：《关于大中小学思想政治理论课课程内容一体化建设的构想》，《思想理论教育》2019 年第 11 期。

灵魂的教育，而非理智知识和认识的堆积。① 培养什么人，是教育的首要问题。习近平总书记在全国教育大会上指出，我国是中国共产党领导的社会主义国家，这就决定了我们的教育必须把培养社会主义建设者和接班人作为根本任务，培养一代又一代拥护中国共产党领导和我国社会主义制度、立志为中国特色社会主义奋斗终身的有用人才。② 因此，高校思想政治理论课的内容必须为其任务服务。"我国的高等院校肩负着学习、研究和传播马克思主义、培养中国特色社会主义事业合格建设者和可靠接班人的重大任务。思想政治理论课教学，不仅需要坚持不懈传播马克思主义科学理论知识，提升学生运用马克思主义立场、观点和方法认识问题、分析问题和解决问题的能力，而且必须提高大学生的思想政治素质和进行价值观教育。在知识传授与价值观培育的问题上，思想政治理论课教学必须强调在知识的讲解中传递正确的价值观。"③ 这就要求"思政课教育教学体系和内容建设离不开系统性设计，但更应从细节入手，贵在落小落实。首先要确立适当的教学目标。教师应立足一堂课，讲深讲透一个知识点，启发学生思考并解决一个问题，使学生对理论增进一定的认同。其次要特别钻研教学内容。教学内容应具有三个特性：真实性即必须是能够经得起时代检验的真理性知识；鲜活性即必须与社会实际相结合，体现时代特征、具有时代特色、反映时代发展要求；针对性即必须含有经济社会发展热点、学生关注的焦点、教育教学的难点"④。同时，高校思想政治理论课要切实推进优质教学资源共享。教育行政部门要加强高校思想政治理论课程网站建设，完善网站建设机制，优化栏目设置，使之成为高校思想政治理论课教师共建、共享、共管的平台。高校可以成立全国思想政治理论课网站信息共享联盟，整合各地各高校优质网络教学资源共享，这样就可以共同提高思想政治理论课教学效果。高校思想政治理论课要协调共建文献共享资源库，齐心协力地凝练优质教学资源。要建立大学生思想政治理论课主题学习网站和微信公众号学习平台，使之成为宣传展示大学生理论学习成果的阵地。各地各高校要积极参与相关网站建设，采取切实措施推动本地本校教学资源共建共享。

① ［德］雅斯贝尔斯著，邹进译：《什么是教育》，北京：生活·读书·新知三联书店1991年版，第4页。
② 习近平：《坚持中国特色社会主义教育发展道路 培养德智体美劳全面发展的社会主义建设者和接班人》，《人民日报》，2018年9月11日。
③ 李梁、刘翔宇：《思想政治理论课目标、课程内容与教学方法的理论思考》，《思想理论教育导刊》2019年第4期。
④ 王丹、周红霞、马超林：《高校思想政治理论课"教学体系与内容"建设探讨——"第二届北京高校思想政治理论课青年教师发展论坛"会议综述》，《思想理论教育导刊》2016年第4期。

二、新时代高校思想政治理论课人才发展战略

习近平总书记在学校思想政治理论课教师座谈会的讲话中强调，"办好思想政治理论课关键在教师，关键在发挥教师的积极性、主动性、创造性。要配齐建强思想政治理论课专职教师队伍，建设以专职为主、专兼结合、数量充足、素质优良的思想政治理论课教师队伍"①。百年大计，教育为本；教育大计，教师为本。当前，高校思想政治理论课新方案的实施正处在攻坚阶段，高校思想政治理论课教师队伍的素质决定了思想政治理论课的实施效果，直接影响大学生思想道德、政治觉悟的形成，因此，研究高校思想政治理论课人才发展战略具有非常重要的现实指导意义。"高校思想政治理论课教师承担着用习近平新时代中国特色社会主义思想武装大学生头脑的重要任务，起着十分重要的主导作用。当前，在国内外形势发生深刻复杂变化、面临的发展机遇和困难挑战前所未有的背景下，如何引导大学生正确认识世界和中国发展大势，把握人类社会发展趋势和中国特色社会主义的历史必然性；如何引导大学生深刻领会习近平新时代中国特色社会主义思想的丰富内涵和精神实质，不断坚定中国特色社会主义道路自信、理论自信、制度自信、文化自信，是新时代高校思想政治理论课必须着力回应的重大课题。"② 高校思想政治理论课要切实提高专职教师整体素质，建设专兼结合、结构合理的思想政治理论课教学人才体系。"在新的历史方位，马克思主义理论学科人才的专业性、贯通性和全学科培养，成为配齐建强思想政治理论课专职教师队伍的重中之重。全面建设马克思主义理论学科本硕博一体化人才培养体系，既是加强思想政治理论课教师队伍建设的客观要求，又是创新马克思主义理论学科人才培养模式的实现路径。"③ 高校思想政治理论课需要建立思想政治理论课专职教师任职资格制度。党和国家高度重视高校思想政治理论课教师队伍建设，近些年来，不断建立与完善高校思想政治理论课教师队伍建设制度，出台了一系列相关法规政策，为切实加强高校思想政治理论课名师培养工作提供了依据。2008 年，中共中央宣传部、教育部制定下发了《关于进一步加强高等

---

① 习近平：《用新时代中国特色社会主义思想铸魂育人　贯彻党的教育方针落实立德树人根本任务》，《人民日报》，2019 年 3 月 19 日。

② 李虹：《加强新时代高校思想政治理论课教师队伍建设的思考》，《思想理论教育导刊》2018 年第 5 期。

③ 靳诺：《全面建设马克思主义理论学科本硕博一体化人才培养体系》，《马克思主义理论学科研究》2019 年第 2 期。

学校思想政治理论课教师队伍建设的意见》（教社科〔2008〕5 号），对高校思想政治理论课教师的选拔、培训提出明确具体的要求，并在学科支撑、政策和制度保障等方面为高校思想政治理论课教师培养创造了优越的条件。2010 年，国家出台的《国家中长期人才发展规划纲要（2010—2020 年）》，对人才发展总体目标作出了规划，明确提出要培养造就规模宏大、结构优化、布局合理、素质优良的人才队伍，确立国家人才竞争比较优势，进入世界人才强国行列，为在 21 世纪中叶基本实现社会主义现代化奠定人才基础。2010 年，中央宣传部等部门又出台了《全国宣传文化系统"四个一批"人才培养工作意见》，提出要继续实施"四个一批"人才培养工程，尤其强调了哲学社会科学人才的培养。2011 年 11 月，中共中央办公厅、国务院办公厅转发的《教育部关于深入推进高等学校哲学社会科学繁荣发展的意见》明确指出，大力加强高等学校哲学社会科学队伍建设，加大哲学社会科学队伍建设力度，完善哲学社会科学人才培养培训机制。《中共中央宣传部　教育部关于进一步加强和改进高等学校思想政治理论课的意见》提出："要不断提高马克思主义理论素养，提高科研能力和教学水平，做坚定的马克思主义者，做教书育人的表率，做大学生健康成长的指导者和引路人。"① 按照教育部的统一部署，2018 年是高校思想政治理论课教师队伍建设年。中共中央、国务院印发的《关于全面深化新时代教师队伍建设改革的意见》是十九大以来党中央出台的专门面向教师队伍建设的第一个教育文件。该文件指出："全面深化新时代教师队伍建设，要贯彻党的教育方针，坚持社会主义办学方向，落实立德树人根本任务，遵循教育规律和教师成长规律，加强师德师风建设，培养高素质教师队伍。"思想政治理论课教师是高校教师队伍的一支重要力量，除了有教师的共性特征外，还有自身的特殊性，承担着培养担当民族复兴大任的时代新人的重大使命和时代责任。"加强新时代高校思想政治理论课教师队伍建设，需要在全面把握新时代高校思想政治理论课教师角色定位的基础上，充分认识加强思想政治理论课教师队伍建设的时代意义，并找准建设的着力点。"② 2019 年，中共中央办公厅、国务院办公厅印发的《关于深化新时代学校思想政治理论课改革创新的若干意见》要求，建设一支政治强、情怀深、思维新、视野广、自律严、人格正的思想政治理论课教师队伍。党的十八大

---

① 教育部社会科学司组编：《普通高校思想政治理论课文献选编（1949—2008）》，北京：中国人民大学出版社 2008 年版。

② 王易、岳凤兰：《关于加强新时代高校思想政治理论教师队伍建设的思考》，《思想理论教育》2018 年第 5 期。

以来，习近平总书记站在塑造灵魂、塑造生命、塑造人，建设教育强国，实现中华民族伟大复兴中国梦的战略高度，突出强调："党和国家事业发展需要一支宏大的师德高尚、业务精湛、结构合理、充满活力的高素质专业化教师队伍，需要一大批好老师。"① 习近平总书记明确提出成为一名党和人民满意的好教师要符合"四有""四个引路人"和"四个相统一"标准。党的十九大报告明确提出"要以培养担当民族复兴大任的时代新人为着眼点"，深刻回答了高校"培养什么人、怎样培养人、为谁培养人"这个根本问题。"青年一代有理想、有本领、有担当，国家就有前途，民族就有希望。"② 可以说，党和国家对高等教育的需要、对科学知识和卓越人才的渴求比以往任何时候都更加迫切和强烈。"奋斗是青春最亮丽的底色。'自信人生二百年，会当水击三千里。'民族复兴的使命要靠奋斗来实现，人生理想的风帆要靠奋斗来扬起。没有广大人民特别是一代代青年前赴后继、艰苦卓绝的接续奋斗，就没有中国特色社会主义新时代的今天，更不会有实现中华民族伟大复兴的明天。"③ 这些重要论述深刻揭示了教师队伍在教育发展全局中的关键地位和战略作用，为加强新时代高校思想政治理论课教师队伍建设提供了基本遵循和重要指引。习近平总书记在全国高校思想政治工作会议上强调："教师是人类灵魂的工程师，承担着神圣使命。传道者自己首先要明道、信道。高校教师要坚持教育者先受教育，努力成为先进思想文化的传播者、党执政的坚定支持者，更好担起学生健康成长指导者和引路人的责任。"④ 这一论断立足于中国特色社会主义发展的时空境遇，旗帜鲜明地阐释了新时代高校思想政治理论课教师的角色定位。2020 年，教育部发布的《新时代高等学校思想政治理论课教师队伍建设规定》（中华人民共和国教育部令第 46 号）要求，思想政治理论课教师应当增强"四个意识"，坚定"四个自信"，做到"两个维护"，始终在政治立场、政治方向、政治原则、政治道路上同以习近平同志为核心的党中央保持高度一致，模范践行高等学校教师师德规范。做到信仰坚定、学识渊博、理论功底深厚，努力做到政治强、情怀深、思维新、视野广、自律严、人格正，自觉用习近平新时代中国特色社会主义思想武装头脑，做学习和实践马克思主义的典范，做为学为人的表率。高校思想政治理论课教师

---

① 习近平：《全面贯彻落实党的教育方针　努力把我国基础教育越办越好》，《光明日报》，2016 年 9 月 10 日。

② 习近平：《决胜全面建成小康社会　夺取新时代中国特色社会主义伟大胜利——在中国共产党第十九次全国代表大会上的报告（2017 年 10 月 18 日）》，北京：人民出版社 2017 年版，第 70 页。

③ 习近平：《习近平谈治国理政》（第三卷），北京：外文出版社 2020 年版，第 335 页。

④ 习近平：《习近平谈治国理政》（第二卷），北京：外文出版社 2017 年版，第 379 页。

队伍，"应该是立场坚定、始终与党中央保持高度一致的队伍；应该是马克思主义理论素养高、人文社会科学基础知识扎实、学贯中西、功底深厚的队伍；应该是善于运用现代教育教学手段、创新教学方法的队伍；应该是师德修养好、富有人格魅力和亲和力的队伍；应该是老中青结构合理、教学领军人才不断涌现的队伍。他们的政治责任感和崇高使命感直接关系到高校人才培养的效果，影响着高等教育质量的保障与提高；他们的培养速度以及质量直接影响着思政课的魅力与地位，更关系着人才培养大计"①。制定思想政治理论课教师任职资格标准，把政治立场作为教师聘用的首要标准，严把教师聘用政治关。高校思想政治理论课教师要"加强自身理论底气和自信，只有这样才能在教学中做到：传播科学理论不带杂音，宣传党的政策不走调变味，解答各种现实问题不掺和个人消极情绪，真正做到用科学的道理教育学生，用正确的理论武装学生，使他们真正成为思想健康、理论成熟、信仰坚定、有远大理想的社会主义建设者和接班人"②。建立新进教师宣誓和专任教师定期网络注册制度。严格教师管理，在事关政治原则、政治立场和政治方向上不能与党中央保持一致的，或理论素质、教学水平达不到相应课程要求的，不得继续担任思想政治理论课教师。习近平总书记指出："好老师要用爱培育爱、激发爱、传播爱，通过真情、真心、真诚拉近同学生的距离，滋润学生的心田，使自己成为学生的好朋友和贴心人。"③ 只有以仁爱之心把温暖和情感倾注到学生身上的好老师，才能"亲其师、信其道"，才能实现教师专业发展和学生个人成长的共赢。"青年是国家的希望、民族的未来，关注思想政治工作对象中的青年，就关注了思想政治教育对象的重点。大学生是即将投身社会主义现代化强国建设的生力军，把握了青年对象中的大学生群体，也就把握了重点中的重点。通过思想政治理论课教学，要使学生深知党的领导是历史和人民的选择、是实现中华民族伟大复兴的根本保障、是中国特色社会主义最本质的特征。"④ "没有中国共产党的领导，民族复兴必然是空想。"⑤各高校要结合思想政治理论课教师岗位实际，合理确定选聘条件，加强后备

① 刘延东：《坚持走中国特色社会主义教育发展道路》，《中国教育报》，2008年3月25日。
② 薛金莲：《高校思想政治理论课教师队伍培养的三个维度》，《学校党建与思想教育》2014年第6期。
③ 习近平：《做党和人民满意的好老师——同北京师范大学师生代表座谈时的讲话》，《人民日报》，2014年9月10日。
④ 张毅翔、刘兴华：《新时代高校思想政治理论课教师的使命担当》，《思想教育研究》2019年第5期。
⑤ 习近平：《决胜全面建成小康社会 夺取新时代中国特色社会主义伟大胜利——在中国共产党第十九次全国代表大会上的报告（2017年10月18日）》，北京：人民出版社2017年版，第16页。

人才储备，充分保障思想政治理论课教学和科研用人需求。高校思想政治理论课要进一步完善教师培养培训制度。逐步健全完善国家示范培训、省级分批轮训、学校全员培训紧密衔接、相互补充的三级培训体系。教育部在《普通高等学校思想政治理论课教师队伍培养规划（2019—2023 年）》中提出，通过专题理论轮训计划、示范培训计划、项目资助计划、宣传推广计划等多种途径和措施，配齐建强思想政治理论课教师队伍，努力培养造就数十名国内有广泛影响的思想政治理论课名师大家、数百名思想政治理论课教学领军人才、数万名思想政治理论课教学骨干，推动全国高校思想政治理论课教师队伍更平衡更充分发展，整体水平不断提升，切实办好新时代高校思想政治理论课。

三、新时代高校思想政治理论课课堂教学发展战略

习近平总书记在学校思想政治理论课教师座谈会上强调，"办好思想政治理论课，最根本的是要全面贯彻党的教育方针，解决好培养什么人、怎样培养人、为谁培养人这个根本问题"①。习近平总书记特别强调要用好课堂教学这个主渠道，推动思想政治理论课改革创新，要不断增强思政课的思想性、理论性和亲和力、针对性。② 习近平总书记强调推动高校思想政治理论课守正创新"要坚持统一性和多样性相统一，落实教学目标、课程设置、教材使用、教学管理等方面的统一要求，又因地制宜、因时制宜、因材施教"③，这对办好高校思想政治理论课，突破制约高校思想政治理论课质量提升的瓶颈，增强高校思想政治理论课亲和力和针对性提出了要求，指明了方向。高校思想政治理论课是马克思主义理论学科。马克思主义理论学科是中国特色哲学社会科学体系的重要组成部分，在哲学社会科学中起到方向引领的重要作用。而"高校思想政治理论课教学是在马克思主义的立场、观点、方法的指导下，传授马克思主义基本原理、马克思主义中国化的理论体系等，是马克思主义理论的主阵地、主渠道。高校思想政治理论课除了承担理论教学与研究外，

---

① 习近平：《用新时代中国特色社会主义思想铸魂育人　贯彻党的教育方针落实立德树人根本任务》，《人民日报》，2019 年 3 月 19 日。
② 习近平：《用新时代中国特色社会主义思想铸魂育人　贯彻党的教育方针落实立德树人根本任务》，《人民日报》，2019 年 3 月 19 日。
③ 习近平：《用新时代中国特色社会主义思想铸魂育人　贯彻党的教育方针落实立德树人根本任务》，《人民日报》，2019 年 3 月 19 日。

还肩负着价值引导等意识形态工作，是知识体系与价值体系的统一"①。当前，高校思想政治理论课仍然存在知识体系向价值体系转化不够、价值引领作用仍待加强等问题，倾向知识体系的传授，忽略知识体系所蕴含的价值导向，忽视价值本体的实践性，导致信仰体系的形成受制约。"做好高校思想政治工作要用好课堂教学这个主渠道，思想政治理论课要坚持在改进中加强，提升思想政治教育亲和力和针对性，满足学生成长发展需要和期待。"② 同时，"高校思想政治理论课建设所取得的成效是显著的，但在更好地提升课堂教学效果、鲜活教材内容、优化师资队伍结构等方面也存在一些亟待解决的问题"③。高校思想政治理论课能否在高校立德树人中发挥应有的功能，关键要看教育效果。所以，实效性是高校思想政治理论课教学是否具有生命力的关键因素，由此，高校思想政治理论课教学的根本问题在于提高实效性。因此，"办好高校思想政治理论课，就要加强中国特色社会主义理论体系对课程的有力支撑"。"办好高校思想政治理论课，就要通过直面回应学生提出的现实问题，在马克思主义基本原理与中国实际相结合的深入分析中解疑释惑。""办好高校思想政治理论课，就要通过不断打造信念坚定、学识渊博、理论功底深厚的师资队伍，让有信仰的人讲信仰，给青年学生埋下心灵真善美的种子。"④ 高校思想政治理论课顺应新时代发展大势，服务国家战略大局，抓好课堂教学主阵地、主渠道，不断提升课程教学质量和水平，不断增强课程教学的成效，是一项战略性的任务。习近平总书记强调，"我们党立志于中华民族千秋伟业，必须培养一代又一代拥护中国共产党领导和我国社会主义制度、立志为中国特色社会主义事业奋斗终身的有用人才"⑤。习近平总书记强调的教学目标、课程设置、教材使用、教学管理四个方面的统一要求有其内在逻辑，必须在教学实践中认真研究把握。"高校思想政治理论课的教学目标、课程设置、教材使用、教学管理都要紧紧围绕这个目标任务来整体设计和系统谋划。思想政治理论课在教学目标、课程设置、教材使用、教学管理四个方面统一要求的内在逻辑在于，教学目标的统一是课程设置、教材使用、教学管理统一的前提，是贯穿于统一课程设置、统一教材使用、统一教学管理各

① 秦彪生：《提升高校思想政治理论课实效性的四个维度》，《河南理工大学学报》（社会科学版）2019 年第 1 期。

② 习近平：《把思想政治工作贯穿教育教学全过程　开创我国高等教育事业发展新局面》，《人民日报》，2016 年 12 月 9 日。

③ 徐蓉：《办好高校思想政治理论课的着力点》，《红旗文稿》2019 年第 8 期。

④ 徐蓉：《办好高校思想政治理论课的着力点》，《红旗文稿》2019 年第 8 期。

⑤ 习近平：《用新时代中国特色社会主义思想铸魂育人　贯彻党的教育方针落实立德树人根本任务》，《人民日报》，2019 年 3 月 19 日。

环节、全过程的核心和灵魂。课程设置、教材使用、教学管理的统一要服务于教学目标的统一，以教学目标的统一为统领，同时要保障教学目标统一要求的落实。"① 高校思想政治理论课承担着对大学生进行系统的马克思主义理论教育的任务，是巩固马克思主义在高校意识形态领域指导地位、坚持社会主义办学方向的重要阵地，是全面贯彻党的教育方针、落实立德树人根本任务的主干渠道和核心课程，是加强和改进高校思想政治工作、实现高等教育内涵式发展的灵魂课程。② 教育部在《2017 年高校思想政治理论课教学质量年专项工作总体方案》中明确指出，要打一场提高高校思想政治理论课质量和水平的攻坚战，切实增强大学生思想政治教育的获得感。"思政课与其他课程不同，政治性、科学性、实践性、针对性、育人性是它的显著特点，思想引领、价值引导、精神塑造是它的主要功能，它所传授的马克思主义不是教条，而是科学的世界观和方法论。要保证其教学效果，就必须强化问题意识、创新思路，注重调动教与学两个积极性，形成第一课堂与第二课堂、理论教学与实践教学、课堂教育与日常教育、传统教学与新媒体教学相互支撑，理念手段先进、方式方法多样、组织管理高效的思想政治理论课教学体系。"③ 思想政治理论课的课堂是思想政治理论课的主要渠道和阵地，是高校进行马克思主义理论教育和思想政治教育的主要形式，是高校思想政治理论课的重要环节。课堂教学效果关系到思想政治理论课的实际效果，因此，要加强课堂管理。

习近平总书记在全国高校思想政治工作会议上指出："做好思想政治工作，要因事而化、因时而进、因势而新。要遵循思想政治工作规律，遵循教书育人规律，遵循学生成长成才规律，不断提高工作能力和水平。"④ 高校思想政治理论课是做好思想政治工作的主渠道，是高校立德树人的主阵地。提升高校思想政治理论课的实效性，必须遵循规律，防止形式化，把培育德智体美劳全面发展的社会主义事业建设者和接班人的重大任务落到实处。高校思想政治理论课教学要"围绕学生、关照学生、服务学生，不断提高学生思想水平、政治觉悟、道德品质、文化素养，让学生成为德才兼备、全面发展

① 白永生、方雷：《高校思想政治理论课守正创新坚持统一性和多样性相统一的理论意蕴》，《学校党建与思想教育》2019 年第 9 期。
② 中华人民共和国教育部：《教育部关于印发〈新时代高校思想政治理论课教学工作基本要求〉的通知》，教社科〔2018〕2 号。
③ 张梅：《高校思想政治理论课守正创新简论》，《学校党建与思想教育》2019 年第 10 期。
④ 习近平：《把思想政治工作贯穿教育教学全过程 开创我国高等教育事业发展新局面》，《人民日报》，2016 年 12 月 9 日。

的人才"①。高校思想政治理论课教学要积极培育和推广优秀教学方法，建设理念科学、形式多样、管理有效的思想政治理论课课堂教学体系。思想是行动的先导，思想自觉引领行动自觉。近年来，各高校思想政治理论课改革开始普遍强调实践教学。通过采取理论教学与实践教学齐头并进、教师理论讲授和学生社会实践相结合的新教育模式，高校思想政治理论课教学成效显著。高校思想政治理论课培育、推广优秀的教学方法，对于增强高校思想政治理论课教学效果具有重要作用。教育主管部门可以选取若干所高校建立教学改革试验基地，统筹课堂教学、实践教学、网络教学建设，充分发挥课堂教学的主渠道作用和实践教学、网络教学的有效补充作用，积极开展高校思想政治理论课综合改革试点探索。"高校思想政治理论课实践教学是课堂理论教学的延伸和拓展，是为培养学生运用马克思主义中国化理论成果分析思考、解决社会现实问题，促进学生创新精神、实践能力及综合素质不断提高而设置的，以实践活动为主要载体的教学环节和教学模式。"② 2018 年，教育部印发《新时代高校思想政治理论课教学工作基本要求》，明确提出各高校要制定实践教学大纲，整合实践教学资源，拓展实践教学形式，注重实践教学效果。新形势下，认真落实关于实践教学的通知精神，深化实践教学改革，加快实践教学创新，是当前高校思想政治理论课教学工作的一项重要任务。

陈宝生同志在新时代全国高等学校本科教育工作会议上的讲话中指出："要着力推动课堂革命。我们要改革传统的教与学形态，高校教师要把育人水平高超、现代技术方法娴熟作为自我素质要求的一把标尺，广泛开展探究式、个性化、参与式教学，推广翻转课堂、混合式教学等新型教学模式，把沉默单向的课堂变成碰撞思想、启迪智慧的互动场所，让学生主动地'坐到前排来、把头抬起来、提出问题来'。"③ 高校思想政治理论课要积极推进专题教学，凝练教学内容，强化问题意识，构建重点突出、贴近实际的教学体系。不断探索网络教学方法，开发思想政治理论课在线课程，组织大学生开展"同上一堂网络思政课"活动，建设一批名师名家网络示范课，推进优质网络教学资源建设。建立覆盖面广、代表性强的教学方法改革信息库，加强对教学方法改革的分析和研究。

---

① 习近平：《把思想政治工作贯穿教育教学全过程　开创我国高等教育事业发展新局面》，《人民日报》，2016 年 12 月 9 日。

② 袁金祥：《新时期高校思想政治理论课实践教学的改革与创新》，《中国高等教育》2019 年第 C1 期。

③ 陈宝生：《在新时代全国高等学校本科教育工作会议上的讲话》，《中国高等教育》2018 年第 15 期。

　　高校思想政治理论课要不断改革发展，频繁推出亮点。广大思想政治理论课教师要回归本分，潜心教书育人。"教师的天职就是教书育人，教授就得教书授课，离开了教书授课就不是教授。必须明确，高校教师不管名气多大、荣誉多高，老师是第一身份，教书是第一工作，上课是第一责任。要引导教师热爱教学、倾心教学、研究教学。"① 面对扑面而来、汹涌澎湃的新一轮世界范围的科技革命和产业变革，高校思想政治理论课要跟上时代的步伐，及时回应学生的期待，创新思想政治理论课教学模式和教学方法。"人们越来越深切地感受到，思想政治理论课在形式上是理论的，在本质上却是实践的。理论联系实际、课堂教学与课外教学相结合，应该是思想政治理论课教学一以贯之坚持的基本原则，而实践教学是贯彻这一原则的重要途径和手段。因此，增强思想政治理论课的实效性，重视实践教学环节成为广泛共识，加强实践教学成为推动思想政治理论课教学改革的新动力。"② 实践教学是高校思想政治理论课教学不可或缺的环节，在培养学生的综合实践能力、思想道德素质等方面发挥着关键的作用。新时期，要着力推动思想政治理论课课堂教学同实践教学互动融合，创新思想政治理论课的教学内容和教学方法，不断提升思想政治理论课的吸引力、感染力和亲和力，切实增强大学生对思想政治理论课的认同感、获得感和参与感。

　　高校思想政治理论课要不断深化教学研究与理论研究，推动马克思主义中国化理论创新，研究回答重大理论和现实问题。恩格斯说过："一个民族要想登上科学的高峰，究竟是不能离开理论思维的。"③ 高校思想政治理论课作为政治性与学理性相统一的课程，必须肩负起用马克思主义理论武装学生头脑，"用新时代中国特色社会主义思想铸魂育人"的使命和责任。由此，充分展现马克思主义的理论说服力、理论改造力、理论穿透力，就成为课堂教学理论力量的源泉，对教学质量的提升具有至关重要的作用。恩格斯说："马克思的世界观远在德国和欧洲境界以外，在世界的一切文明语言中都找到了拥护者。"④ 正如习近平总书记强调的那样，"马克思主义不是书斋里的学问，而是为了改变人民历史命运而创立的，是在人民求解放的实践中形成的，也

---

　　① 陈宝生：《在新时代全国高等学校本科教育工作会议上的讲话》，《中国高等教育》2018 年第 15 期。

　　② 袁金祥：《新时期高校思想政治理论课实践教学的改革与创新》，《中国高等教育》2019 年第 C1 期。

　　③ 中共中央马克思恩格斯列宁斯大林著作编译局编译：《马克思恩格斯选集》（第四卷），北京：人民出版社 1995 年版，第 285 页。

　　④ 中共中央马克思恩格斯列宁斯大林著作编译局编译：《马克思恩格斯选集》（第四卷），北京：人民出版社 1995 年版，第 212 页。

是在人民求解放的实践中丰富和发展的"①。这是对马克思主义理论改造力的生动描画。"思政课教师作为马克思主义理论的传播者，必须坚定马克思主义信仰，明确培育社会主义事业建设者和接班人的课程教学目标。传道者首先要明道信道，讲信仰的人首先要有信仰。只有坚定马克思主义信仰，思政课教师才能把牢政治方向、站稳政治立场、锤炼政治能力，在大是大非面前旗帜鲜明，在大风大浪面前巍然屹立。只有坚定马克思主义信仰，思政课教师才能讲清马克思主义的科学真理，紧紧抓住辩证唯物主义和历史唯物主义的世界观和方法论，洞察马克思主义关于自然、人类社会和认识发展的根本规律，展示马克思主义的理论发展脉络，凸显马克思主义中国化的理论成果，从而坚定青年学生对马克思主义的信仰。只有坚定马克思主义信仰，思政课教师才能讲清中国共产党为什么能够完成带领中国人民实现救亡图存、繁荣富强的历史任务，从而坚定青年学生对中国共产党的信任。只有坚定马克思主义信仰，思政课教师才能讲清为什么中国特色社会主义道路是中华民族走向伟大复兴的必由之路，从而坚定青年学生对中国特色社会主义的信心。"②习近平总书记强调"让有信仰的人讲信仰"③，就是要求广大思想政治理论课教师，勇担"铸魂育人"的重大使命。高校思想政治理论课要实施教学攻关行动计划，统筹社会专家资源建立教学改革智库，开展教学重点问题研究，建立教学热点难点定期搜集解答制度，为深化教学改革、增强教学效果提供有力支撑。高校思想政治理论课教师要实施集体备课制度，深入开展多种形式的教学讨论和辩论，加强对各门课程教学设计的研究，加强对不同课程之间内容衔接的研究；高校思想政治理论课教师要加强对教案编写、课件制作、课堂教学组织的研究，努力形成一批精彩教案、精彩课件，打造一批精彩课堂；高校思想政治理论课教师要加大教学研究力度，积极探索大中小学思想政治理论课教师一体化备课机制，普遍推广实施思想政治理论课教师集体备课制度，全面提升思想政治理论课教师教学水平。

四、新时代高校思想政治理论课第二课堂教学发展战略

高校思想政治理论课的第二课堂主要是指第一课堂之外的思想政治教育

---

① 习近平：《在纪念马克思诞辰 200 周年大会上的讲话》，《人民日报》，2018 年 5 月 5 日。

② 洪岩：《掌控高校思想政治理论课课堂教学的四种力量》，《思想理论教育导刊》2020 年第3 期。

③ 习近平：《用新时代中国特色社会主义思想铸魂育人　贯彻党的教育方针落实立德树人根本任务》，《人民日报》，2019 年 3 月 19 日。

课堂。第二课堂是有计划、有组织、有引导地开展的各种课外教育活动。第二课堂的教学活动主要包括政治性的、学术性的、知识性的、健身性的、公益性的（或叫服务性的）活动等。《新词语大词典》中解释为：第二课堂，亦称第二渠道，是针对课堂教学而言的。指在课堂教学以外的时间，学生在教师或家长指导下所进行的旨在加深基础知识，扩大知识领域，开阔视野，发展科技、文体、艺术等方面的兴趣和才能，培养独立工作和创造的能力，提高思想品德水平的一切教育活动。显然，第二课堂是相对于第一课堂而言的。第一课堂是高校思想政治理论课依据教学计划和教学大纲，在规定的教学时间里进行的课堂教学活动；而第二课堂是指在第一课堂之外，在学校统一管理下、在教师的指导下开展的一切与学生思想政治教育相关的活动。第二课堂是以育人为宗旨，以全面提高学生的综合素质为重点，以丰富的资源和空间为载体来展开思想政治教育系列活动的总称。第一课堂是思想政治理论课的主阵地，第二课堂是思想政治理论课的重要阵地。第二课堂不同于第一课堂，第二课堂的教学活动比较灵活，但仍然是有目标预设导向的活动，学生在教学活动中容易受到氛围熏陶、文化塑造，在自觉或不自觉中提升自我。"高校思想政治教育是针对青年大学生进行的思想育人、精神立人的一项系统工程，高校思想政治理论课是对大学生进行思想政治教育的主阵地和主渠道，也是大学生接受社会主义核心价值观教育的第一课堂。思想政治教育的价值属性、教育环境的新变化、受教育主体自身的新特点，都需要第一课堂向第二课堂延伸和拓展，需要第二课堂对第一课堂教学效果的夯实和内化，'两个课堂'有机结合方能发挥出高校思想政治理论课育人功能的合力。"[1]高校思想政治理论课第一课堂向第二课堂延伸，是由高校思想政治理论课课程性质决定的。"思想政治理论课开辟第二课堂符合思想政治工作规律。思想政治理论课是对大学生进行马克思主义教育的主渠道。开辟思想政治理论课第二课堂能更好地体现马克思主义中国化、时代化、大众化的理念。通过第二课堂活动可以将马克思主义基本原理同省情、地域特色、校园文化有机结合起来，使思想政治理论课更有针对性、实效性。"[2]同时，思想政治理论课开辟第二课堂符合教书育人规律、符合学生成长规律。在高校思想政治理论课教学中开辟第二课堂，可以提升思想政治教育亲和力和针对性，满足学生成长发展需求和期待，真正做到把立德树人作为中心环节，把思想政治工作

---

[1]　王新华、刘永志：《以特色主题活动为载体　创设思政第二课堂》，《中国高等教育》2012 年第 21 期。

[2]　陈东：《高校思想政治理论课第二课堂的实施路径》，《闽江学院学报》2018 年第 4 期。

贯穿教育教学全过程，实现全程育人、全方位育人。①《中共中央宣传部　教育部关于进一步加强和改进高等学校思想政治理论课的意见》中就明确规定，高校思想政治理论课是高校对大学生进行思想政治教育的主渠道，承担着对大学生进行系统的马克思主义理论教育的任务。开设高校思想政治理论课，用马克思列宁主义、毛泽东思想、邓小平理论和"三个代表"重要思想武装大学生，既是党的教育方针的具体体现，也是社会主义大学的本质特征。高校思想政治理论课向第二课堂延伸，是由思想政治理论课第二课堂教学在思想政治教育中的优势决定的。高校思想政治理论课不断探索向第二课堂延伸的系列问题，是新时代提高高校思想政治理论课教学效果的必然要求。高校思想政治理论课第二课堂教学，这里主要是指教学大纲范围之外的、相对于第一课堂教学而言的、融教学内容于思想政治理论课第二课堂活动之中的教学环节。第二课堂在高校思想政治教育方面具有独特的优势。第二课堂教学的教育内容和形式更显丰富性和综合化，可以弥补第一课堂教学内容和形式的局限性，便于对大学生进行更为直观、形象的思想政治教育，使大学生的思想、政治、道德、知识、审美、人格、心理健康等方面得到全面、协调的发展。第二课堂教学可以打破第一课堂教学受人数、场所、时间的限制，不仅使师生互动成为可能，而且能实现学生与学生之间、学生与社会之间的多重互动；同时，还能突出学生的自主参与，有利于激发学生的能动性和创造性。第二课堂教学强调理论联系实践，学以致用，让学生在实践中掌握运用马克思主义的立场、观点和方法认识分析和解决现实问题的能力，使学生在丰富生动的现实中学会分析、认识和解决问题，尤其是培养和加强在纷繁复杂的现实中辨别是非的能力。这个过程本身就是检验学生所学知识和发现自身不足的过程，由此能促进学生产生重视思想政治理论课、努力学习这些课程的渴求，为课堂教学提供原动力。② 中央宣传部、教育部在《普通高校思想政治理论课建设体系创新计划》中，明确要求坚持课堂教学与日常教育相结合，积极拓展思想理论教育渠道，创新发挥第二课堂的教育作用。2017 年，《关于加强和改进新形势下高校思想政治工作的意见》要求，要强化社会实践育人，提高实践教学比重，组织师生参加社会实践活动，完善科教融合、校企联合等协同育人模式，加强实践教学基地建设，建立健全国家机关、企事

---

① 习近平：《把思想政治工作贯穿教育教学全过程　开创我国高等教育事业发展新局面》，《人民日报》，2016 年 12 月 9 日。

② 陈再生：《论高校思想政治理论课向第二课堂教学的延伸》，《思想教育研究》2007 年第 12 期。

业单位、社会团体接收大学生实习实训制度，开设创新创业教育专门课程，增强军事训练实效，建立健全学雷锋志愿服务制度。要进一步办好高校思想政治理论课，充分发挥思想政治理论课的主渠道作用。"教师应该发挥'两个课堂'的不同引领作用，即在第一课堂主要发挥讲解理论知识的主导作用，在开展第二课堂活动中发挥引导作用。而学生则应该成为第一课堂的主要参与者，成为第二课堂的主要实践者。教师运用各种教学资源和教学手段来讲授思想政治理论知识，充分调动学生学习的积极性，学生主动配合教师在课堂中设计的互动环节，全面把握思想政治理论知识，从而在第二课堂上能够运用所学的理论知识解决实际问题。因此，第一课堂和第二课堂相互促进，相互补充，理论教学和实践教学两个环节都具有重要的意义，为人才培养发挥更大的作用。"[1] 在高校思想政治理论课第二课堂中，"简单化""形式化"的现象仍较为普遍，第二课堂的实效性未能得到充分体现；结合各地具体实际，探索行之有效的第二课堂形式还做得不够，理论指导针对性也欠缺；从管理的角度看，第二课堂管理机制不健全。[2] 目前，高校思想政治理论课第一课堂由教务部门负责、马克思主义学院执行；第二课堂则是由党政机关、教务部、学生处、共青团组织等部门多管齐下、齐抓共管。但第一课堂和第二课堂之间的合作仍然相对较少，还没有真正形成一体化体系。第二课堂的独立性与第一课堂的相关性不足，并且自成体系的评价系统使二者之间的关联性不强。

高校思想政治理论课要努力强化实践教学，建设与课堂教学相互促进的思想政治理论课第二课堂教学体系。实践能够扩展和深化认识，也是高校思想政治理论课的教学要求。"生产劳动同智育和体育相结合，它不仅是提高社会生产的一种方法，而且是造就全面发展的人的唯一方法。"[3]《中共中央宣传部　教育部关于进一步加强和改进高等学校思想政治理论课的意见》明确要求："高等学校思想政治理论课所有课程都要加强实践环节。要建立和完善实践教学保障机制，探索实践育人的长效机制。"[4] 2018 年 4 月，教育部颁布的《新时代高校思想政治理论课教学工作基本要求》（教社科〔2018〕2 号）

---

[1]　高竞男：《高校思想政治理论课第二课堂实践教学模式研究》，《吉林化工学院学报》2017 年第 4 期。

[2]　彭绪琴、胡钟月：《完善高校思想政治理论课第二课堂之我见》，《中国校外教育》2010 年第 A2 期。

[3]　中共中央马克思恩格斯列宁斯大林著作编译局编译：《马克思恩格斯选集》（第二卷），北京：人民出版社 1995 年版，第 212 页。

[4]　教育部社会科学司组编：《普通高校思想政治理论课文献选编（1949—2006）》，北京：中国人民大学出版社 2007 年版，第 216 页。

明确要求，要整合实践教学资源，拓展实践教学形式，注重实践教学效果。实践育人，可以激发学生主体的内生动力，也能够调动学校、社会等外生动力，实现内外统一，形成推动学生发展的同向力。2019 年 3 月 18 日，习近平总书记主持召开学校思想政治理论课教师座谈会并发表重要讲话，他强调："要坚持理论性和实践性相统一，用科学理论培养人，重视思政课的实践性，把思政小课堂同社会大课堂结合起来，教育引导学生立鸿鹄志，做奋斗者。"①社会实践是人的正确思想形成发展的源泉。人的思想是社会环境和客观事物在人的头脑里的反映，正确思想是对社会环境和客观事物的正确反映，错误思想是对社会环境和客观事物的歪曲反映。社会实践则是人同社会环境和客观事物相联结的唯一纽带和桥梁。人们只有通过实践才能接触事物的现象，更要通过实践，才能透过事物的现象发现事物的本质和规律，形成正确思想。列宁说："生活、实践的观点，应该是认识论的首先的和基本的观点。"② 马克思说："人的思维是否具有客观的真理性，这不是一个理论的问题，而是一个实践的问题。"③ 人的正确的世界观和人生观、人的崇高理想和道德、人的正确观念和科学知识，归根到底都要在社会实践基础上形成和发展。实践，只有社会实践，才是人的正确思想的来源。离开社会实践，只学理论或单凭直观的、消极被动的反映，只能看到事物的表面现象和外部联系，无法认识事物的本质和规律，难以形成正确思想。④

　　高校思想政治理论课要整合资源强化实践教学。实践教学是巩固理论知识和加深对理论认识的有效途径，是培养具有创新意识的高素质工程技术人员的重要环节，是理论联系实际、培养学生掌握科学方法和提高动手能力的重要平台，有利于学生素养的提高和正确价值观的形成。实践教学的基本内容包括实验、实习、实训、社会实践、课程设计、毕业设计（论文）、学年论文等，也包括军训、创业活动以及纳入教学计划的社会调查、科技制作、学科竞赛活动等。高校思想政治理论课要规范实践教学，推动思想政治理论课实践教学与大学生社会实践活动有机结合，整合思想政治理论课教师和辅导员队伍，共同参与组织指导实践教学。高校要健全组织管理方式，逐步形成

　　① 习近平《用新时代中国特色社会主义思想铸魂育人　贯彻党的教育方针落实立德树人根本任务》，《人民日报》，2019 年 3 月 19 日。
　　② 中共中央马克思恩格斯列宁斯大林著作编译局编译：《列宁选集》（第二卷），北京：人民出版社 1995 年版，第 14 页。
　　③ 中共中央马克思恩格斯列宁斯大林著作编译局编译：《马克思恩格斯文集》（第一卷），北京：人民出版社 2009 年版，第 500 页。
　　④ 郑永廷：《思想政治教育方法论》，北京：高等教育出版社 2010 年版，第 134 页。

学校思想政治理论课教学科研机构、宣传部、教务处、学工部、团委等部门协调配合的实践教学工作机制；积极争取社会各方面支持，整合实践教学资源，拓展实践教学形式，建设一批相对稳定的实践教学基地；注重总结实践教学成果，把优秀调研报告等作为课堂教学的补充材料。实践教学是高校思想政治理论课教学的重要组成部分，也是提高高校思想政治理论课教学效果的重要渠道。实施第一课堂、第二课堂与网络课堂三课堂协同实践教学模式，是思想政治理论课实践教学改革的一种尝试。"所谓三课堂是指思政课的第一课堂即传统意义上的教学课堂、大学校园学生课余活动的第二课堂和网络课堂。三课堂协同实践教学模式是指思政课实践教学内容在第一课堂、第二课堂和网络课堂三者之间的相互配合、相互渗透。"[①] 在新时代网络信息技术背景下，实践主要分为现实实践和虚拟实践。虚拟实践不是独立的体系，而是镶嵌于现实实践之中的，虚拟实践与现实实践相伴随、相补充而发展。教育部在《教育信息化"十三五"规划》的通知中明确提出，要构建网络化、数字化、个性化、终身化的教育体系，建设人人皆学、处处能学、时时可学的学习型社会。《新时代高校思想政治理论课教学工作基本要求》指出，要深入研究网络教学的内容设计和功能发挥，不断创新网络教学形式，推动传统教学方式与现代信息技术有机融合。虚拟实践来源于现实实践，依然以现实实践为框架；虚拟实践依然属于实践的范畴，只是和现实实践的手段和方法不同；虚拟实践的规律和现实实践基本相同，其真理性需要现实实践来检验；虚拟实践的目标和现实实践一样，是为了实现人的全面发展，包括人的社会属性和个人属性的发展。[②] 新时代高校思想政治理论课网络实践教学逐步兴起，它是借助互联网技术的支持进行的实践教学活动，是网络时代采用的实践教学新载体。它与传统的课内实践教学和社会实践教学共同构成了立体多维的思想政治理论课实践教学体系。网络触角的"肆意"蔓延、虚拟技术的快速发展，使虚拟实践逐渐进入大众的日常生活，被广泛应用于经济、政治、军事、教育、科研等领域，发挥着传统的实践形式无法替代的作用。习近平总书记指出："要运用新媒体新技术使工作活起来，推动思想政治工作传统优势同信息技术高度融合，增强时代感和吸引力。"[③]

---

① 陈再生：《论思想政治理论课三课堂协同实践教学模式的建构》，《毛泽东思想研究》2016 年第 4 期。

② 孟源北、陈相光：《当代大学生网络生活的虚拟实践指导：兼论虚拟实践与现实实践的关系》，《青年探索》2012 年第 2 期。

③ 习近平：《把思想政治工作贯穿教育教学全过程　开创我国高等教育事业发展新局面》，《人民日报》，2016 年 12 月 9 日。

　　高校思想政治理论课作为学校思想政治工作的主渠道、主阵地，应考虑到推动思想政治工作同信息技术高度融合必然包含思想政治理论课同新媒体、新技术相结合。习近平总书记指出："全媒体不断发展，出现了全程媒体、全息媒体、全员媒体、全效媒体，信息无处不在、无所不及、无人不用，导致舆论生态、媒体格局、传播方式发生深刻变化，新闻舆论工作面临新的挑战。"① 全媒体时代，思想政治理论课若要不断增强亲和力、针对性、时代感，必然需要充分利用全程媒体、全息媒体、全员媒体、全效媒体丰富教学设计，拓展教学形式，创新教学方法，提升教学实效。互联网的发展呈现出形态多样化、渗透普及化等特点，与此同时，网络对高校思想政治理论课的影响也愈来愈深入，一种新的实践教学模式——网络虚拟实践教学正在悄然兴起，并成为思想政治理论课实践教学的重要方式之一。② 马克思主义认为，实践是人类改造客观世界的一切物质性活动，是人类特有的、能动的对象性活动。"而所谓虚拟实践，则是指人们按照一定的目的，通过数字化中介系统在虚拟时空进行的主体与虚拟客体双向对象化的感性活动。它是人们有目的、有意识进行的能动的探索和改造虚拟客体、同时也是提升和改造自身的客观活动，是人类在当代技术革命推动下兴起的一种新型的实践活动形态。"③ 顾名思义，网络虚拟实践教学是在网络情境下的虚拟实践教学活动，是利用网络的空间，通过虚拟功能创设虚拟情景，对学生进行对象性的虚拟教育实践，以达到教学目的和效果的活动形式。应该注意到，网络虚拟实践教学是一种新兴的实践教学方法，它是基于现代网络技术之上的教学模式探索和创新，是思想政治理论课实践教学与网络的有机融合，本质上仍然属于实践教学的范畴。但在具体表现形式上，这种实践教学方法则呈现出虚拟性、交互性、创新性等特点。④ 把虚拟实践引入思想政治理论课教学，是高校思想政治理论课与网络的主动对接和深度融合，根本目的就是将互联网、电脑、虚拟技术变成大学生运用社会主义核心价值体系分析和辨别纷繁复杂的网络现象、网络事件的新载体、新手段，通过参与新颖多样的探究性实践活动，帮助大学生树立科学的人生观、世界观和价值观。⑤ "狭义的虚拟实践"指的是发生在虚拟空间

　　① 习近平：《加快推动媒体融合发展　构建全媒体传播格局》，《求是》2019 年第 6 期。

　　② 陈红、孙雯：《高校思想政治理论课网络虚拟实践教学研究》，《思想理论教育导刊》2016 年第 8 期。

　　③ 孙伟平：《论虚拟实践的哲学意蕴》，《教学与研究》2010 年第 9 期。

　　④ 陈红、孙雯：《高校思想政治理论课网络虚拟实践教学研究》，《思想理论教育导刊》2016 年第 8 期。

　　⑤ 刘会强：《虚拟实践教学：高校思想政治理论课与网络的深度融合》，《思想教育研究》2011 年第 5 期。

以"数字化符号"为中介的感性—对象性活动；"广义的虚拟实践"则是指以"实物符号""数字化符号"为中介在物理空间开展的虚拟活动，也包括以"影像符号"为中介、发生在物理和虚拟空间的行为，如电脑问世前的影视制作。① 思想政治理论课虚拟实践教学是思想政治理论课实践教学与虚拟实践交叉融合而成的新教学类型，兼有二者所长，同时也有自身的优势。因而，推动全媒体融入高校思想政治理论课教学实践是新时代办好思想政治理论课的战略选择，是充分发挥教师和学生主体性作用的路径选择；建设高校思想政治理论课融合媒体矩阵和构建高校思想政治理论课教学全媒体格局，是新时代全面深化高校思想政治理论课教学改革的着力点。

高校思想政治理论课要着力参与培育大学生理论骨干和理论社团。习近平总书记多次指出，"要坚持不懈传播马克思主义科学理论，抓好马克思主义理论教育，为学生一生成长奠定科学的思想基础"②。推动马克思主义理论的传播，不仅要发挥课堂"主渠道"作用，更要牢牢把握校园"主阵地"，充分把握理论社团的特色与优势，发挥其思想政治教育功能。早在 2005 年，共青团中央和教育部就联合发文支持学生社团发展，并明确表示要大力扶持学习型理论社团。2016 年，共青团中央和教育部在联合印发的《高校共青团改革实施方案》中明确要求："着眼思想政治引领和价值引领，以学习宣传贯彻习近平总书记系列重要讲话精神、中国特色社会主义和中国梦宣传教育、培育和践行社会主义核心价值观为主要内容"，改革创新思想引领的工作目标、内容和方法。党的十八大以来，习近平总书记在不同场合多次强调并论述引导学生树立共产主义远大理想和中国特色社会主义共同理想的重要性。高校马克思主义理论社团是加强、改进、创新高校思想政治工作的重要组成部分，是高校思想政治理论课在课后实现理论内化与实践外化的有效途径，是高校把思想政治工作贯穿教育教学全过程的重要载体。③ 在新的历史时期，习近平总书记强调，"要注重发挥共青团、学校社团、学生自治组织的作用，调动学生参与的积极性，开展形式多样、健康向上、格调高雅的校园文化活动"④。《关于加强和改进新形势下高校思想政治工作的意见》也指出，"要加强对校

① 李超元：《"虚拟哲学"研究述评》，《天津社会科学》2002 年第 5 期。

② 习近平：《把思想政治工作贯穿教育教学全过程　开创我国高等教育事业发展新局面》，《人民日报》，2016 年 12 月 9 日。

③ 李强、黄育强：《新时代马克思主义理论社团存在的困境与对策——以医学类高职院校为例》，《学理论》2020 年第 3 期。

④ 习近平：《用新时代中国特色社会主义思想铸魂育人　贯彻党的教育方针落实立德树人根本任务》，《人民日报》，2019 年 3 月 19 日。

园各类思想文化阵地的规范管理和积极发挥共青团、学生会组织和学生社团'一心双环'工作格局的重要作用"。理论社团作为这一格局中的大学生组织，在弘扬社会主流意识形态、引导大学生进行政治理论学习、引领大学生思想风潮、开展积极向上的课外活动等方面都有着积极作用。2019年3月18日，习近平总书记在学校思想政治理论课教师座谈会上发表重要讲话时强调思想政治理论课是落实立德树人根本任务的关键课程。《中央宣传部 教育部关于印发〈普通高校思想政治理论课建设体系创新计划〉的通知》（教社科〔2015〕2号）中指出："实施卓越马克思主义理论人才培养计划，加强学生理论骨干培养。"高校思想政治理论课作为培育大学生理论骨干的重要渠道，必须发挥好这一功能。该文件同时指出："实施高校学生马克思主义自主学习行动计划，充分发挥学生理论学习的主体作用。结合思想政治理论课程学习，组织学生开展形式多样的文化艺术活动，举办马克思主义理论学习沙龙。"高校思想政治理论课教师是马克思主义理论学习沙龙宣讲活动的主导，是宣讲主题内容的选定者、学生宣讲的指导者和宣讲活动进课堂的组织者。高校思想政治理论课教师的整体素质对学习沙龙宣讲的效果有直接的影响。可见，高校思想政治理论课教师必须像对待自己的课堂教学一样认真对待大学生理论骨干宣讲，要在大学生理论骨干宣讲的各个环节尽心尽力以确保宣讲效果。因此，加快高校思想政治理论课教学队伍建设，培养一支热爱本职工作、富有奉献热情的高校思想政治理论课教师队伍，激发高校思想政治理论课教师主动参与大学生理论骨干宣讲的积极性至关重要。学校要进一步提高思想政治理论课教师的思想素质，加强教师的师德师风建设，培养教师的责任意识，让每位教师都能尽力做好指导工作。① 大学生理论骨干是指热衷于理论的学习传播与实践、在大学生群体中能够真正起积极作用和影响的思想较为先进的大学生，其理论素质普遍高于一般大学生的水平。大学生理论骨干是大学生中相对特殊的群体，在工作中我们要善于抓住大学生党员、大学生干部、对理论学习有浓重兴趣的大学生、共青团干部、青年知识分子等重点对象，结合其自身特点和时代要求，分层次、有步骤地开展我们的大学生理论骨干培养工作。对大学生理论骨干的培养应使其较系统地掌握马克思列宁主义、毛泽东思想、中国特色社会主义理论体系；树立坚定的共产主义理想和中国特色社会主义信念；具备勤奋好学的学习态度和严谨求实的作风；经受实际的工作锻炼和现实的良好考验；思想更加积极，思维更加活跃，政治态度、思

① 林勇灵：《"思政沙龙"学生理论骨干进课堂的探索与实践——以广西工商职业技术学院为例》，《教育观察》2020年第2期。

想认识、价值观念更具有先进性，让其能够成为马克思主义大众化的先锋模范和中坚力量，具备引领大学生思想变化的独特思想政治教育优势。① 随着时代的发展，大学生理论社团的建设在大学校园中呈上升的趋势，不管是在学校里面还是在学校外面都有理论社团的存在，而且得到了各大高校的支持。通过开展理论社团建设，大学生将马克思主义、毛泽东思想，以及中国特色社会主义理论体系作为学习的目标。大学生理论社团，是具有高校思想政治理论性质的社团，具有重要的理论价值，学校对其给予了高度的重视，相关的思想政治理论学者也对其进行了深入的研究。大学生理论社团的建设，为高校思想政治理论课教学的展开提供了帮助，坚持以马克思主义思想为指导，能够与时代的发展潮流相适应，帮助大学生进一步学习思想政治理论教学内容，为大学生的成长和发展带来机会。虽然理论社团的建立帮助大学生掌握了相关的知识、树立了政治理论思想，具有积极的作用，但是在一定程度上还存在一些不足和问题，影响大学生理论社团建设的长远发展，学校和马克思主义学院应该加强这方面的重视程度，保证大学生理论社团健康稳定的发展，发挥其重要的积极作用。② 大学生理论社团是高校学生社团的重要组成部分，是在高校党团组织的指导下，以学习、研究、宣传和实践马克思列宁主义、毛泽东思想、习近平新时代中国特色社会主义思想等为主要内容，以理论讲座、课外培训、社会实践等为活动形式的有组织的学生活动社团。大学生理论社团是马克思主义大众化平台和青年马克思主义者的培养基地，是高校思想政治理论课第二课堂的重要形式，是大学生提高自身理论素养和能力素质的重要途径和有效方式。

　　各地各高校要实施卓越的马克思主义理论人才培养计划，加强大学生理论骨干培养。鼓励思想政治理论课名师担任青年马克思主义者培养工程培训专家。理论社团不仅是大学生学习、研究、宣传理论的阵地，更是运用理论、践行理论的重要平台。与一般社团相比，理论社团具有高度的理论自觉和鲜明的意识形态色彩。③ "基于对马克思主义理论的热爱与认同，大学生自愿加入理论社团，主动学习、研究、传播、运用马克思列宁主义和马克思主义中国化的理论成果，特别是切实学好弄懂习近平新时代中国特色社会主义思想，并通过各种主题实践体验，真学、真信、真懂、真用马克思主义，使马克思

　　① 贾宏树：《高等学校培养青年马克思主义者研究》，北京交通大学硕士学位论文，2012 年，第 3 页。
　　② 何家兴：《大学生理论社团建设的现状与发展策略研究》，《智库时代》2020 年第 3 期。
　　③ 袁文华、李辉：《大学生理论社团的思想政治教育功能及其实现》，《北京教育（德育）》2017 年第 11 期。

主义内化于心、外化于行，帮助大学生更加清晰、更加理性地认清国际国内复杂环境和发展趋势，为大学生成长成才奠定科学而坚实的思想基础。从此种意义上来讲，理论社团的自身地位、活动内容、发展目标和高校思想政治理论课实践教学在教学要求、教学目标、教学内容等方面具有高度的一致性。毋庸置疑，理论社团为思想政治理论课提供了实践教学平台。"①

各地各高校要举办理论学习夏令营，开展"理论之星"评选活动，鼓励大学生学习马克思主义经典著作。加强对大学生理论社团的引导，每个理论社团配备一位思想政治理论课教师担任指导老师。开展"高校优秀大学生理论社团评选活动"，引导和鼓励大学生通过自我学习、自我教育的方式拓展课堂教学成果。"把更多的优秀大学生凝聚到高校学生马克思主义理论社团里来，从中受到马克思主义理论教育，成为社会主义事业的优秀接班人，是高校党团组织部门义不容辞的责任。目前高校学生马克思主义理论社团存在不少问题，制约其健康发展。要发挥高校党团组织对学生社团的主导作用，加大对学生社团的指导和扶持力度，完善各项规章制度，健全马克思主义理论社团的管理，建立健全社团的领导机制。"② 2015 年 1 月，中共中央办公厅、国务院办公厅印发《关于进一步加强和改进新形势下高校宣传思想工作的意见》。该文件指出，要不断壮大高校主流思想舆论。要扎实推进高校思想理论建设，推进高校哲学社会科学创新体系建设，积极参与马克思主义理论研究和建设工程，加强中国特色社会主义理论体系研究中心等重点基地建设，建设和创办一批权威的马克思主义理论研究学术期刊，深入实施青年马克思主义者培养工程，在青年教师和学生中培养一大批政治骨干，造就一支政治坚定、学养深厚、有重要影响的思想政治理论建设队伍。"马克思主义理论是理论社团立足的根本和存在的依据，是其生命力之所在。社团的思想正确确保社团发展方向的正确，社团的理论创新引领各方面的创新。对高校而言，对待理论社团，既不可大包大揽，过分干涉；也不可放任自流，任由其无序发展。要始终确保大学生加入理论社团，是出于思想上真正认同马克思主义，是出于动机上真心想学马克思主义理论，是出于情感上渴望成为一名青年马克思主义者。只有着力加强马克思主义的思想引领，不断强化理论的研究和学习，理论社团才能在日益复杂的社会局势下保持正确的发展方向，才能在

① 梁宇嫣、王蕊：《依托理论社团开展思政课实践教学的现实境遇和提升路径》，《高教论坛》2020 年第 3 期。

② 王传利：《高校学生马克思主义理论社团存在的问题及其对策建议》，《思想教育研究》2018 第 10 期。

价值取向日趋多元化的时代背景下不忘初心。"① 学习型理论社团是高校思想政治理论课的第二课堂。高校思想政治理论课教学在大学生的思想政治教育中发挥着主导作用，而学习型理论社团对其成员所进行的日常教育，即其所开展的有关马克思主义理论和马克思主义中国化最新成果的学习和实践活动在高校思想政治理论课中也具有重要作用。高校大学生在学习型理论社团中，可以将思想政治理论课教学中感兴趣和重要的内容和知识带到社团活动中加以深入学习探讨和研究，以提升对党和国家的科学认识和了解、提高自身的思想政治理论素养、陶冶自己的情操等。从这个角度而言，高校学习型理论社团的活动不仅是提高大学生素质教育的重要途径和有效方式，是新形势下有效凝聚大学生、开展思想政治理论课教学的重要组织动员方式，更是与课堂教学相互促进的思想政治理论教育的第二课堂。② 通过参与学习型理论社团组织的活动，有利于把大学生培养成为具有坚定信念和践行信仰，真学、真懂、真信、真用马克思主义理论的青年马克思主义者。在着力培育大学生理论骨干和理论社团的过程中，要围绕思想政治理论课热点、难点问题，组织开展全国高校大学生系列主题理论学习讨论会，让大学生围绕一些模糊认识在讨论中增进价值认同、增强理论自信。

整合资源强化实践教学。制定印发《高校思想政治理论课实践教学大纲》，进一步规范实践教学。推动思想政治理论课实践教学与大学生社会实践活动有机结合，整合思想政治理论课教师和辅导员队伍，共同参与组织指导实践教学。各高校要健全组织管理方式，逐步形成学校思想政治理论课教学科研机构、宣传部、教务处、学工部、团委等部门协调配合的实践教学工作机制。积极争取社会各方面支持，整合实践教学资源，拓展实践教学形式，建设一批相对稳定的实践教学基地。注重总结实践教学成果，把优秀调研报告等作为课堂教学的补充材料。

高校思想政治理论课要着力提高校园文化建设的理论品质。高校校园文化是指以社会主义先进文化为主导，由学校全体成员在长期的办学过程中共同创造而形成的学校物质文明、制度文明、精神文明的总和③。习近平总书记指出，"要更加注重以文化人，以文育人，广泛开展文明校园创建，开展形式

---

① 袁文华、李辉：《大学生理论社团的思想政治教育功能及其实现》，《北京教育（德育）》2017年第11期。

② 郭世平、邹世斌：《学习型理论社团的功能定位、现实困境和实践探索》，《思想理论教育导刊》2017年第6期。

③ 韩迎春、吴瑶：《高校校园文化建设基本理论研究述评》，《黑龙江高教研究》2007年11期。

多样、健康向上、格调高雅的校园文化活动,广泛开展各类社会实践"①。实施高校学生马克思主义自主学习行动计划,充分发挥学生理论学习的主体作用。结合思想政治理论课程学习,组织学生开展形式多样的文化艺术活动,举办马克思主义理论学习沙龙。围绕社会主义核心价值观课堂学习,开展高校学生多媒体创作展示活动。因此,学生在一个团结互助和学习氛围浓厚的校园里学习和生活,承担着对自己、民族、社会、国家的担当与责任,为各民族之间团结互助、实现中华民族伟大复兴凝聚中国力量,并在此行为过程中实现自己的价值。② 具体而言,高校校园文化以高校校园为活动空间,以全体教职员工、学生和校友为主体,以中华优秀传统文化、革命文化、社会主义先进文化等中国特色社会主义文化为具体内容,以符号、观念、仪式与制度为主要表征形态,以育人为根本目标。实际上,"观念的东西不外是移入人的头脑并在人的头脑中改造过的物质的东西而已"③,故而办学理念直接影响符号层文化和制度层文化,营造学校氛围。马克思还指出"人们自觉地或不自觉地,归根到底,总是从他们阶级地位所依据的实际关系中——从他们进行生产和交换的经济关系中,获得自己的伦理观念"④。高校校园文化是指一所高校经过长期发展积淀而形成共识的一种价值体系,即价值观念、办学思想、群体意识、行为规范等,也是一所高校的办学精神与文化环境氛围的集中体现。高校校园文化包括物质文化、精神文化和制度文化三个方面。提高校园文化建设的理论品质对于学生健康成长具有重要的理论价值和现实意义。在校园文化建设中,精神文化是目的,物质文化是实现目的的途径和载体,是推进校园文化建设的必要前提;物质文化建设是校园文化建设的重要组成部分和重要支撑。校园物质文化,属于校园文化的硬件,是看得见、摸得着的东西。校园物质文化的每一个实体,以及各实体之间结构的关系,无不反映了某种教育价值观。校园制度文化作为校园文化的内在机制,包括学校的传统、仪式和规章制度,是维系学校正常秩序必不可少的保障机制,是校园文化建设的保障系统。"没有规矩,不成方圆",只有建立起完整的规章制度、规范了师生的行为,才有可能建立起良好的校风,才能保证校园各方面工作和活动的开展与落实。校园文化是学校发展的灵魂,是凝聚人心、展示学校

---

① 习近平:《习近平谈治国理政》(第二卷),北京:外文出版社 2017 年版,第 378 页。
② 谭天美等:《高校校园文化铸牢中华民族共同体意识初探》,《黑龙江高教研究》2020 年 5 期。
③ 中共中央马克思恩格斯列宁斯大林著作编译局编译:《马克思恩格斯选集》(第二卷),北京:人民出版社 1995 年版,第 112 页。
④ 中共中央马克思恩格斯列宁斯大林著作编译局编译:《马克思恩格斯选集》(第三卷),北京:人民出版社 1995 年版,第 434 页。

形象、提高学校文明程度的重要体现。校园文化对学生的人生观、价值观产生着潜移默化的深远影响，而这种影响往往是任何课程所无法比拟的。健康、向上、丰富的校园文化对学生的品性形成具有渗透性、持久性和选择性，对于提高学生的人文道德素养、拓宽学生的视野、培养跨世纪人才具有深远意义。

2014 年 2 月 24 日，习近平总书记在中共中央政治局第十三次集体学习时强调，"努力用中华民族创造的一切精神财富来以文化人、以文育人"①。在 2016 年末的全国高校思想政治工作会议上，习总书记又专门提出，"做好高校思想政治教育工作要更加注重以文化人，以文育人"②。这为高校思想政治工作的改进与发展指出了一个新的方向。2017 年，党的十九大召开，"文化"被赋予了空前重要的意义。"文化是一个国家、一个民族的灵魂"③。"文化自信是一个国家、一个民族发展中更基本、更深沉、更持久的力量。"④ 以文化人是指以一定的文化来引导人、熏陶人和感化人。从思想政治教育学科层面讲，"以文化人"更多强调的是在遵循育人规律的基础上达成一种文化与教育融合共生的状态，特指教育者自觉地、有意识地通过运用承载特定价值观的文化现象，对受教育者施加教育影响。⑤ 对大学生群体而言，从感染于文化现象到学习知识与掌握方法，进而实现价值观的认同与践行，是一个漫长的"人文化成"过程，受到多种因素的综合作用和影响，需要在加强高校以文化人工作的系统性建构中破解一系列基本问题。要铸造以文化人工作的根本灵魂，破解化成什么样的人的问题，确保高校以文化人工作的方向性；突出以文化人工作的时代特征，破解在什么样的历史境遇下化人的问题，增强高校以文化人工作的时代性；把握以文化人工作的主体与客体，破解由什么样的人来化什么样的人的问题，增强高校以文化人工作的主动性和针对性；明确化人之"文"的基本内容，破解用什么样的"文"来化人的问题，保障高校以文化人工作的科学性；优化以文化人工作的基本路径，破解怎么"化"

---

① 习近平：《习近平谈治国理政》（第一卷），北京：外文出版社 2018 年版，第 164 页。

② 习近平：《把思想政治工作贯穿教育教学全过程　开创我国高等教育事业发展新局面》，《人民日报》，2016 年 12 月 9 日。

③ 习近平：《决胜全面建成小康社会　夺取新时代中国特色社会主义伟大胜利——在中国共产党第十九次全国代表大会上的报告（2017 年 10 月 18 日）》，北京：人民出版社 2017 年版，第 40 页。

④ 习近平：《决胜全面建成小康社会　夺取新时代中国特色社会主义伟大胜利——在中国共产党第十九次全国代表大会上的报告（2017 年 10 月 18 日）》，北京：人民出版社 2017 年版，第 23 页。

⑤ 刘建军：《马克思主义指导思想在当代中国的多重文化身份》，《山东师范大学学报（人文社会科学版）》2013 年第 1 期。

人的问题，提升高校以文化人工作的有效性。① 习近平总书记指出："我们的高校是党领导下的高校，是中国特色社会主义高校。办好我们的高校，必须坚持以马克思主义为指导，全面贯彻党的教育方针。要坚持不懈传播马克思主义科学理论，抓好马克思主义理论教育，为学生一生成长奠定科学的思想基础。"② 这就要求在高校以文化人的工作中，继续巩固马克思主义指导思想的重要地位，科学地对待社会思潮与价值体系多元化共存的客观实际，运用马克思主义的基本立场、观点和方法，研究分析各种社会思潮，破解思想迷雾，抵制思想文化领域"去意识形态化""去价值化""去历史化""去中国化"等错误观点，自觉运用马克思主义理论引导人和塑造人，确保高校以文化人工作的基本方向。不论是何种形态、内容的文化，总承载着一定的价值观，思想政治教育要实现对人的价值引导，不能忽视对文化的传播与传承。"以文化人"是新时期高校思想政治教育的一个新路向。从物质文化、精神文化、制度文化和行为文化入手，注重"文"的内涵和"化"的艺术，用优秀的文化成果对学生进行思想引领、价值引导、行为督促，促使学生将正确的价值观内化于心、外化于行。这是"以文化人"思想为新时代高校思想政治教育创新性发展提供的智慧方案。③ 大学是创造知识、推动技术进步的重要力量，同时对技术变革也最为敏感。"大学校园文化彰显着大学独特的精神特质，是大学全体师生共同的精神家园，是大学创造力和影响力的重要源泉，它像空气一样，无时不有、无处不在，融入大学师生的生活。随着高等教育大众化以及新媒体技术的发展，大学与外部环境的联系越来越密切，大学校园文化建设离不开新媒体所创设的话语语境。"④ 新媒体的出现，是技术革命与观念创新共同作用的结果，对大学校园文化的影响是极为深刻的，也是前所未有的。新时代新媒体为大学校园文化提供了丰厚的养分，提供了形式多样的载体，极大丰富了大学校园文化内涵。文化是大学的个性之所在，无论其表现形式如何，总是以某种特定的方式，表达了大学特定的价值立场和价值选择。新媒体的出现，不仅在重新塑造大学生的思想观念，还对其行为方

① 金德楠：《论我国高校以文化人工作的五个基本问题》，《黑龙江高教研究》2017 年第 11 期。
② 习近平：《把思想政治工作贯穿教育教学全过程　开创我国高等教育事业发展新局面》，《人民日报》，2016 年 12 月 9 日。
③ 汤乐：《试论高校思想政治教育中的"以文化人"工作》，《南京航空航天大学学报（社会科学版）》2020 年第 2 期。
④ 徐稳、杨素群：《论新媒体视域下的大学校园文化建设》，《学校党建与思想教育》2016 年第 1 期。

式产生了极为深刻的影响。[1] 新媒体是观念和技术的融合，引领着人类社会的发展方向。大学生作为感觉敏锐的特殊群体，多元的文化趋势、多维的价值视角必将对他们的世界观、人生观和价值观的形成产生深远的影响。高校思想政治理论课必须加强舆论监测和引导，掌握大学生思想动态，及时消除各种错误观念的误导，增强大学生的鉴别能力，确保他们在大是大非的问题上始终保持清醒的头脑，为大学校园文化建设创造良好的舆论环境。

---

[1]　张朱博：《新媒体环境下大学校园文化建设面临的机遇、挑战与对策》，《北京师范大学学报（社会科学版）》2013 年第 1 期。

第九章　广东高校思想政治理论课发展战略探索

《礼记·中庸》："凡事预则立，不预则废。"高校思想政治理论课发展战略就是对高校思想政治理论课发展方向、速度、质量、特点等重大问题进行决策、选择及规划。广东高校思想政治理论课认真贯彻落实党的十九大精神，不断探索把习近平新时代中国特色社会主义思想融入课堂、融入教学，不断提高高校思想政治理论课的针对性、有效性和吸引力、亲和力。在广东省教育厅的直接领导下，依托政策优势和地理优势，牢牢把握高校思想政治理论课的发展方向，明确目标，实现高校思想政治理论课的快速、健康、持续发展。广东高校高度重视高校思想政治理论课发展战略规划与策划，不断强化学科、制度、机构、资源等保障条件，聚焦教材、教师、教学等关键环节，持续用心用力，不断提高高校思想政治理论课质量和水平，使广东高校思想政治理论课教学状况不断改善，学生满意度和获得感明显增强。

一、广东高校思想政治理论课发展战略的基本理论

广东高校思想政治理论课高举中国特色社会主义伟大旗帜，以马克思列宁主义、毛泽东思想、邓小平理论、"三个代表"重要思想、科学发展观、习近平新时代中国特色社会主义思想为指导，全面贯彻党的教育方针，落实立德树人根本任务，把高校思想政治理论课教学工作摆在更加突出的位置，更加重视加强和改进教学管理，更加重视提升教学质量，不断提高高校思想政治理论课的亲和力和针对性，全面推动习近平新时代中国特色社会主义思想进教材、进课堂、进头脑，牢固树立"四个意识"，坚定"四个自信"，培养德智体美劳全面发展的中国特色社会主义合格建设者和可靠接班人，培养担当民族复兴大任的时代新人。广东高校思想政治理论课教师要带头学习政治思想理论，持续深入学习习近平新时代中国特色社会主义思想，真正学懂、弄通、做实，并能深入浅出向学生进行讲授，不断增进学生的思想认知和认同；加强对马克思主义指导地位、我国根本政治制度、党的领导等重大问题

的研究学习，并向学生讲清楚、讲明白。要带头遵守课堂教学纪律，加强对本校思想政治理论课教师教学行为的管理，引导他们严守课堂教学纪律，不得发表任何有违四项基本原则的言论，不得向学生兜售任何西方错误思想观点，不得选用涉敏感内容的教学辅助资源，努力将高校思想政治理论课教学部门建设成为高校意识形态工作和思想政治理论课教学的示范阵地。要在工作生活中带头讲规矩，健全高校思想政治理论课教学部门意识形态工作责任制，将意识形态工作与思想政治理论课教学结合起来，明确每一位教师的意识形态工作责任和要求；教育引导本校思想政治理论课教师在日常生活中慎独律己，不得在任何场合特别是网络、自媒体等平台宣扬错误言论，养成健康的生活情操，展现良好的社会形象，为广大青年学生成长提供正向的范本。广东高校要借力高校思想政治工作督查和通报机制，推动学校党委更加重视和支持思想政治理论课教学工作；要适应新版教材启用的教学需要，更加重视和完善集体备课制度；要立足"大思政"工作格局开展思想政治理论课教学；要全面建立思想政治理论课听课制度；要加大思想政治理论课教学指导力度；要加强思想政治理论课骨干力量和精品项目培养培育。①

中山大学马克思主义学院按照教育部《新时代高校思想政治理论课教学工作基本要求》，对新时代高校思想政治理论课发挥育人主渠道作用提出了新的要求。中山大学马克思主义学院明确提出要继续打好提高思想政治理论课质量和水平的攻坚战，坚持不懈传播马克思主义科学理论，讲清讲透习近平新时代中国特色社会主义思想的时代背景、重大意义、科学体系、精神实质、实践要求，全面推动习近平新时代中国特色社会主义思想从教材体系到课堂体系的展开和深入，直至进入大学生头脑，夯实大学生成长成才的科学思想基础，引导大学生树立正确的世界观、人生观和价值观，不断提高大学生对思想政治理论课的获得感。

华南理工大学马克思主义学院立足新时代培养时代新人的使命，非常重视高校思想政治理论课建设，在发展战略上进行了系统的设计和规划。学院聚焦立德树人，推进教育教学综合改革，着力培养又红又专的一流人才。贯彻落实中共中央、国务院《关于全面深化新时代教师队伍建设改革的意见》，教育部、国家发展改革委、财政部、人力资源和社会保障部、中央编办《教师教育振兴行动计划（2018—2022 年）》；出台《华南理工大学教职工思政工作提升计划》，完善师德师风建设长效机制，修订师德标准，选树师德标杆，

---

① 资料来源于广东省教育厅副厅长邢锋在第四届广东省高校思想政治理论课教学指导委员会2018 年全体委员（扩大）会议上的讲话（2018 年 10 月 11 日）。

进一步发挥学校"黄大年式教师团队"、名师大家的示范引领作用；建立师德考核负面清单制度，建立师德失范曝光平台和定期通报制度，实行师德"一票否决"。以教育部实施高校思想政治教育名师支持计划、2018 年打造高校思想政治理论课教师队伍建设年为契机，打造教师思政品牌工程，探索实施思想政治理论课特聘教授制度。

暨南大学马克思主义学院坚持教书与育人相结合，提升思想政治理论课主渠道的教学质量和水平。秉持立德树人的育人理念，发挥思想政治理论课课堂教学的主渠道作用，强化课程育人，切实增强大学生思想政治理论课的获得感。构建具有学校特色和学科优势的思想政治理论课教学体系，创新理论教育与实践调研相结合的教学模式，推进课程教学模式改革，增强思想政治理论课的吸引力和感染力。大力提升教师水平和教师思想政治素质，把"真懂""真信"作为思想政治理论课教师队伍的基本职业素养，完善教师评聘考核机制，加强教师服务引导工作。坚持学科与平台建设相结合，打造思想政治教育的学术阵地。立足学校的双一流建设，以学院定位和发展目标为基础，以"马克思主义理论"学科申报一级学科硕士点为龙头，以现有教学科研基地和学科平台为抓手，整合全校思想政治教育相关教学科研力量，扩大思想政治教育的教学资源与教学阵地。坚持教学与科研相结合，增强大学生思想政治教育的成效性。立足科研兴教、科研育人，不断提升思想政治教育的学术研究水平。深入开展大学生思想政治教育"新常态"研究，着力理论武装，为破解大学生思想政治教育新问题提供科学的理论指导。推进"学术成果进教学，学术报告进课堂，学术研究进课改"，提升思想政治教育的思想境界，增强思想政治教育的成效。

华南农业大学马克思主义学院根据《华南农业大学高水平大学建设改革实施方案（2016 年 9 月—2017 年 1 月）》（华农党发 201646 号）、《华南农业大学"十三五"本科教育发展规划》（华南农办 2016180 号）和校办、教务处《关于全面开展我校教师教学发展分中心建设的通知》（华南农通 201711 号）等文件要求，为了进一步加强马克思主义学院教师队伍建设，提升教师教育教学能力和水平，提高思想政治理论课的教学质量和教学效果，经马克思主义学院党政联席会议和教学指导委员会讨论研究，成立了马克思主义学院教师教学发展分中心，并依托中心组织提升教师教学能力的讲座和培训等。

广州大学马克思主义学院思想政治理论课通过系统的马克思主义理论课程教学，本着立德树人，培养具有正确的世界观、人生观和价值观的中国特色社会主义合格建设者和可靠接班人为宗旨，将思想政治理论课建设成为学生"真心喜欢、自觉践行、终身受益"的课程。课程建设的主要目标就是在

"最受学生欢迎教师团队"的基础上，打造一支热爱思想政治教育、有深厚的学术涵养、坚定的政治信念和强大的创新能力的师资队伍；在现有统编教材和教学大纲的基础上，结合国内外政治、经济、文化实践的新发展、学术研究的前沿动态以及学生的专业学习和生活实际，对课程教学内容做适当扩展，出版与四门课程相关的系列教学成果；在尊重教学规律的基础上，鼓励任课教师采用自己喜欢、学生受益的教学方法进行个性化教学；在传统教学手段之外，鼓励教师使用行之有效的新教学手段，利用当代教育新技术进行教学；加大精品课程建设的力度，力图在近五年内将"马克思主义基本原理概论""毛泽东思想和中国特色社会主义理论体系概论""中国近现代史纲要""思想道德修养与法律基础"四门课程打造为省级精品课程；争取一批省级以上教学改革和质量工程项目。

仲恺农业工程学院马克思主义学院把思想政治工作贯穿教育教学全过程，实现全程育人、全方位育人，努力开创思想政治理论课教学新局面，形成以理想信念教育为核心，以爱国主义教育为重点，以思想道德建设为基础，以大学生全面发展为目标的教学体系，坚持教学立院、学术兴院、特色强院、民主管院的发展战略。

南方医科大学马克思主义学院思想政治理论课的发展战略是按照党的十九大报告精神，努力发挥思想政治理论课提高大学生思想觉悟、道德水准、文明素养的主渠道，紧扣教育部关于思想政治理论课发展的相关文件精神，制定思想政治理论课的发展战略。

广东药科大学马克思主义学院根据党的十九大以及习近平总书记系列重要讲话精神，按照《普通高校思想政治理论课建设体系创新计划》的要求，以学校建设高水平药科大学为契机，贯彻落实"育人为本、德育为先"的教育理念，全面推进思想政治理论课建设体系创新，以特色建设谋发展，扎实推进内涵建设，使思想政治理论课建设走在全省同类高校前列。

电子科技大学中山学院马克思主义学院认真贯彻落实党的十九大精神和习近平总书记系列重要讲话精神，贯彻好教育部、省教育厅及省高校思想政治理论课教学指导委员会组织的"教学质量年"有关精神和工作部署，提升教师教学水平，进一步提升亲和力、时代性、针对性，切实有效提高思想政治理论课教学质量，着力使学生满意度和获得感明显增强。

广东轻工职业技术学院马克思主义学院深入贯彻落实全国高校思想政治工作会议精神，打赢提升思想政治理论课质量和水平的攻坚战，坚持社会主义办学方向，以立德树人为根本，以理想信念教育为核心，以社会主义核心价值观为引领，以师德师风建设和校园文化建设为抓手，以提高教师队伍思想政治素质和育人能力为基础，增强全校师生对中国特色社会主义的政治认同、思想认同、感情认同、价值认同，不断坚定广大师生对中国特色社会主义的道路自信、理论自信、制度自信、文化自信，培养又红又专、德才兼备、全面发展的中国特色社会主义合格建设者和可靠接班人。

广东工程职业技术学院马克思主义学院紧紧围绕立德树人根本任务，推进习近平新时代中国特色社会主义思想和党的十九大精神"进教材、进课堂、进头脑、进网络、进校园社区"。聚焦新时代思想政治理论课主课堂，在"强队伍、精课程、厚科研"三条梁柱上进一步打牢基础和夯实结构，充分发挥新时代主课堂的核心辐射功能，以思想政治理论课、社会实践课的改革创新为主平台，着力推动思想政治理论课与最新理论成果、学生专业发展、社会实践、校园文化、新媒体技术的全面融合，守正创新，使新时代思想政治理论课所蕴含的真理活水和理论魅力得以渗透育人盲区，无缝对接育人断点，打通育人"最后一公里"，构建起高职马克思主义学院一体化的"三全育人"体系，建成易于操作、宜于推广的高职马克思主义学院"三全育人"模式。

广州民航职业技术学院马克思主义学院认为抓好高校思想政治理论课建设，关乎为党立言、为党育人、为党守土的大业。基于这一理念，高校思想政治理论课的发展应强基固本，立足于培养中国特色社会主义合格建设者和可靠接班人，提升教学内涵、丰富教学方式、拓展教学实践、强化教学实效、优化师资队伍、强化保障机制，努力建设大学生真心喜爱、终身受益的思想政治理论课。

广州南洋理工职业学院马克思主义学院秉承思想政治理论课让师生都满意和具有获得感的思政精神，深入实施思想政治理论课建设体系创新计划，突出高职特色，以围绕学生、关照学生、服务学生为主线，以课堂教学为主体、以教师队伍和教改科研为两翼，做实做强实践教学和网络教学两个载体，推动思想政治理论课在改进中加强、在创新中提高，让思想政治理论课活起来、实起来、亮起来。

广东机电职业技术学院马克思主义学院根据中共中央办公厅、国务院办公厅《关于进一步加强和改进新形势下高校宣传思想工作的意见》（中办发〔2014〕59号），《中央宣传部　教育部关于印发〈普通高校思想政治理论课建设体系创新计划〉的通知》（教社科〔2015〕2号），以及中共广东省委组织部、中共广东省委教育工委《广东省关于加强和改进新形势下高等学校学生党建工作的若干意见》（粤组字〔2015〕7号）等文件精神，为提高思想政治理论课教学质量，坚持育人为本、德育为先，实现教学管理的科学化、规范化，落实中央和广东省有关文件精神，促进学校整体教学水平的提高和人才培养目标的实现，规划并实施"十三五"思想政治理论课发展战略。高举中国特色社会主义伟大旗帜，以马克思列宁主义、毛泽东思想、邓小平理论、"三个代表"重要思想、科学发展观、习近平新时代中国特色社会主义思想为指导，全面贯彻党的教育方针，强化政治意识、责任意识、阵地意识和底线意识，以立德树人为根本任务，以深入推进中国特色社会主义理论体系进教材、进课堂、进头脑为主线，以提高教师队伍思想政治素质和育人能力为基础，以加强高校舆论、网络等阵地建设为重点，积极培育和践行社会主义核心价值观，不断坚定广大师生对中国特色社会主义的道路自信、理论自信、制度自信、文化自信，培养德智体美劳全面发展的社会主义建设者和接班人。

二、广东高校思想政治理论课发展战略的特征

广东省教育厅非常重视加强高校思想政治理论课教师队伍建设，系统完善高校思想政治理论课专职教师任职资格制度，按照教育部有关普通高校思想政治理论课教师任职基本要求，制定广东省的贯彻实施办法与细则。系统梳理有关文件要求，研制《统筹校内外力量　充实思政课师资力量工作指引》，统筹好地方党政领导干部、企事业单位负责人、社科理论界专家、各行业先进模范、高校党委书记校长、院（系）党政负责人、名师大家和专业课骨干教师以及日常思想政治教育骨干这 8 支队伍上思想政治理论课讲台；遴选历年高校党委书记、校长上第一堂思想政治理论课的优秀讲稿并结集出版。深化思想政治理论课名师工作室建设，组织工作室成员开展素质技能比赛活动，促进各工作室间互学互鉴。坚持举办高校思想政治理论课青年教师教学基本功比赛，多渠道遴选并建立思想政治理论课优秀青年教师库，完善思想政治理论课教师梯队建设。举办哲学社会科学骨干研修班、学习贯彻习近平总书记全国高校思想政治工作会议讲话精神研修班，分课程举办思想政治理论课骨干教师培训班，开展思想政治理论课新任教师岗前培训，遴选优秀教师参加教育部相关研修活动等，形成广东高校思想政治理论课的特色。广东省教育厅不断加强高校思想政治理论课教学指导，不断强化高校思想政治理论课主渠道的教学，积极探索和推动高校思想政治理论课教学科研机构新教师试讲、集体备课、相互听课、集中命题等制度化、常态化。实施"众智育人——基于易班平台的网络思政提升"项目，通过"易班"等网络平台，开设"名师大讲堂"，建设"南方红课"，培育一批受欢迎的思想政治理论课网络名人。组织开展高校思想政治理论课教师暑期社会实践研修、学生思想政

治理论课实践教学优秀案例及优秀实践报告征集活动。统筹广东省教育科学研究"十三五"发展规划课题（德育专项）、高校思想政治教育课题等资源，组织开展高校思想政治理论课重大问题攻关研究、教育教学方法专题研究等，极大提高了高校思想政治理论课教学质量和水平，高校思想政治理论课普遍受到学生的欢迎。

中山大学马克思主义学院强调把政治标准放在首位，落实思想政治理论课教师注册制度；按照中央有关文件的要求，规划队伍编制，有计划地增加思想政治理论课专职教师人数；以思想政治表现、课堂教学质量作为首要标准，制定并不断完善具有马克思主义理论学科和思想政治理论课教学特色的职称评聘规则；实施辅导员讲授思想政治理论课的聘任管理计划，选聘符合条件的辅导员进入思想政治理论课课堂，以主讲、助教、实践导师等身份参与教学；建立特聘教师资源库，鼓励符合条件、有较高政治理论素养和丰富教育实践经验的党政干部、社科理论研究人员等参与教学，鼓励哲学、历史学、法学、社会学、政治学等相关学科的专任科研系列教师申请聘任思想政治理论课教师岗位；坚持并做实、做细学校党委书记、校长和院系党委书记、院长（系主任）每学期至少讲一次思想政治理论课的制度。加大思想政治理论课教学改革力度，学院思想政治理论课教学有理有实、有棱有角、有情有义、有滋有味，不断增强课程的吸引力、说服力和感染力，使广大学生具有获得感；以专题教学为切入点，以新教材的新内容体系来确定专题教学的主题和主要内容，以新时代教育教学新方法来革新专题教学的教案设计、教学方法及评价方法，进一步改革完善课堂教学。通过专题教学，用好课堂，用足课堂，深入学习和领会习近平新时代中国特色社会主义思想。通过教育引导，让学生正确认识世界与中国发展大势，认识和把握人类社会发展的历史必然性和中国特色社会主义的历史必然性，不断树立为共产主义远大理想和中国特色社会主义共同理想而奋斗的信念和信心；让学生正确认识中国特色和国际比较，全面客观认识当代中国，客观看待外部世界；让学生正确认识时代责任和历史使命，用中国梦激扬青春梦，为学生点亮理想的灯、照亮前行的路，激励学生自觉把个人的理想追求融入国家和民族的事业中，勇做走在时代前列的奋进者、开拓者；让学生正确认识远大抱负和脚踏实地，把远大抱负落实在实际行动中，让勤奋学习成为青春飞扬的动力，让增长本领成为青春搏击的能量。以规范化为抓手，不断加强教育教学管理。重点规划各教研部责任，规范课程建设，规范课堂教学团队，规范教学工程，规范考试方式。坚守高校思想政治教育主体责任，保证课程纪律性与学术性的统一，引导教师以德立身、以德立学、以德施教。以质量建设为目标，充分发挥集体备课功能，在备课过程中坚持教学研究与科学研究相统一、教学示范与教育共识相配合、团队建设与个体成长相同步。不断完善教学监督评价制度，逐步建立起立体的、全过程的评价标准和评价机制，进一步加强和完善校领导、教学督导、学院领导的听课评课制度，将教学质量作为教师业绩的重要考核要素，纳入各种考核指标体系之中。学院全力打造全员、全过程、全方位育人，进一步完善课堂教学中的马克思主义经典阅读、助教辅助、名师授课等环节，精选经典阅读文献，提高大学生作品层次。增强助教参与教学的实效性，建立助教专业成长与课堂参与的互动机制；支持名师工作室、教学科研团队建设，发挥示范引领和资源集聚功能。以社会主义核心价值观教育为基本遵循，构建课堂教学、实践教学、网络学习和大学生自我教育的立体化育人模式。整合全校学生社会实践资源，建立具有特色的大学生社会实践基地；建设好思想政治理论课微课教学资源库，完善思想政治理论课网络教学资源，搭建思想政治理论课网络学习平台；进一步发挥马克思主义理论研修班、青年马克思主义者研修班等大学生理论骨干和理论社团的功能，不断完善青年马克思主义者培育的新模式。

华南理工大学马克思主义学院抓好课堂教学主渠道，出台"明道育德"课程思政教学改革实施方案，逐步推进"课程思政"教育教学改革，充分挖掘课程的育人元素和育人功能，构建思政课程、通识课程、专业课程、实践研习"四位一体"的课程思政体系，提升课程思政的影响力和育人效果。充分发挥学校党团组织的育人功能，进一步凝练特色，优化"标杆工程""卓越工程"等活动形式。积极组织大学生参加"青年红色筑梦之旅"活动。完善三级大学生心理健康预警与干预体系，深入推进二级学院心理辅导站建设。

华南师范大学马克思主义学院依据学校实际情况，选拔优质教师资源。制定思想政治理论课教师任职资格标准，把政治立场作为教师聘用的首要标准，严把教师聘用政治关。严格教师管理，在事关政治原则、政治立场和政治方向上严格把关，对于理论素质、教学水平达不到相应课程要求的，不得继续担任思想政治理论课教师。加强后备人才储备，充分保障思想政治理论课教学和科研用人需求。加强教师培养培训，统筹规划培训内容，系统设计培训形式，组织编写培训教材，凝练形成满足不同层面需要的菜单式培训方案。强化教学科研骨干培养，推进择优资助，培养教师骨干，将思想政治理论课教学科研骨干培养与干部队伍建设结合起来，支持教学科研骨干、马克思主义学院负责人到相关部门挂职或实践锻炼。加强和完善思想政治理论课特聘教授制度。设立思想政治理论课兼职教师岗位，制定思想政治理论课特聘教授任职标准，聘请符合条件的专家学者、党政领导干部和先进人物等兼任思想政治理论课教师。鼓励支持辅导员、班主任骨干兼任思想政治理论课教师，鼓励支持思想政治理论课教师从事辅导员、班主任工作，推动两支队伍的有机融合。鼓励支持哲学社会科学教师参与思想政治理论课教学。强化和创新集体备课，提升教学内容。依据马克思主义理论研究和建设工程统编思想政治理论课最新版教材和教学大纲，定期组织集体备课，准确把握教材基本精神，研究确定教学进度和内容，形成基础性、统一性的参考教案。丰富集体备课载体，通过多种方式有针对性地增强集体备课效果；组织教师互相听课，促进思想政治理论课教师互学互鉴。优化与改善教育方法，提升教学效果。鼓励思想政治理论课教师结合教学实际、针对学生思想和认知特点，积极探索行之有效的教学方法；加大对优秀教学方法的推广力度，注重用点上的经验带动面上的提升；制定实践教学大纲，整合实践教学资源，拓展实践教学形式，注重实践教学效果；深入研究网络教学的内容设计和功能发挥，不断创新网络教学形式，推动传统教学方式与现代信息技术有机融合。

广东外语外贸大学马克思主义学院不断加强思想政治理论课教师队伍建设。教师队伍是思想政治理论课针对性和实效性提升的重要前提和基本条件，是思想政治理论课建设的重要内容，要把队伍建设作为思想政治理论课建设的基础性工程，努力建设一支政治立场坚定、业务素质精良、工作态度积极的思想政治理论课教师队伍，把政治立场作为教师聘用的首要标准。按照进一步要求的师生比，逐步配足配强专职教师。加强对思想政治理论课教师的教育管理，建立思想政治理论课教师准入和退出机制，及时调整不适合担任思想政治理论课教学的教师。设立思想政治理论课兼职教师岗位，制定思想政治理论课特聘教授任职标准，聘请符合条件的专家学者、党政领导干部和先进人物等兼任思想政治理论课教师。完善思想政治理论课培养培训制度，将思想政治理论课教学科研骨干培养与干部队伍建设结合起来，增强培训灵活性、时效性，扩大培训覆盖面。建立常态化对外学术交流机制，搞活省内外高校交流、境外交流与合作，拓宽教师视野，促进教师快速成长。进一步加强与现有合作共建单位的交流，选派骨干教师到教育部、省委党校等各级培训机构培训，选派学院骨干教师到海内外知名院校攻读博士学位、做访问学者或者做博士后研究，积极支持学院教师参加高级别学术研讨会。整体推进教材、教师、教学等方面综合改革创新，以教师队伍建设为重点、学科建设为依托、评价机制优化完善为导向、教材转化为契机、教学方法改革为路径、马克思主义学院建设为保障，坚持不懈地推动习近平新时代中国特色社会主义思想体系进教材、进课堂、进头脑，不断提高思想政治理论课教学针对性和实效性，努力把思想政治理论课建设成为学生真心喜爱、终身受益、毕生难忘的优秀课程。

广东财经大学马克思主义学院积极培育和推广优秀教学方法，建设理念科学、形式多样的思想政治理论课课堂教学体系。在教学方法培育方面重点加强具有财经大学特色的思想政治理论课建设，重点提炼出新时代高校思想政治理论课的教学特色，根据教学要求，在系统讲授的基础上，针对教学中的重点、难点问题，采用价值澄清式、案例分析式、问题研究式、师生问答式、主题论辩式、行为体验式等不同教学方法进行教学实验，调动学生参与教学过程，主动投入教学过程，促进教学活动的展开。同时开展教学方法的研究与总结，从教学理念、教学设计、教学组织等方面进行研究，指导推动教学方法改革的深化。继续积极推进情境式教学、翻转课堂式专题教学，凝练教学内容，强化问题意识，构建重点突出、贴近实际的教学模式；完善实验班的教学创新模式与教学方法；加强网络资源库建设，进一步建立优秀的有代表性的教学方法改革信息库，跟踪教学方法改革的最新成果。不断进行课程改造活动，利用专业教师的课程小组和教研室活动，对某一门课程进行课程改造，群策群力，帮助任课教师提高授课质量与水平。另外，注重教师尤其是青年教师的持续培训和培养问题，积极鼓励教师参与海外交流活动，为教师参与海外交流提供良好的条件。树立教学学术的理论观念，教学与科研本来就是相互结合的，教学本身是学术的一部分。因此，要使得教师将"教学"作为天职和志业，学院从制度设计上真正将"教学"作为学术概念的应有成分，在人事制度、评定制度、助教制度等方面作实质规定并真正落实，特别加强学院对教学的制度、评价、激励等教学生态环境的建设，建立合理的制度，从而保障教师们真正实践教学学术的理念，实现卓越教学。通过引入优秀的国内教师或者聘请杰出的校友和相关专业人员作为兼职教师，提高教师的数量和质量，缓解教师的教学压力。

广州大学马克思主义学院在现有师资队伍基础上，大力引进高水平人才、学科骨干、青年博士，建立一个职称、学历、年龄结构合理的教师梯队；在学校基层党组织活动制度化的形势下，利用"两学一做""三会一课"的机会，组织教师深入学习党的十九大精神和习近平总书记系列讲话，坚定政治信念；利用学院马克思主义理论省优势学科以及广东省中国特色社会主义理论体系研究基地等平台，展开科学研究和教学研究，举办并参与高端学术会议、学术讲座，实施国内外访学计划，进行学术交流，不断提升教师的专业素养等。

韩山师范学院马克思主义学院以本科教学评估为契机，在现有专题式、混合式、探究式三大教学模式的基础上，进一步创新教学理念，坚持大力推进教学模式和教学方法改革，建设省级或部级教学团队发挥示范效应，力争形成有影响有特色、可推广可复制、操作性强、教学实效高的教学模式与教学方法体系，把思想政治理论课建设成为学生喜爱、终身受益、毕生难忘的课程。学院组织教师开展教学改革，创新教学模式，培育推广形式新颖、效果良好、受学生欢迎的教学方法，培育"配方"新颖、"工艺"精湛、"包装"时尚有特色的品牌课。制订实践教学计划，统筹思想政治理论课各门课程的实践教学，落实学时学分、教学内容、指导教师和专项经费。实践教学原则上覆盖全体在校学生，建设相对稳定的校外教学实践基地。依托全国高校思想政治理论课网络集体备课平台，开发在线课程，建设名师名家网络示范课，推进优质网络教学资源建设。

广东轻工职业技术学院马克思主义学院制定了相关思想政治理论课教师任职基本要求，实施思想政治理论课专职教师任职资格审查制度，严控专职教师引入关，努力打造过硬思想政治理论教学团队。在专职教师准入、培训、考核、晋升环节上，始终坚持把思想政治标准贯穿其中。定期邀请名师大家、杰出校友、地方党政领导干部、企事业单位负责人举办思想政治教育学习讲座，拓展思想政治理论课兼职教师队伍。新任思想政治理论课专职教师必须参加省师资培训中心组织的教师岗前培训和省教育厅思政处组织的思想政治理论课教师岗前培训，积极参加学校的新教师培训。优化思想政治理论课核心课程建设。严格贯彻落实教育部的规定，全面开设专科层次人才培养所必需的思想政治理论课程；加强顶层设计和统筹协调，做好核心课程理论知识的纵向贯通和横向联通，构建一体化、层次化、精细化的思想政治理论课程体系。根据学校发展战略和学生综合素质提升的个性化发展需要，建设具有前瞻性的思想政治理论课程群，开设一批属于本科层面或综合类的思想政治教育选修课，使各类选修课程与核心课程同向同行，形成协同效应。

广州民航职业技术学院马克思主义学院把思想政治理论课教师的政治素质放在首位，配齐配强师资队伍，着力打造一支政治立场坚定、专业功底扎实的高水平师资队伍；形成专题培训、高级研修、教学观摩、社会调研、攻读学位、挂职锻炼等立体化的师资培训体系，提升教师的素质和能力；强化师德师风，提高思想政治理论课教师准入门槛，同时针对不适合从事课程教学的教师建立调岗或退出机制。坚持问题导向，精心设计教学专题，教师通过对重大问题的关注而吸引学生注意，激发学生学习兴趣；注重培养学生的问题意识，不断思索当今社会发展中面临的重大理论和实践问题，并教给学生分析问题和解决问题的正确方法。教师认真研究教材，划分教学单元，注重课前调研，贴近学生需求，在中央审定的教学大纲框架内，理论联系实际地进行教学专题设计。同时，结合地方实际，设计接地气的专题，使课程的吸引力、感染力不断增强。

广州南洋理工职业学院马克思主义学院除了加强思想政治理论课必修课教学外，同时加强思想政治选修课、思想政治大讲堂和思想政治活动课等多重课堂体系教学，促进思想政治课堂与课堂思想政治同向同行，第一课堂与第二课堂相互贯通，发挥协同效应。同时协同各分院（部）、行业、企业挖掘各专业的思想政治教育资源，加强马克思主义理论教育，切实提高学生思想政治素质和职业素养。深度开展中华民族优秀传统文化教育活动，提升学生现代职业人文化素养，打造"书香南洋""服务型学习"等系列实践教学活动品牌，着力培养学生的人际沟通、时间管理、服务意识、领导能力等职业核心能力。充分利用从化本地资源建立实践基地，如东江纵队，开发了从化地区23处红色文化遗址，具体讲述了从化太平钱岗抗日自卫队和沙溪乡人民政府成立地旧址——广裕祠、东江纵队从化大队活动基地——黄沙坑村、从化革命烈士纪念碑等红色旧遗址。学院创新协作机制，推进品牌化，做"实"实践教学创新校内协作机制，构建思想政治理论教育与学工处思想政治教育的融合机制，创新校外协同机制，构建思想政治理论教育与学生专业教育互通机制，全力推进"服务型学习"和学生综合素质发展平台管理系统、户外实践基地和学校军政教导队四个品牌项目建设。开展十九大学习和竞赛系列思想政治教育活动，探索以"服务学习"为主线，整合"基于网络""基于社群""基于情感"和"基于问题"的虚拟、体验、服务、实践教学模式，做到学生全员、全程参与实践教学，让实践教学真正"实"起来，促进教学理论与实践相结合、课内与课外相贯通，增强课程的获得感。突出"互联网＋"，借助新媒体，做"亮"线上教学，集合校园网、广播站、微博、微信平台、移动互联App、电视台等新媒体中心，构建新型青年发声机构，带来思想政治教育方式变革。在"互联网＋"的理念指引下，创建了"思政视窗""南洋官微""网上流动学生党员支部""思想道德修养与法律基础精品课程""毛泽东思想和中国特色社会主义理论体系概论精品课程"等思想政治教育校园网专栏，建立了课程微信公众学习平台、微课教学视频、微课教学资源、学生学习作品展示、师生互动答疑等版块，引导学生自主学习，特别是"南洋官微"多次获高职官微评选第一名。积极通过"校园官方微博""校园官方微信""微电影""校园二级微博、微信"等大学生网络社区建设，开展"中国梦"、新时代中国特色社会主义、习近平治国理政新理念新思想新战略、爱国主义、"我们是共产主义接班人"、全国高校思想政治工作会议等主题宣传教育，继续开展"南洋人、南洋情"系列主题教育实践活动，注重各类主题活动的融入结合，让课程真正"亮起来"。

三、广东高校思想政治理论课发展战略的落实

广东省教育厅会同省委宣传部不断加强高校马克思主义学院建设，发挥好广东高校马克思主义学院协同创新联盟的独特作用；配合省委宣传部加强"部校共建"高校马克思主义学院工作。广东省教育厅思政处积极推动大学生日常思想政治教育与思想政治理论课深度融合，开展大学生思想政治理论课主题学习实践活动，实施"南粤大学生马克思主义理论自主学习行动计划"，开展高校优秀理论社团学习成果展示，推选"大学生理论之星"，组织参加教育部"全国大学生讲思政课"交流展示活动、大学生思政课学习夏令营、"我心中的思政课"微电影展示活动等。广东省教育厅把思想政治理论课的重心放在基层，战线在高校，战场在课堂，战斗员是教师，指挥员是党委书记和校长。要求各高校负起思想政治理论课质量工作的主体责任，立足高校思想政治理论课建设实际，加强顶层设计，制订高校思想政治理论课质量提升工作方案。要求各高校党委书记和校长要敢于担当、亲力亲为、靠前指挥，抓调研、抓思路、抓推进、抓落地，确保广东省高校思想政治理论课落地见效。

中山大学马克思主义学院坚持以习近平新时代中国特色社会主义思想为指导，在校党委的统一领导下，进一步优化《中山大学关于进一步加强思想政治理论课和国家级马克思主义学院建设的实施方案》，抓紧完善《中山大学思想政治理论课特聘教授制度实施办法》等配套制度的落地做实，从多方面采取有效措施加强思想政治理论课的课程建设、学科建设、人才队伍建设和保障机制建设。落实习近平新时代中国特色社会主义思想进教材、进课堂、进头脑的工作目标，整体优化本科生、硕士研究生、博士研究生思想政治理论课建设，构建各有侧重、层次清晰、相互支撑的高水平思想政治理论课教学科研体系，推进本科、硕士、博士三个层次的思想政治理论课教学"步步高"；进一步扩大和完善马克思主义理论专业研究生培养，以"一级学科为主导，二级学科组团"的培养方式加强过程管理，凝练培养特色，为高校思想政治理论课培育高质量的后备人才。建设好"当代中国意识形态发展战略研究"大平台，孵化中山大学高校党建研究大平台；促进中山大学马克思主义理论学科的大平台、大团队和大项目建设。进一步优化学院基础设施建设，参照国家重点实验室、教育部人文社科重点研究基地的标准，重点解决和优化学院的资料室建设、教学档案室建设、"当代中国意识形态"数据库平台建

设、马克思主义理论专业学生研修室建设等。始终坚持并加强党对思想政治理论课建设的组织领导，确保思想政治理论课优先发展。学校党委书记作为思想政治理论课建设的第一责任人，与校长、分管校领导切实负起政治责任和领导责任，确保在学校发展规划、经费投入、公共资源使用中优先保障思想政治理论课建设需要，在人才培养、科研立项、评优表彰、职务评聘等方面优先支持思想政治理论课教师。

华南理工大学马克思主义学院持续加强和改进大学生思想政治教育。贯彻落实教育部《高校思想政治工作质量提升工程实施纲要》和《普通高校思想政治理论课建设体系创新计划》，稳步实施学校《思想政治工作提升行动（2017—2020）》，从体制机制、育人理念、教育方式、队伍建设、条件保障等方面系统推进，构建完备的"十大"育人体系，努力提升"十大"育人质量、打通高校育人最后一公里，打造教育部"三全育人"示范学校。

暨南大学马克思主义学院坚持制度建设和规范管理相结合，夯实思想政治理论课质量提升基础。着力在各项制度建设的"落细、落小、落实"上下功夫，推进规范化的教育教学管理，实现管理育人。建立各级层面的组织建设、制度保障、过程监控、质量评价、绩效考核五位一体的教学质量监控体系，为大学生思想政治教育质量提升提供切实保障。坚持优秀文化弘扬与时代精神培育相结合，开辟大学生思想政治教育的新空间、新模式。以文"化"人，深入挖掘社会主义先进文化、中华民族优秀传统文化、革命文化的思想内涵，结合时代精神，用先进理念引领大学生思想政治教育，丰富思想政治教育的文化内涵，提升思想政治教育的文化魅力。以文育人，以文化为载体，形成课堂教育空间、个体的精神生活空间、沟通交往空间、网络虚拟空间、制度安排空间、社会生态空间的系统融合，探索具有文化特色的大学生思想政治教育新模式。坚持服务社会与融入发展相结合，探索思想政治教育服务社会的有效模式。以宣讲解读时事政策引领社会主义主流意识形态，增强思想政治教育的社会影响力和辐射力；以学科平台培训高校思想政治理论课教师队伍，促进思想政治理论课教学质量提高；以学科理论指导大学生开展社会实践，凝聚大学生的思想共识，提高大学生社会实践能力；以智库建设积极参与政府决策规划，服务地方理论研究与事业发展。

广东外语外贸大学马克思主义学院坚持以党的十九大精神和习近平新时代中国特色社会主义思想为指导，适应新时代的形势与要求，落实教育部《高等学校思想政治理论课建设标准》提出的建设指标和相关要求，以学科建设为基础，以教师队伍建设为重点，以丰富课程内容和教学方法创新为关键，以加强校党委对思想政治理论课的集中领导为政治保证，以全面推进、稳步实施为建设基本原则，以学校整体发展目标为依据，以思想政治理论课现有基础为前提，结合学校学生思想实际和特点，整合教育教学资源，以马克思主义学院为主体，充分发挥各方面的积极性，全面推进学校思想政治理论课建设，努力形成全要素、大格局的思想政治理论课教育教学实施体系。

南方医科大学马克思主义学院不断探索思想政治理论课的发展战略，从学科建设、课程体系、教学改革等方面加强思想政治理论课建设。学科建设是思想政治理论课发展的重要依托，学院具有一级学科硕士点，拥有广东省中国特色社会主义理论体系研究基地、毛泽东与中国特色社会主义理论体系研究教学基地，具有一定的学科基础。当前主要是在现有学科基础上强化马克思主义理论学科建设，加强马克思主义理论学科建设的顶层设计，注重马克思主义理论学科的意识形态性和学科性，解决马克思主义理论学科内部六个二级学科之间的资源整合与学科发展问题，平衡规范学科归属、规范学科研究方向设置，切实以学科发展为支撑，加强思想政治理论课建设。课程体系的健全是思想政治理论课建设的重要基础。在健全课程体系上以思想政治理论课的五门公共基础课程为核心，加强必要的哲学类、历史类、政治类与文化类等公共选修课程与网络资源课程的课程建设，努力构建思想政治理论课"公共基础课程、公共选修课程、慕课课程"三位一体的思想政治理论课程体系。教学改革是提升思想政治理论课质量、打通思想政治理论课"最后一公里"的重要一环。当前教学改革包括加强集体备课制度、结合医学生实际编写相应教学辅导读本、推进名师进课堂活动、推进基于 PBL 的问题导向教学法、推进分众教学模式等。

广东财经大学马克思主义学院将进一步整合资源，不断强化实践教学。学院将进一步完善与宣传部、教务处、学工部、团委等部门协调配合的实践教学工作机制，强化实践教学，践行"课内 + 课外"实践教学模式；进一步完善实践教学活动，加强对教师社会实践技能的继续教育，提升教师的社会实践指导水平和能力；开发和建立更多的社会实践基地。建设与课堂教学相互促进的思想政治理论课第二课堂教学体系。与宣传部、教务处、学工部、团委等部门协调配合，着力培育学生理论骨干和理论社团，鼓励教师积极参与学生第二课堂活动的指导和创建。学院将加大人才引进力度，选聘高水平专家担任特聘教授，引进地方党政领导干部、企事业单位负责人、社科理论界专家、各行业先进模范等上思想政治理论课讲台。

深圳大学马克思主义学院将思想政治理论课发展战略落到实处，进行系统规划。思想政治理论课设立课程讲座教授。每门课程设置一位讲座教授，讲座教授全程负责课程质量的提升与把控。教研室主任负责课程行政性、组织性和事务性日常工作。在四门主干课程中构建团队教学模式。每个教研室分成若干个教学团队，不同教学团队负责不同的教学内容与教学环节。每个教学班级设置一位助教，助教由在校研究生担任，主要负责教学组织、作业批改和学生考勤等事务性工作。设立助教制度的目的主要是将教师从繁重的事务性工作中解放出来，以便专心致志从事教学工作。线上慕课学习和线下专题讲座、专题讨论交替进行，线上学习由学生在规定时间内在网上学习，线下学习以教师带领小班讲授、讨论、讲座等方式开展。以国家、省级教学名师或校长教学奖获得者为抓手，创新打造在深圳乃至华南有重要影响力的名师工作室，发挥教学名师的专业引领、带动和辐射作用，加速教师专业化发展，培养造就更多优秀教师。成立深圳大学思想政治理论课教学改革组织机构；聘请国内相关领域的顶级专家学者、政府官员、社会名流、杰出校友、著名企业家、著名新闻媒体人等组成深圳大学思想政治理论课教育教学改革决策咨询机构；将马克思主义学院作为教学改革特区，实行特殊政策。在教师教学绩效单列制、教师职称评聘双轨制、教师专项岗位津贴制、教师培训进修专项制、教学效果一票否决制等方面实施特殊政策。

广州大学马克思主义学院将建立课程责任制度。学院决定由分管教学的副院长对课程建设进行管理，全程参与课程建设，对相关系部进行监督，课程建设情况纳入其绩效考核之中；各系部主任、副主任是四门课程的具体负责人，应全程参与相应课程的建设，督促本系部教师完成相关工作，本系部的课程建设情况纳入其绩效考核之中；各系部教师是课程建设、特别是课程教学的具体完成人，对其所承担的具体课程建设、教学工作负责，将这些工作纳入其绩效考核之中。学院将着力打造品牌思想政治理论课。品牌思想政治理论课建设纳入学院领导的重要工作中，成为学院教学工作的一个抓手；加大人力和物力的支持力度，做好品牌思想政治理论课建设的协调工作和宣传工作。

广东药科大学马克思主义学院思想政治理论课发展战略将重点推进"教学名师培养和青年教师提升工程"，进一步加强青年教师的培训、选拔和培养力度，重点推进"优秀青年教师培养计划"，鼓励青年教师参加广东省高等学校思想政治理论课青年教师教学基本功比赛，设立青年教师专项课题，组织青年教师专题研讨和省内外社会实践考察，树立优秀青年教师先进典型，使青年教师脱颖而出。推进"教学改革和课程建设工程"，以构建良好的思想政治理论课教材体系和教学体系为目标，大力推进思想政治理论课教学改革的理论研究，依托承担的各级各类教学改革研究项目，继续在高校思想政治理论课社会实践教学、课内实践教学改革和网络实践教学等方面加大理论探索力度，为开展思想政治理论课实践教学改革创新提供理论支撑。推进"科学研究和学科建设工程"，进一步盘活和用好现有各方面资源，继续大力支持教师开展科学研究。以获取马克思主义理论一级学科硕士学位授权点为动力，凝练学科方向，自我培养与外部引进相结合，汇聚优质学科队伍，构建有效支撑思想政治理论课建设的学科体系。推进"部门形象提升工程"，继续"请进来"，大胆"走出去"，大力开展各种对外交流，每年重点选派和资助骨干教师外出参加国内外学术研讨会，承办省内外有一定影响力的学术研讨会，继续聘请若干名国内外知名专家学者担任客座教授，提升思想政治理论课教学质量。

广州美术学院马克思主义学院将深入贯彻、落实中央有关精神，不断深化思想政治理论课教学改革；在教育教学上，突出"特色"，进一步探索"艺术作品教学法"和"艺术案例教学法"，提高教学的针对性和实效性；在课程建设上，突出"实效"，力争建成省级精品资源共享课程；在师资队伍建设上，突出"专业"，建设一支理想信念坚定、道德品质高尚、理论功底扎实、教学能力突出的高素质思想政治理论课教师队伍。

仲恺农业工程学院马克思主义学院思想政治理论课在发展战略上，聚焦以下几个方面：推进思想政治理论课网络平台建设，加强思想政治理论课教学督导和测评，争取在三门课程已经成为校精品课程、省级优质课程、省级精品建设课程的基础上，适应全国高校思想政治理论课建设的新趋势，推动本校思想政治理论课建设成为在广东省具有一定影响力的课程。

电子科技大学中山学院马克思主义学院将构建"大思政"格局。落实党委主体责任，各相关部门协同配合，构建全方位、多层次、宽领域的"大思政"格局。发挥思想政治理论课在高校教书育人、思想政治教育中的主渠道和主阵地作用，明确思想政治理论课教师在学校"大思政"教育教学体系中的骨干作用；进一步改善思想政治理论课教育教学的校园环境，在全校教学工作中形成与思想政治理论课同向同行的氛围，完善全方位、多层次、宽领域的"大思政"教育教学体系。拓展壮大师资队伍，加强师资队伍建设，以现有思想政治理论课专职教师队伍为骨干，加快引进年轻博士的进度，加大外聘社会经历丰富、教学水平高、刚退休的思想政治理论课教授的力度，吸纳校内考上思想政治教育相关专业博士的辅导员和青年干部转入思想政治理论课教师队伍，壮大思想政治理论课教师队伍。选拔部分专业背景相近、理论功底扎实、教学能力较强、在学生管理和思想政治教育一线的辅导员，作为思想政治理论课兼职教师，拓展充实思想政治理论课教师队伍。进一步提高思想政治理论课教育教学质量，切实提升思想政治理论课的亲和力、时代性、针对性，使学生满意度和获得感明显增强。

韩山师范学院马克思主义学院将按照生师比的标准配齐配强专任教师队伍，努力建设一支思想政治坚定、专业学养深厚、教学科研水平高的思想政治理论课教师队伍。以申硕为目标，加强马克思主义理论一级学科建设；坚持以思想政治理论课教学为核心的科研导向，鼓励和支持学院教师开展思想政治理论课的教学改革研究。加强与国内外同行的教学和学术交流，帮助青年教师制定专业发展目标、实施专业发展计划。要求每位青年教师根据个人情况和学院需要制定专业发展目标、实施专业发展计划，确保每一位教师精心教书，热心育人，潜心治学。

广东轻工职业技术学院马克思主义学院将优化党委领导下党政齐抓共管的管理格局。党委书记履行思想政治工作第一责任，党委班子成员履行"一岗双责"。校党委会或校长办公会每学期至少召开一次思想政治工作专题会议，听取包括思想政治理论课在内的思想政治工作汇报，研究解决思想政治工作遇到的实际问题。把实施思想政治理论课教学质量专项工作纳入年度考核，取得实实在在的攻坚成效。实施思想政治理论课建设体系创新计划，创新教学方法，通过引入经典诵读、新闻播报、微视频课程等新手段增强思想政治理论课教学的互动性、参与性、生动性、针对性，提高教学的吸引力、说服力、感染力、亲和力。继续发挥学校传统的"研练式"实践教学特长，拓展新的实践教学途径，把校内校外实践、课堂内外实践、线上线下实践等多个层面结合起来，形成富有特色的立体化实践教学环节。运用"互联网＋"思维，突破传统的、封闭的思想政治理论课教学壁垒，构建"互联网＋思政"协同教育新平台，更好地协调学校、家庭、企业和社会管理部门参与思想政治教育，形成领域贯通、方式革新、全员全方位全过程的"协同化"思想政治教育模式。通过"易班"等新媒体、新网络技术平台，建设集在线学习、移动阅读、互动交流、在线辅导、适时考核、多维参与等功能于一体的网络思想政治教育协同平台，培育若干受师生欢迎的思想政治理论课教师。

广东工程职业技术学院马克思主义学院积极构建"五全融合"发展战略。第一，以"思想政治教育课程体系化"建设，推进习近平新时代中国特色社会主义思想"进教学体系"，实现思想政治理论课与学生专业发展的全融合。学院长期以来探索立德树人思想政治教育课程的体系化发展，从立德树人的大德育理念出发，逐步探索思想政治理论课体系化的建设路径。构建有利于高职院校学生优秀品德养成和人文素养提升的素质教育公选课模块，全局规划、协同创新，已形成了系统的思想政治教育课程体系。除了思想政治理论课外，根据高职院校立德树人工作的特点和需要，开设创业课程、心理健康课程、素质教育公选课程，形成覆盖面广、体系较为严密的思想政治教育课程体系。当前，学校就是要充分发挥利用思想政治教育课程体系化这个发展战略，推进习近平新时代中国特色社会主义思想"进教学体系"，让学校专业课程、学生专业发展聚焦思想政治理论课担纲主唱的"立德树人"主旋律，实现思想政治理论课价值引领、专业发展同向同行。第二，以"思想政治教育课程教学精品化"建设，推进习近平新时代中国特色社会主义思想"进课堂"，实现思想政治理论课与马克思主义中国化最新理论成果的全融合。着力聚焦主课堂，在"强队伍、精课程、厚科研"三条梁柱上进一步打牢基础和夯实结构，不断提升思想政治理论课的亲和力和针对性，以满足学生成长发展的需求和期待。立足新时代，着力在学懂弄通做实三个环节上促进主课堂与最新理论成果的融合。在学懂环节上，用新理念、新论断武装头脑，把教材体系转化为教学体系；在弄通环节上，以新形式、新方法打动人心，把教学体系转化为价值体系；在做实环节上，推动开展"学习进行时"等实践融合活动，使社会主义核心价值观内化于心，外化于行。与组织宣传部、二级学院党总支联袂开设面向全校的"品读习近平著作"网络直播红课，切实推进习近平新时代中国特色社会主义思想"三进"工作取得实效。第三，以"实践教学课程化"建设，推进习近平新时代中国特色社会主义思想"进头脑"，推动思想政治理论课与社会实践的全融合。完善以"重走中国革命和建设之路"校园闯关越野比赛为代表的爱国主义教育培育模块、以"大学生时政论坛"为代表的思想政治素养培育模块、以"'人生的纽扣'体验成长擂台赛"为代表的道德素养培育模块、以"法律知识竞赛"为代表的法律素养培育模块和以"顶岗实习中提升职业素养的实践与思考"为代表的职业素养培育模块五大模块和以23个实践教学项目为内容要素的"思想政治理论课社会实践"课实践教学，进一步提升实践教学课程化项目设置的针对性和精准度，使思想政治理论课实践育人更有广度、更有深度、更有效度。建设学院"三全育人"综合实训室。通过对该实训室"德·法项目实践体验""网上线下主题演练分享"和"实践成果展示"三大实践教学功能的建设，使该实训室成为有效促进思想政治理论课与社会实践全面融合的创新育人平台。有效开展暑期社会实践活动，加强与中共三大会址纪念馆、黄埔军校旧址纪念馆等八个社会实践基地的深度融合，建立基地专家讲座、展板进校与学生进基地的双向服务通道，建设一批相对稳定的志愿服务站点，推动开展常态化的社会实践服务工作，助力企业、基层社区的党建工作、普法宣传工作，大力培育和践行社会主义核心价值观。第四，以"网络手段多样化"建设，推进习近平新时代中国特色社会主义思想"进网络"，实现思想政治理论课与新媒体技术的全融合。充分运用新媒体技术，开展"校园网络意见领袖"培育计划，组织学院党员教师主动聚焦社会热点、争议事件，积极在新媒体平台上发声发文。同时，组建学生红色文化网络志愿者协会，开发运营好移动学习网络平台，讲好中国故事，实现有温度的价值引领。完善并运营好已有的"德e行社区"微信公众平台和思想政治理论课在线课程网站，把具有互联网特征的思想政治理论课实践教学项目转化为网络微课，把适合移动学习的思想政治理论课实践教学项目转化为虚拟的网络学习项目，搭建"双微"（微课＋微信公众平台）思想政治理论课实践教学平台，精心开发出一批实践教学的微课资源，为网络育人提供一个创新的移动学习支持平台、教学资源共享平台与理论传播平台。第五，以"活动载体多元化"建设，推进习近平新时代中国特色社会主义思想"进校园社区"，实现思想政治理论课与校园文化建设的全融合。推行思想政治理论课社会实践"一班一师"导师制，一方面，从一年级到三年级全员、全过程、全方位进行思想政治理论课实践的全面指导；另一方面，与各二级学院结对，从思想政治教育元素层面支援其"一院一品牌"建设，建立常驻理论学习小组，帮带结对二级学院学生党支部，助力二级学院学生党支部"校园先锋工程"，与政治辅导员融合指导学生成长成才的活动，合力促进学生的全面发展。

参考文献

［1］中共中央马克思恩格斯列宁斯大林著作编译局编译：《马克思恩格斯选集》（第一卷），北京：人民出版社 1995 年版。

［2］中共中央马克思恩格斯列宁斯大林著作编译局编译：《马克思恩格斯选集》（第二卷），北京：人民出版社 1995 年版。

［3］中共中央马克思恩格斯列宁斯大林著作编译局编译：《马克思恩格斯选集》（第三卷），北京：人民出版社 1995 年版。

［4］中共中央马克思恩格斯列宁斯大林著作编译局编译：《马克思恩格斯选集》（第四卷），北京：人民出版社 1995 年版。

［5］中共中央马克思恩格斯列宁斯大林著作编译局编译：《列宁选集》（第一卷），北京：人民出版社 1995 年版。

［6］中共中央马克思恩格斯列宁斯大林著作编译局编译：《列宁选集》（第二卷），北京：人民出版社 1995 年版。

［7］中共中央马克思恩格斯列宁斯大林著作编译局编译：《列宁选集》（第三卷），北京：人民出版社 1995 年版。

［8］中共中央马克思恩格斯列宁斯大林著作编译局编译：《列宁选集》（第四卷），北京：人民出版社 1995 年版。

［9］毛泽东：《毛泽东选集》（第一卷），北京：人民出版社 1991 年版。

［10］毛泽东：《毛泽东文集》（第七卷），北京：人民出版社 1999 年版。

［11］毛泽东：《毛泽东文集》（第八卷），北京：人民出版社 1999 年版。

［12］邓小平：《邓小平文选》（第二卷），北京：人民出版社 1994 年版。

［13］邓小平：《邓小平文选》（第三卷），北京：人民出版社 1993 年版。

［14］江泽民：《论科学技术》，北京：中央文献出版社 2001 年版。

［15］江泽民：《江泽民文选》（第三卷），北京：人民出版社 2006 年版。

［16］胡锦涛：《坚定不移沿着中国特色社会主义道路前进　为全面建成小康社会而奋斗》，北京：人民出版社 2012 年版。

［17］习近平：《习近平谈治国理政》（第一卷），北京：外文出版社 2018 年版。

［18］习近平：《习近平谈治国理政》（第二卷），北京：外文出版社 2017年版。

［19］习近平：《习近平谈治国理政》（第三卷），北京：外文出版社 2020年版。

［20］习近平：《之江新语》，杭州：浙江人民出版社 2007 年版。

［21］习近平：《在纪念孔子诞辰 2565 周年国际学术研讨会暨国际儒学联合会第五届会员大会开幕会上的讲话》，北京：人民出版社 2014 年版。

［22］习近平：《在哲学社会科学工作座谈会上的讲话》，北京：人民出版社 2016 年版。

［23］习近平：《决胜全面建成小康社会　夺取新时代中国特色社会主义伟大胜利》，北京：人民出版社 2017 年版。

［24］习近平：《在庆祝中国共产党成立 95 周年大会上的讲话》，北京：人民出版社 2016 年版。

［25］习近平：《在北京大学师生座谈会上的讲话》，《人民日报》，2018年 5 月 3 日。

［26］习近平：《在纪念马克思诞辰 200 周年大会上的讲话》，《人民日报》，2018 年 5 月 5 日。

［27］习近平：《坚持中国特色社会主义教育发展道路　培养德智体美劳全面发展的社会主义建设者和接班人》，《人民日报》，2018 年 9 月 11 日。

［28］习近平：《在"不忘初心、牢记使命"主题教育总结大会上的讲话（2020 年 1 月 8 日）》，《人民日报》，2020 年 1 月 9 日。

［29］习近平：《辩证唯物主义是中国共产党人的世界观和方法论》，《求是》2019 年第 1 期。

［30］习近平：《在湖北省考察新冠肺炎疫情防控工作时的讲话》，《求是》2020 年第 7 期。

［31］习近平：《在第十三届全国人民代表大会第一次会议上的讲话》，《求是》2020 年第 10 期。

［32］中共中央文献研究室编：《习近平关于实现中华民族伟大复兴的中国梦论述摘编》，北京：中央文献出版社 2013 年版。

［33］中共中央宣传部理论局编：《中国特色社会主义学习读本》，北京：学习出版社 2013 年版。

［34］中共中央宣传部编：《习近平总书记系列重要讲话读本》，北京：学习出版社、人民出版社 2014 年版。

［35］中共中央文献研究室编：《习近平关于全面深化改革论述摘编》，

北京：中央文献出版社 2014 年版。

［36］中共中央文献研究室编：《十八大以来重要文献选编》（上），北京：中央文献出版社 2014 年版。

［37］中共中央文献研究室编：《十八大以来重要文献选编》（中），北京：中央文献出版社 2016 年版。

［38］中共中央党史和文献研究院编：《十八大以来重要文献选编》（下），北京：中央文献出版社 2018 年版。

［39］中共中央党史和文献研究院编：《十九大以来重要文献选编》（上），北京：中央文献出版社 2019 年版。

［40］《中国共产党第十九次全国代表大会文件汇编》，北京：人民出版社 2017 年版。

［41］中共中央宣传部编：《习近平新时代中国特色社会主义思想三十讲》，北京：学习出版社 2018 年版。

［42］中共中央宣传部编：《习近平新时代中国特色社会主义思想学习纲要》，北京：学习出版社、人民出版社 2019 年版。

［43］中共中央文献研究室编：《习近平关于协调推进"四个全面"战略布局论述摘编》，北京：中央文献出版社 2015 年版。

［44］中共中央文献研究室编：《习近平关于全面从严治党论述摘编》，北京：中央文献出版社 2016 年版。

［45］中共中央文献研究室编：《习近平关于社会主义社会建设论述摘编》，北京：中央文献出版社 2017 年版。

［46］《中共中央关于坚持和完善中国特色社会主义制度、推进国家治理体系和治理能力现代化若干重大问题的决定》，北京：人民出版社 2019 年版。

［47］人民日报评论部编著：《习近平用典》，北京：人民日报出版社 2015 年版。

［48］教育部社会科学司组编：《普通高校思想政治理论课文献选编（1949—2008）》，北京：中国人民大学出版社 2008 年版。

［49］教育部社会科学司组编：《普通高校思想政治理论课文献选编（1949—2006）》，北京：中国人民大学出版社 2007 年版。

［50］《社会主义核心价值观学习读本》编写组编：《社会主义核心价值观培训教材》，北京：新华出版社 2014 年版。

［51］《关于培育和践行社会主义核心价值观的意见》，北京：人民出版社 2014 年版。

［52］陈先达：《马克思主义哲学原理》，北京：中国人民大学出版社

2004 年版。

　　［53］郑永廷:《思想政治教育学原理》,北京:高等教育出版社 2018
年版。

　　［54］郑永廷:《社会主义意识形态研究》,广州:中山大学出版社 2001
年版。

　　［55］郑永廷等:《社会主义意识形态发展研究》,北京:人民出版社
2002 年版。

　　［56］王玄武:《研究生教学用书　比较德育学》,武汉:武汉大学出版
社 2003 年版。

　　［57］石云霞:《高校思想政治教育理论课程建设史研究》,武汉:武汉
大学出版社 2006 年版。

　　［58］顾海良等:《高校思想政治理论课程建设研究》,北京:经济科学
出版社 2009 年版。

　　［59］顾海良、佘双好:《高校思想政治理论课程教学改革研究》,武汉:
武汉大学出版社 2006 年版。

　　［60］张雷声、郑吉伟、李玉峰:《新中国思想理论教育史》,北京:高
等教育出版社 2005 年版。

　　［61］骆郁廷:《高校思想政治理论课程论》,武汉:武汉大学出版社
2006 年版。

　　［62］骆郁廷:《高校思想政治理论课程评价新探》,北京:中国社会科
学出版社 2011 年版。

　　［63］戴钢书等:《高校思想政治理论课实践教学论》,北京:中国人民
大学出版社 2015 年版。

　　［64］李卫东:《高校思想政治理论课导学》,南昌:江西人民出版社
2013 年版。

　　［65］忻平、吴德勤:《高校思想政治理论课改革发展研究》,上海:上
海大学出版社 2015 年版。

　　［66］顾钰民:《马克思主义理论学科建设研究》,上海:复旦大学出版
社 2009 年版。

　　［67］顾钰民:《马克思主义理论学科建设和思想政治理论课教学研究》,
北京:中国人民大学出版社 2016 年版。

　　［68］刘社欣:《思想政治教育合力研究》,北京:人民出版社 2013 年版。

　　［69］王仕民:《思想政治教育心理学概论》,广州:中山大学出版社
2015 年版。

［70］许启贤：《中国共产党思想政治教育史》，北京：中国人民大学出版社 2004 年版。

［71］高奇：《新中国教育历程》，石家庄：河北教育出版社 1996 年版。

［72］黄小平、汪云：《职业教育资源整合研究》，兰州：甘肃教育出版社 2010 年版。

［73］米如群、王小锡等：《高校德育工程论》，南京：南京师范大学出版社 2006 年版。

［74］何贻纶、陈永森、俞歌春：《思想政治理论课改革与教学——提高本科教学质量的探讨》，北京：社会科学文献出版社 2008 年版。

［75］艾四林：《思想政治理论课新体系与教师队伍建设研究》，北京：清华大学出版社 2008 年版。

［76］何云峰、苏令银：《高校思想政治理论课教学与学科发展研究》，合肥：黄山书社 2009 年版。

［77］苏振芳：《思想道德教育比较研究》，北京：社会科学文献出版社 2011 年版。

［78］何理：《思想政治理论课话语体系生成和发展研究》，北京：人民出版社 2015 年版。

［79］冯培：《新媒介时代高校思想政治理论课创新体系研究》，北京：旅游教育出版社 2013 年版。

［80］熊启珍、高伟丽：《高校思想政治理论课热点重点难点问题解析》，武汉：华中科技大学出版社 2013 年版。

［81］胡涵锦：《高校思想政治理论课教师队伍建设与发展》，上海：上海交通大学出版社 2013 年版。

［82］张耀灿等：《高校思想政治理论课教育教学质量监测体系研究》，北京：经济科学出版社 2014 年版。

［83］李松林、李会先：《新时期高校思想政治理论课教学体系研究》，北京：首都师范大学出版社 2014 年版。

［84］郭纯平：《我国高校思想政治理论课实践教学研究》，广州：世界图书出版广东有限公司 2014 年版。

［85］王爱玲：《中国网络媒介的主流意识形态建设研究》，北京：人民出版社 2014 年版。

［86］周琪：《意识形态与美国外交》，上海：上海人民出版社 2006 年版。

［87］樊浩等：《中国大众意识形态报告》，北京：中国社会科学出版社 2012 年版。

［88］胡惠林：《中国国家文化安全论》，上海：上海人民出版社 2005
年版。

［89］郭明飞：《网络发展与我国意识形态安全》，北京：中国社会科学
出版社 2009 年版。

［90］任志锋：《当代中国社会主义意识形态主导性研究》，北京：中国
书籍出版社 2015 年版。

［91］李建华等：《多元文化时代的价值引领》，北京：人民出版社 2012
年版。

［92］杨建义：《大学生文化认同与价值引领》，北京：社会科学文献出
版社 2016 年版。

［93］徐崇温：《当代外国主要思潮流派的社会主义观》，北京：中共中
央党校出版社 2007 年版。

［94］李正国：《国家形象构建》，北京：中国传媒大学出版社 2006 年版。

［95］孙乃龙：《社会意识形态危机与规避》，北京：中国社会科学出版
社 2013 年版。

［96］聂立清：《我国当代主流意识形态认同研究》，北京：人民出版社
2010 年版。

［97］石云霞等：《十六大以来意识形态建设研究》，武汉：武汉大学出
版社 2012 年版。

［98］韩震、章伟文等：《中国的价值观》，北京：中国社会科学出版社
2016 年版。

［99］袁贵仁：《价值观的理论与实践——价值观若干问题的思考》，北
京：北京师范大学出版社 2013 年版。

［100］关海宽：《改革开放以来我国社会主义意识形态建设研究：经验·
问题与路径选择》，北京：中国社会科学出版社 2012 年版。

［101］石本惠：《党的先进性建设与执政党的意识形态建构》，上海：上
海人民出版社 2010 年版。

［102］张云莲：《冷战后国际社会的意识形态冲突》，北京：光明日报出
版社 2013 年版。

［103］朱继东：《新时期领导干部意识形态能力建设》，北京：人民出版
社 2014 年版。

［104］李辽宁：《当代中国思想政治教育意识形态功能研究》，武汉：武
汉大学出版社 2006 年版。

后　记

　　《新时代高校思想政治理论课发展战略研究》是广东省教育科学规划（党的十九大精神研究专项）重点课题"新时代广东高校思想政治理论课建设研究"系列成果之一。

　　本课题研究全面贯彻党的教育方针，坚持马克思主义指导地位，贯彻落实习近平新时代中国特色社会主义思想和党的十九大精神，贯彻落实习近平总书记关于教育的重要论述，特别是在学校思想政治理论课教师座谈会上的重要讲话精神，重点研究解决好"培养什么人、怎样培养人、为谁培养人"这个根本问题，坚持不懈用习近平新时代中国特色社会主义思想铸魂育人，落实立德树人根本任务，坚持高校思想政治理论课为人民服务、为中国共产党治国理政服务、为巩固和发展中国特色社会主义制度服务、为改革开放和社会主义现代化建设服务，加快推进高校思想政治理论课现代化，办好人民满意的高校思想政治理论课。坚持高校思想政治理论课守正和创新相统一，落实新时代高校思想政治理论课改革创新要求，不断增强高校思想政治理论课的思想性、理论性和亲和力、针对性。坚持高校思想政治理论课在课程体系中的政治引领和价值引领作用，坚持高校思想政治理论课问题导向和目标导向相结合，注重高校推动思想政治理论课建设内涵式发展，全面提升学生思想政治理论素养，实现知、情、意、行的统一，努力培养担当民族复兴大任的时代新人，培养德智体美劳全面发展的社会主义建设者和接班人。

　　本课题研究吸取了国内外有关学者关于思想政治教育研究，特别是高校思想政治理论课的理论成果和实践经验；同时，课题研究过程中得到了广东各高校马克思主义学院的大力支持，在此表示感谢！

　　新时代高校思想政治理论课迎来了发展的黄金时期，高校思想政治理论课正在成为学生真心喜爱、终身受益、毕生难忘的优秀课程。办好高校思想政治理论课，事关意识形态工作大局，事关中国特色社会主义事业后继有人，事关实现中华民族伟大复兴的中国梦，必须始终摆在突出位置，持之以恒、常抓不懈。这次研究成果的出版，只是研究的一个阶段性总结。研究团队将高举中国特色社会主义伟大旗帜，以马克思列宁主义、毛泽东思想、邓小平理论、"三个代表"重要思想、科学发展观、习近平新时代中国特色社会主义思想为指导，深入贯彻落实党的十九大和十九届四中全会精神，深入贯彻落实习近平总书记系列重要讲话精神，立足坚定大学生对中国特色社会主义的道路自信、理论自信、制度自信、文化自信，以问题为导向，进一步坚定信心，强化责任，落实思想政治理论课在高校立德树人工作中的战略地位，不断推进高校思想政治理论课教学与研究。

本书由王仕民教授、葛彬超副教授编写提纲和修改定稿。参与课题研究和书稿撰写的人员有：陈继雯（中山大学）、龚丹丹（广东机电职业技术学院），撰写第一章；尹慧（吉首大学）、陈志丹（韩山师范学院），撰写第二章；汤玉华（广东机电职业技术学院）、罗希明（广东第二师范学院），撰写第三章；徐丽燕（中山大学）、李丽（中山大学），撰写第四章；林建辉（中山大学）、粟莉（广东药科大学），撰写第五章；吴晓斐（广东药科大学）、黄英霞（广东轻工职业技术学院），撰写第六章；陈继亚（中国人民公安大学）、丁存霞（中山大学），撰写第七章；蔡开贤（广州医科大学），撰写第八章；欧阳永忠（中山大学）、彭小兰（华南理工大学）、苏泽宇（华南师范大学）、戴国宁（广东外语外贸大学）、丁雪（暨南大学）、江传月（暨南大学）、练庆伟（华南农业大学）、刘志山（深圳大学）、莫炳坤（广州大学）、叶芳（仲恺农业工程学院）、曾楠（南方医科大学）、曾萍（广东药科大学）、林丰（广州美术学院）、王新宏（广州美术学院）、申群喜（中山学院）、陈志丹（韩山师范学院）、蔡小葵（广东轻工职业技术学院）、柏欣（广东工程职业技术学院）、李雪婷（广州民航职业技术学院）、李小银（广州南洋理工职业学院）、汤玉华（广东机电职业技术学院），撰写第九章。

感谢中山大学李辉教授、华南理工大学刘社欣教授、华南师范大学陈金龙教授、广东外语外贸大学谢迪斌教授、暨南大学程京武教授、广东财经大学杜奋根教授、广州大学罗明星教授、仲恺农业工程学院蔡立彬教授、南方医科大学任映红教授、广东药科大学吕志教授、广东工程职业技术学院方燕教授、广州华立科技职业学院林伟健教授、广州市社会福利院（广州市儿童综合康复中心）杨杰文研究员、广州医科大学龚超教授，对本课题研究提供的大力支持！课题研究组成员对研究成果进行了多次反复讨论修改，希望给读者呈现尽善尽美之作，然终因水平有限，书中难免存有疏漏，敬请专家、学者和读者批评指正！书中借鉴和引用了一些学者的研究成果，在此表示感谢！

感谢广东省教育厅的大力支持！感谢中山大学马克思主义学院的支持！感谢暨南大学出版社的支持！

王仕民

2020 年 12 月 18 日